TRÊS ROTEIROS

TRÊS ROTEIROS

O SOM
AO REDOR

AQUARIUS

BACURAU
COM JULIANO DORNELLES

KLEBER MENDONÇA FILHO

2ª reimpressão

COMPANHIA DAS LETRAS

Copyright © 2020 by Kleber Mendonça Filho

Grafia atualizada segundo o Acordo Ortográfico da Língua Portuguesa de 1990, que entrou em vigor no Brasil em 2009.

Capa e projeto gráfico
Alceu Chiesorin Nunes e Mariana Metidieri

Foto de capa
CinemaScópio

Fotos de miolo
pp. 12, 42-3, 73, 102, 147, 172, 190 e 321: CinemaScópio

pp. 8, 20, 39, 40-1, 60, 89, 115, 124-5, 135, 148, 177, 220-1, 293, 295, 310, 313, 315, 317, 322, 323 (de cima), 325, 326, 328 (de baixo), 329, 330-1, 332, 333 (de cima), 334, 335: Victor Jucá/ CinemaScópio

p. 227 (de cima): Juliano Dornelles/ CinemaScópio

pp. 227, 323 (de baixo), 324 (de baixo), 327, 333 (de baixo): Kleber Mendonça Filho/ CinemaScópio

p. 324 (de cima): Leonardo Lacca/ CinemaScópio

p. 328 (de cima): Pedro Sotero

Preparação
Mariana Delfini

Revisão
Huendel Viana
Clara Diament

Dados Internacionais de Catalogação na Publicação (CIP)
(Câmara Brasileira do Livro, SP, Brasil)

Mendonça Filho, Kleber
    Três roteiros : O som ao redor : Aquarius : Bacurau / Kleber Mendonça Filho. — 1ª ed. — Companhia das Letras, 2020.

    ISBN 978-85-359-3327-7

    1. Cinema – Roteiros 2. Diretores brasileiros 3. Filmes brasileiros – História e crítica I. Dornelles, Juliano. II. Título. III. Título: Aquarius. IV. Título: Bacurau

20-44476	CDD-791.4370981

Índice para catálogo sistemático:
1. Roteiros cinematográficos : Filmes brasileiros 791.4370981

Maria Alice Ferreira – Bibliotecária – CRB-8/7964

Todos os direitos desta edição reservados à
EDITORA SCHWARCZ S.A.
Rua Bandeira Paulista, 702, cj. 32
04532-002 — São Paulo — SP
Telefone: (11) 3707-3500
www.companhiadasletras.com.br
www.blogdacompanhia.com.br
facebook.com/companhiadasletras
instagram.com/companhiadasletras
twitter.com/cialetras

Pros meus amores Emilie, Tomás e Martin.
Grandes personagens.

Para meu pai Kleber e minha mãe Joselice,
que ensinaram e escreveram.

Para meus amigos, que são a melhor
versão do Brasil.

Para Silvia e para a Vitrine Filmes.

Pros muito jovens que ainda vão fazer
belos filmes.

Para a Cinemateca Brasileira.

SUMÁRIO

INTRODUÇÃO: "COMO ESTÁ O FILME?"_____9
KLEBER MENDONÇA FILHO

**PREFÁCIO: DOCUMENTANDO
PROCESSOS DE CRIAÇÃO**_____21
ISMAIL XAVIER

O SOM AO REDOR_____43
AQUARIUS_____125
BACURAU_____221

ARQUIVO DE FOTOS_____321

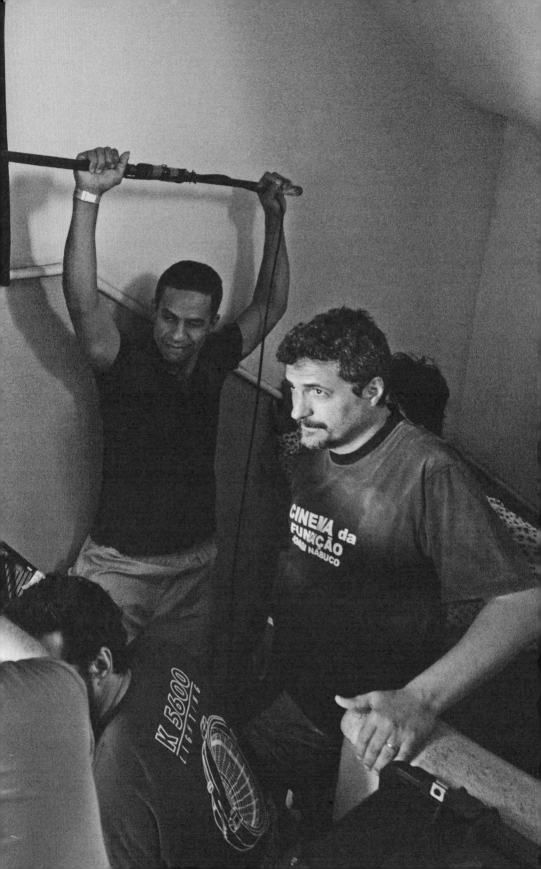

INTRODUÇÃO

Como está o filme?

Kleber Mendonça Filho

Às vezes, quando se faz um filme, é preciso informar ao ator ou à atriz que a sua participação foi cortada da versão final. Há uma ironia existencial em trabalhar num filme e não estar no filme, em ter ido filmar e não ser visto na tela. Não se trata de uma demissão por justa causa ou alguma prova de incompetência, é apenas algo que acontece. E não há etiqueta definida para lidar com essa situação. O ideal seria um e-mail amigo, um telefonema para avisar que a atuação não foi aproveitada.

A primeira vez que me vi nessa situação, encontrei Jr. Black casualmente na noite, em um bar, e, a partir daquele sorriso congelado na minha cara diante da pergunta "Como está o filme?", o ator, cantor e compositor entendeu que não seria visto em *O som ao redor*. A minha explicação foi honesta: eu errei no roteiro.

As cenas de Jr. Black aconteciam numa banca de revistas na vizinhança do bairro de Setúbal, no Recife, onde o filme se passa. O personagem dele ficava naturalmente imóvel, ali atrás do balcão, recebendo três visitas prosaicas de João (interpretado por Gustavo Jahn). Essas cenas foram colocadas de forma mais ou menos estrutural em três pontos do roteiro — "início", "meio" e "final". Àquela altura, o texto já ameaçava virar um filme de duas horas de duração. De fato, *O som ao redor* acabou chegando aos 131 minutos de tela.

No papel, obviamente, eu achava promissoras as conversas com o dono da banca de revistas e seria capaz de defendê-las com muitos argumentos. As paradas de João ali talvez acrescentassem algum sabor ao todo, à rotina da rua, e Jr. Black era uma presença e tanto como dono de banca, praticante de cristais, fofoqueiro, testemunha de quem estava pegando quem na vizinhança, João inclusive.

O fato é que, durante a montagem, ficou claro que as cenas literalmente paravam o filme. E, mesmo numa narrativa que toma liberdades em relação ao rumo que está seguindo, era preciso manter *O som ao redor* andando em movimentos sugeridos.

Aquelas cenas talvez funcionassem na página escrita, mas hoje entendo que não deveriam nem ter sido filmadas. Para o bem do filme, foram suprimidas, e com elas foi embora todo o trabalho de Jr. Black em *O som ao redor*. Podem ser vistas somente nas "cenas cortadas" dos extras do DVD e do blu-ray.

Nove anos depois, a dívida simbólica com Jr. Black foi paga em *Bacurau*, e lá está ele como DJ Urso, "A Pancada do Araripe" — expressão que, aliás, não é minha nem de Juliano Dornelles, corroteirista e codiretor. Foi Black quem a trouxe do jeito que essas colaborações muitas vezes chegam, no improviso, na naturalidade de um ensaio ou na filmagem de uma cena.

Nos preparativos para a publicação deste livro, achei que seria importante sugerir o caráter prático e também lúdico do roteiro de cinema em relação ao filme rodado, montado e finalizado. Os dois filmes que existem para o roteiro — o filme escrito e o filme feito — dividem as mesmas liberdades, da tentativa de organizar e da necessidade de desconstruir e improvisar. Tudo deve ser permitido: ignorar o texto ou tê-lo como carta magna, o que for melhor dependendo do momento. Por vezes, são os atores que defendem o roteiro. Em outras, são eles que pedem para abandoná-lo, e eu posso concordar.

Nos melhores dias, acredito que o roteiro é uma peça de literatura, certamente peculiar. Roteiros talvez tenham uma textura telegráfica, mas ainda assim podem ser capazes de apresentar um fluxo claro de ideias e sugestões maliciosas como qualquer bom texto. Ideias de cinema embutidas em observações sobre gente e mundo. Descrições compactas de sonhos ou pesadelos.

Nenhum dos três roteiros aqui reunidos tinha um plano, uma estratégia, nem finais previamente fechados. Não tinham fórmulas em álgebra como segredos de sucesso, não foram escritos como metas a serem alcançadas via pesquisa de mercado. Não foram pensados como produtos comerciais, nem tampouco queriam agradar ninguém. De toda forma, eu sempre quis que meus roteiros fossem lidos e que os filmes fossem vistos, estabelecendo conexões naturais com o público.

Por mais que editais e burocratas perguntem: "Qual o seu público-alvo?", esses filmes não tinham um específico. "Pessoas vivas e as lembranças das que já morreram" seria uma resposta possível. E de coração.

A melhor fase de criação de um roteiro é o desejo de voltar para casa e continuar escrevendo, não só por obrigação de respeitar um prazo, mas pelo prazer de descobrir no que aquilo irá se transformar, o que vai acontecer na sua história e o que os personagens irão fazer. O prazer de sentar para escrever e pôr em prática uma ideia que vem sendo pensada já há um tempo. Ou transformar um personagem até então muito simpático num monstrinho, a pedido do próprio personagem.

Nos piores dias, vejo o roteiro como uma lista de afazeres glorificada. Algo para não se voltar da filmagem de mãos abanando. Dessa forma, para além do que foi impresso e encadernado, há ainda as anotações na lateral, as notas pessoais, talvez alguns desenhos. A ideia de um ator ou da equipe de elenco, de seus companheiros e companheiras de produção.

Ao procurar fotos para publicar nesta edição, encontrei uma imagem recorrente nos processos de produção desses meus filmes: atores e atrizes com os roteiros de *O som ao redor*, *Aquarius* e *Bacurau* nas mãos, em ensaios ou filmagens, debruçados sobre os textos encadernados. Rabiscados, com post-its — mulheres e homens que parecem crianças com seus cadernos na aula. É bonito. Essas páginas impressas sugerem um tipo de boia de segurança, um bom ponto de partida e proteção do caos que é fazer um filme.

Os roteiros aqui publicados não foram reescritos ou remontados para representar de maneira fiel e artificial o filme que ficou pronto. Não são edições revisionistas dos textos que escrevi.

Reunidos aqui estão os roteiros que nos levaram aos três filmes, no estágio em que foram abandonados antes de filmar. *Bacurau*, em especial, continuou sendo reescrito, sem direito a folga, semanas adentro da filmagem para readaptar o filme a um esmagamento orçamentário. *Bacurau* cresceu em desafios, cenas e gastos para depois ser compactado. Eu não aceitaria mutilar o roteiro, mas sim deixá-lo menor e mais forte. Não recomendo a experiência de continuar escrevendo o filme durante a filmagem.

Eventuais discrepâncias e inconsistências entre o texto escrito e o filme visto estão abertas a interpretações pessoais do leitor/espectador e podem também continuar como lacunas misteriosas não explicadas. Vejo esse mistério com bons olhos.

Chamo a atenção também para a divisão em três capítulos utilizada em *O som ao redor* ("Cães de guarda", "Guardas noturnos" e "Guarda-cos-

tas") e *Aquarius* ("Os cabelos de Clara", "O amor de Clara" e "O câncer de Clara"). Esses capítulos não estão nos roteiros.

A origem aparentemente literária dessas divisões me sugere uma traição da literatura pelo próprio cinema. Vejo esses capítulos como efeitos especiais ópticos que surgiram de pedidos da montagem, por questões de ritmo, força e pontuação dramática. E, finalmente, por uma certa beleza de um sentimento literário estampado na tela. Os capítulos foram escritos na tela larga do cinema, mas nunca na página em si.

Vale esclarecer que tive pelo menos uma preocupação editorial de maior peso na publicação do texto original dos filmes: seus finais.

Em *O som ao redor*, o final escrito é, em linhas gerais, o do filme que foi visto. A montagem alterou e melhorou algo ali.

Em *Aquarius*, uma decisão curiosa: mantive neste livro o final originalmente escrito, que não chegou a ser filmado, já que uma outra conclusão foi encontrada no processo de montagem, suspeita que me rondava desde o começo da produção. Esse desfecho escrito (e inédito) talvez tenha algum valor de leitura dentro daquela história, um desdobramento dramático que ainda mantém forte sintonia com o universo humano e emotivo de *Aquarius*, meu thriller-melodrama.

Para o texto de *Bacurau*, tomei a decisão de manter o final que está no filme pelo simples fato de a conclusão original nunca ter realmente sido bem resolvida na página. Eram rabiscos sugestivos que pareciam pedir a compreensão do leitor, que até aquele ponto já teria uma boa ideia do filme que *Bacurau* poderia ser.

Creio que estávamos apenas exaustos daquela escrita, durante tantos anos, e o final ficou, em grande parte, "a ser definido". Ironicamente, eu gosto muito do final de *Bacurau* na tela. A montagem de imagem e som, outra vez, termina sendo uma edição de texto poderosa.

Dez anos

Estes três roteiros são ainda resultados de processos diferentes de trabalho, escritos em um período de dez anos, entre 2008 e 2018. Os dois primeiros escrevi sozinho e *Bacurau*, em parceria com um grande amigo e artista, Juliano Dornelles.

A beleza de editar esses textos em forma de livro, já com visão retrospectiva, é entender que eu fui variações de uma mesma pessoa nessa década, diante da vida e para as pessoas que eu amo, no Brasil, no Recife e no mundo. Cada texto desse me levou a um filme, e cada experiência humana com um filme me apresentou a novas pessoas. Esses roteiros foram agentes catalisadores para mim, e isso é surpreendente e sublime.

O som ao redor, *Aquarius* e *Bacurau* são também frutos inevitáveis e indissociáveis do país. Gosto muito, por exemplo, que esses retratos brasileiros tenham sido bancados com dinheiro público. São retratos da sociedade que pagou para que esses filmes existissem. Essa mesma sociedade recebeu de volta os investimentos com lucro e correção, são bens imateriais que já fazem parte de uma ideia de Brasil. E que sorte ter podido fazê-los com toda a liberdade que tais sistemas criativos permitem numa sociedade democrática.

Durante a turnê com *Bacurau* na companhia de Juliano e Emilie Lesclaux, produtora e companheira de vida, diálogos com a crítica e espectadores me levaram a entender algo de que eu apenas suspeitava: houve uma subida de tom nos três filmes, e isso já se evidenciava nos três roteiros. A subida acompanhou as alterações de rota observadas no Brasil, na sua história recente.

Em *O som ao redor*, a primeira versão do roteiro, com 72 páginas, foi escrita em oito dias num hotel em Belo Horizonte (o Othon Palace, hoje extinto) para atender a uma data-limite de edital do Ministério da Cultura (hoje também extinto). A escrita veio de um acúmulo de ideias anotadas ao longo de alguns anos. O roteiro não foi selecionado naquela primeira tentativa, mas ficou entre os vinte finalistas, de centenas.

O roteiro já era o filme que seria feito mais tarde (foi premiado na segunda tentativa, em 2009). Novas ideias, informações e detalhes foram acrescentados nesse intervalo. Nenhuma cena daquela primeira versão caiu, mas muitas foram melhoradas, fortalecidas, e novas foram criadas.

Em 2008, ano da gênese do filme, o Brasil voava em velocidade de cruzeiro como país e sociedade, algo que eu ainda não havia testemunhado no meu tempo de vida. Os anos Lula estão no filme como uma sociedade estável e imperfeita, um Brasil querendo estar bem, mas ainda com medo da própria sombra.

Por mais que meu otimismo fosse grande naquele momento, eu via um desconforto, um "mau-olhado", uma tensão difusa. Não seria possível consertar país tão falho há tantos séculos em tão pouco tempo. *O som ao redor* termina sendo não apenas um comentário sobre o Brasil, mas também sobre a cidade do Recife e o estado de Pernambuco naqueles anos.

Entraram no filme situações corriqueiras da vida, os fantasmas das classes que se toleram, ou se exploram e são exploradas, da "anistia" construída em cima de uma amnésia consciente, o Brasil do "bola pra frente, não vamos pensar em coisa ruim, não!", o país do "desesperar, jamais" e do "quem gosta de coisa velha é museu". Como seria fazer um filme sobre essas coisas, mas sem jamais expor isso abertamente na sinopse ou nos diálogos?

O som ao redor trata, portanto, de coisas que não são ditas na cara, mas disfarçadas e evitadas. As tensões são reais, mas elas haviam surgido lateralmente... A palavra "racismo" não está no filme, embora situações de tensão social e preconceito racial estejam. Não há violência explícita no filme, embora ele seja, a meu ver, um relato extremamente violento. Eduardo Coutinho e João Pedro Teixeira não são citados no roteiro nem no filme, mas estão presentes desde a primeira fotografia de arquivo. O cabra marcado para morrer agora é o mandante de crimes do campo, no Brasil.

Em conversas com amigos, eu indagava: "Como seria um filme sobre um engenho de cana pernambucano clássico, mas transplantado para uma rua moderna urbana no Recife, sem jamais falar isso para os espectadores?".

O som ao redor me traz lembranças dos meus pais, Joselice e Kleber, de uma infância que ainda os viu juntos como casal, na mesma Casa Forte do rio Capibaribe ainda nadável no braço. Da cheia de 1975 e da nossa fuga do bairro para a zona sul de Boa Viagem, perto da praia e longe do trauma da enchente e de um desquite.

E assim o texto foi sendo escrito, a partir de uma sequência de observações tendo por base alguns traços ligeiramente autobiográficos, lembranças infantis de uma rua. Foi ali que meus pais alugaram uma casa que pertencia a uma família aristocrática grande e imperfeita, no bairro de Casa Forte. Esse bairro junta até hoje — sob uma capa de nobreza — o que há de pior nas relações sociais pernambucanas. Para o bem e para o mal, é um lugar fascinante.

Encontrei no livro *O sonâmbulo amador*, de José Luiz Passos — um escritor precisamente da minha geração e também de Casa Forte —, a sensação de alguém que estava ali testemunhando as mesmas coisas que eu, e que transformou suas impressões pessoais num livro que passa — para mim — como uma *madeleine* pernambucana sem igual. Curiosamente, só fui conhecer José Luiz em Los Angeles, e numa sessão especial de *O som ao redor*. São fortes essas ligações.

Também achei o romance de José Luiz fascinante pelos esqueletos guardados em armários pessoais, algo que acredito ser bem ilustrativo de Pernambuco como espaço humano e histórico. Esse estado tem uma curiosa aristocracia de esquerda que não para de se contradizer, mais em ações do que em palavras.

O sonâmbulo amador foi parar numa cena rápida de *Aquarius*, onde já se pode observar essa subida de tom de um filme para outro. O roteiro foi escrito entre 2013 e 2015, ano em que filmamos. Inicialmente, *Aquarius* veio de observações que eu já vinha fazendo sobre como é dolorosa a troca de pele de uma cidade, que é reconstruída a partir de demolições e extinções.

"A cobra troca de pele, mas não de coração", já dizia a fábula russa. De fato, eu sempre vi *Aquarius* como um filme sobre arquivos de vários tipos, especialmente os afetivos, o arquivo da casa de cada um e da cidade como organismo vivo. O arquivo seria o coração e a explicação das coisas e das pessoas.

Outra base importante e não planejada para o texto de *Aquarius* foi a presença constante outra vez da memória da minha mãe, Joselice Jucá... Falecida em 1995 aos 54 anos, a personagem Clara seria uma projeção imaginada por mim de Joselice aos 65 ou setenta anos de idade. Clara, interpretada por Sonia Braga, foi criada a partir dessa presença emotiva e humana que eu conheci tão bem.

A lembrança juntou-se à pessoa que Sonia é, a artista de grandeza. Essas duas mulheres que nunca se conheceram fizeram Clara. E que Clara seja Sonia falando português, algo que parecia oxigená-la depois de tantos anos trabalhando nos Estados Unidos. Um roteiro escrito em português para uma atriz e estrela internacional que é brasileira, e cujo rosto fazia parte da minha vida havia tantos anos. Foi lindo me encontrar pela primeira vez com Sonia em Nova York e vê-la com o roteiro todo marcadinho de adesivos coloridos. Sonia passou a ser Clara, de forma bela e profunda.

E *Aquarius* foi ficando ainda mais complexo... No período da escrita e da filmagem, não dava para ignorar uma mudança inicialmente gradual, e depois rápida, no clima geral do Brasil. Em julho de 2015, no set de filmagem na avenida Boa Viagem, no Recife, não esqueço de um motorista que passou gritando a plenos pulmões contra a equipe de uma centena de trabalhadores de cinema, ali fazendo *Aquarius*: "Vão trabalhar, bando de filhos da puta!". O grito do pateta infeliz poderia ter soado engraçado, mas infelizmente não foi.

O vozerio combinava com o processo de sabotagem e tomada de poder que estava acontecendo no país sob camadas de intriga e cinismo. A protagonista no noticiário era uma mulher — Dilma Rousseff —, presidenta eleita do Brasil. Ela sofreu ataques políticos que levaram ao desmoronamento dos rituais democráticos na nação. Havia um estranho paralelo com o texto do filme, sobre uma mulher desrespeitada. Sobre uma mulher sitiada.

No período da reeleição de Dilma Rousseff em 2014, voltei a ouvir coisas que haviam, em grande parte, sido caladas ao longo da década anterior na conversa nacional: uma animosidade de classe, de gênero, de geografia, de poder aquisitivo e cultura entre "o Sul" e "o Nordeste", também chamado de "o Norte". Isso tudo pode ter me impactado, e chegado à escrita.

Durante a realização de *Aquarius*, tive a sensação de que a misoginia voltava a ser normalizada na mídia e no país. Dilma era o alvo de um vale-tudo podre. E foi assim que me vi escrevendo diálogos em *Aquarius* que eu não teria escrito em *O som ao redor*. Está aí uma crise estética que eu não tive, pois a crise não estava em mim. O clima no Brasil parecia pedir naturalmente essa subida de tom; ignorá-la seria prova de surdez fingida, o popular "se fazer de mouco".

Me vi escrevendo, por exemplo, o embate gritado e com dedo na cara entre Clara e Diego (Humberto Carrão) no estacionamento do Edifício Aquarius. E como Sonia e Humberto entenderam e sentiram o que ali se passava! Sonia quase perde a voz, e foi uma combinação forte do que estava escrito no roteiro com o que eles estavam sentindo em relação ao país.

Me vi também escrevendo a descoberta de um apartamento tomado por cupins, o elemento de horror que chegou ao filme. Não importa que a inspiração para a cena dos cupins tenha vindo de uma crise doméstica real vivida em cômodas, guarda-roupas e armários no apartamento onde morávamos, e onde escrevi e filmei *O som ao redor*. O que mais me interessou nos cupins foi o peso das imagens — parecia cair como uma luva para o que eu queria de *Aquarius*.

Ainda me lembro da tarde em que filmamos os planos-detalhe que encerram o filme, meses depois das filmagens principais. Lidamos com cupins trazidos em sacos plásticos pela direção de arte e equipe de produção. Uma sensação de coceira e picadas fantasmas que tomou a equipe. Era claramente uma alucinação física, um mal-estar de lidar com as térmitas. O filme *Aquarius* também veio dessa sensação, e é essa imagem de terror sobre o Brasil que encerra aquela história na tela.

Em paralelo, Juliano, Emilie Lesclaux e eu discutíamos algo chamado *Bacurau* desde 2009, um filme que poderia vir a ter elementos da ficção científica, do western italiano, dos cordéis, do cinema de aventura americano e australiano, e que corria num entusiasmado banho-maria enquanto todos nós fazíamos *O som ao redor*, *Aquarius* e outros projetos.

Bacurau seria uma alteração no escrever e no filmar, um filme coescrito e codirigido. Desejo não é algo que você planeja, mas havia uma vontade de misturar energias distintas: José Mojica Marins com Sam Peckinpah, Glauber com Spielberg, Geraldo Vandré com John Carpenter e Sérgio Ricardo.

Bacurau surgiu da experiência que tivemos ao exibir pela primeira vez no Festival de Brasília, em novembro de 2009, o curta-metragem *Recife frio*. Ambientado "daqui a alguns anos...", *Recife frio* me agradou bastante como reação, por ser uma ficção científica sobre mudança climática, mas que termina com um número musical com a grande Lia de Itamaracá. A reação do público em Brasília deixou em nós, que o realizamos (durante quase três anos, com um orçamento ínfimo), um sabor profundamente inspirador para *Bacurau*. Era um retrato da realidade, borrada pelo cinema de gênero.

A escrita de *Bacurau* teve momentos distintos durante oito anos, quase como se partisse de um investimento meramente pessoal. Era marcada pela parceria constante com Juliano no ato de escrever e de estarmos juntos como amigos discutindo o filme. Essa discussão constante não apressava em nada o processo, mas nos dava segurança. Escrever sozinho é mais livre e solitário, escrever com outra pessoa é mais complexo, e mais lento.

Momentos de seca criativa eram resolvidos vendo filmes. Algumas sessões que nos destravaram de alguma forma: *Major Dundee* (1965), de Sam Peckinpah; *Zulu* (1964), de Cy Endfield; *Rio Bravo* (1959), de Howard Hawks; *Fort Apache* (1948), de John Ford; *Django* (1966) e *Compañeros* (1970), de Sergio Corbucci; *The Island* (1980), de Michael Ritchie.

Outros caminhos vistos e discutidos, para registro: *Long Weekend* (1978), de Colin Egglestone; *A hora e a vez de Augusto Matraga* (1965), de Roberto Santos; *Os fuzis* (1964), de Ruy Guerra; *The Wicker Man* (1973), de Robin Hardy; *Mad Max 2* (1982), de George Miller; *Lagaan* (2000), de Ashutosh Gowariker; *Bye Bye Brasil* (1979), de Carlos Diegues; e *Assault on Precinct 13* (1976), de John Carpenter.

Filmes e livros podem ser escritos em isolamento. Não foi esse o caso de *Bacurau*. Estávamos conectados, lendo a imprensa na internet, assistindo a vídeos no YouTube, no Instagram, vendo as pessoas reagirem ao mundo nas redes sociais.

A certa altura, o entusiasmo pela mera ideia de *Bacurau* como um lugar passou a ser o motor do processo de escrita. A comunidade virou nosso refúgio agradável, empolgante, um estímulo às ideias. Aqueles personagens nos deixavam saudades durante o fim de semana.

No Brasil do Golpe e da ascensão da extrema direita que marcou os últimos anos de escrita de *Bacurau*, o tom de cinismo e sacanagem presentes na água e no ar havia chegado a níveis impensáveis. O conceito de "subida de tom" era estarrecedor na vida real cidadã, mas como escritor parecia libertador, pedia um desafio.

Um exemplo sobre essa escrita de *Bacurau*: eu não quis escrever um "vilão" em *O som ao redor*, não era o tratamento que queria dar ao filme. Isso caiu por terra em *Aquarius*, com o estilo de heroína clássica adotado, acrescido ainda do clima geral do país apodrecendo na minha frente. *Bacurau*, felizmente, seguiu livre e estourou o amplificador, primeiro por estarmos no território do cinema de gênero (o western, a aventura, o sci-fi, o filme de guerra, tudo isso tratado com a língua firme na bochecha). Vilões falam como vilões e agem como vilões. Um ano antes de filmar, soubemos — ainda por cima — que o grande Udo Kier seria Michael na nossa tela.

Outro exemplo: o noticiário na vida real dos Estados Unidos e do Brasil, no qual vilões reais falam como vilões da ficção e fazem vigarices reais, sem consequências morais. Uma chave para esse entendimento foi a série de posts do ator Mark Hamill lendo tweets verdadeiros publicados pelo presidente dos Estados Unidos, Donald Trump, com a voz dramática do Joker, o Coringa, saído do mundo dos super-heróis. Um choque satírico entre realidade e ficção. O caricato era agora verdadeiro.

Da transmissão histórica da votação do Golpe no Congresso Nacional em abril de 2016 à eleição de Trump ou à perseguição insólita ao ex-presidente Lula, estávamos numa nova lógica que parecia ameaçar o lado mais estridente do roteiro. A ameaça virou estímulo e regulagem, e *Bacurau* assim foi construído em pouco mais de 120 páginas. O resultado me lembra uma febre, quando o corpo se protege corretamente de uma infecção.

Curiosamente, muito foi escrito e dito sobre a visão futurista do filme para o Brasil. De fato, ela existe, está lá, mas eu e Juliano construímos *Bacurau* em cima de erros, agressões e violências históricas que têm marcado a sociedade brasileira e também o mundo. Se existia um engenho de cana-de-açúcar e suas hierarquias sociais e raciais escondido na rua urbana de zona sul em *O som ao redor*, talvez exista uma versão microscópica das guerras do Vietnã e Canudos em *Bacurau*, ou um western *Fort Apache* em *Aquarius*. Pouco importa — são apenas ideias que podem ou não servir de base para construir filmes e suas histórias.

Nas viagens que fiz para acompanhar a exibição de *Bacurau* no Brasil e em outros países, uma coisa me emocionou: o contato com os mais jovens, os estudantes, os que querem encontrar uma forma de expressão via cultura. Para todos eles, especialmente para os brasileiros, eu digo que é um grande momento para se expressar. A tecnologia nunca foi tão disponível e afiada, e os conflitos humanos, sociais e políticos parecem retomar um roteiro que todos já conhecemos: o da estupidez. Filmar o mundo com ira ou compaixão, fica a seu critério. Compaixão, aliás, nunca é ruim.

Há quase trinta anos, quando estava na Universidade Federal de Pernambuco (uma universidade pública e gratuita que me formou), eu ia na Livro 7 e comprava roteiros importados editados em livros para aprender a ler filmes e a entender como foram escritos. Descobri assim que os roteiros já eram os filmes, e que escrever essas peças de literatura aplicada já significava fazer cinema. Entendi que filmes são imagem, e que muitas dessas imagens surgem da forma como você enxerga a sua vida e as pessoas que lhe interessam. Isso pode ou não estar em um roteiro formalmente escrito.

Essas descobertas vieram aos poucos, ao fazer curtas-metragens, ao ver filmes, ao ler livros e ouvir histórias. Vieram de muita conversa com os amigos, os primeiros leitores, com o entusiasmo deles, com a capacidade que Emilie tem de imaginar o filme que ainda não existia, mas que combinava com o filme que eu queria filmar.

Dedico portanto estas páginas iniciais a duas lembranças: ao dono da banca de revistas em *O som ao redor*, preso para sempre numa cena escrita, filmada e nunca usada, e aos amigos, os primeiros espectadores que quase sempre reagem como se tivessem visto filmes prontos nos roteiros que eu escrevi.

Recife, agosto, durante a pandemia de 2020.

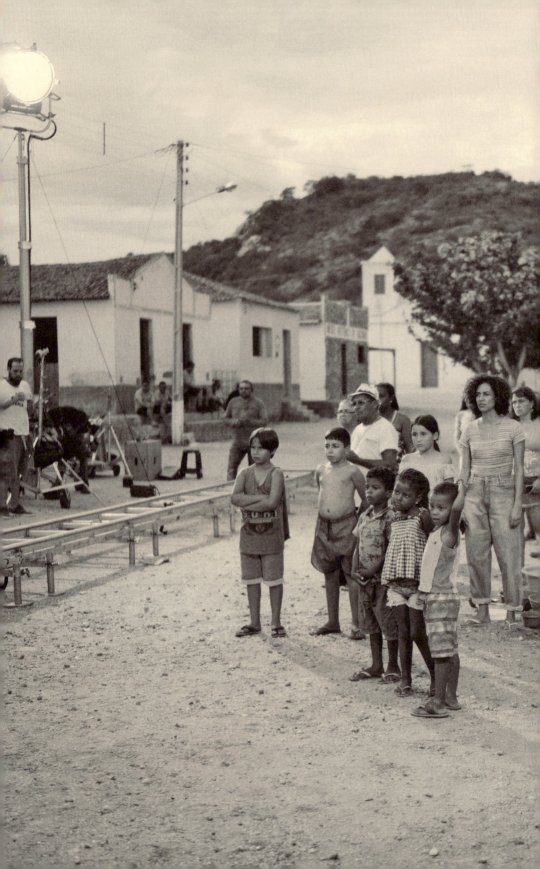

PREFÁCIO

Documentando processos de criação

Ismail Xavier

er os roteiros de Kleber Mendonça Filho para *O som ao redor*, *Aquarius* e *Bacurau*, este último em parceria com Juliano Dornelles, é uma experiência que nos traz documentos que permitem entender melhor um aspecto central do processo de trabalho do cineasta, notadamente quando traçamos comparações entre o texto que se criou e o filme que dele resultou, cumpridas todas as etapas de sua realização. Veremos como o diretor-autor conduz a sucessão dos momentos de sua criação ao examinar as diferenças entre roteiro e filme no tratamento de momentos-chave destas tramas.

Na primeira parte deste prefácio, apresento sinopses dos três filmes. E temos aí um exemplo de como, a partir da ênfase dada a um tema comum aos três — a questão da violência em suas distintas formas —, podemos compor relatos que valem igualmente para os roteiros e para os respectivos filmes exibidos nos cinemas.

O leitor que não tenha assistido aos filmes, o que acredito ser muito raro, terá aqui um primeiro contato com estas narrativas dramáticas e talvez prefira ler os roteiros sem as antecipações presentes neste prefácio, em especial no que se refere aos desenlaces das tramas. Além de uma inversão total que deixaria meu texto para o fim, há a opção de começar a leitura pela segunda parte deste prefácio, "Observações sobre a forma dos roteiros" (p. 25). Seu objetivo é apresentar alguns aspectos do processo de criação destes filmes. Na terceira parte, comparo inícios e fins tais como previstos nos roteiros com os inícios e fins tais como compostos nos filmes.

Nesta comparação entre filmes e roteiros, possibilitada pela disposição destes para a leitura, as observações aqui feitas visam — mais do que à defesa de um jogo interpretativo em oposição a outros — apontar a riqueza de questões que a publicação dos roteiros traz para a apreciação do trabalho de Kleber Mendonça Filho, isoladamente ou em parceria com Juliano Dornelles, no aspecto de sua forma de trabalhar o processo criativo. Esta é uma questão importante que interessa a todos nós e afeta de modo mais direto a quem está à procura de exemplos significativos de processos de criação, como é o caso trazido pelo material deste livro, peça fundamental para críticos e pesquisadores que se dedicam à chamada crítica genética. Essa corrente crítica estuda os processos de criação particulares a cada autor, ou seja, como suas obras foram inicialmente concebidas e como chegaram a ser o que são. Não esquecendo aqui os professores de roteiro em cursos de cinema, bem como seus estudantes.

A questão da violência: da parte de quem e por quê

O som ao redor (2012) traz duas formas de violência. A primeira é a do aspecto cotidiano que Recife partilha com outras cidades grandes pelo Brasil afora, ou seja, um traço comum de delinquência que acomete os centros urbanos, na esfera dos roubos de automóveis, dos assaltos à mão armada, das invasões de domicílio e de outras violências endêmicas, relacionadas de um lado à extrema desigualdade típica da estratificação social do país e, de outro, a uma ausência relativa do Estado em bolsões que se valem de formas de segurança privada. No caso de *O som ao redor*, tais práticas compõem uma referência constante e geram enredos específicos que constituem uma crônica do bairro onde toda a ação se passa. Mas no filme há um movimento central que urde uma trama muito bem engendrada e cujo desenlace atualiza uma outra violência, que tem como raiz a formação histórica do Brasil. Esta é bem lembrada como referência quando temos, na abertura, a coleção de imagens fotográficas que alude à história do Nordeste desde o período da escravidão nos engenhos de açúcar até o processo de luta por direitos, que ganhou força maior no período das Ligas Camponesas, sob a liderança de Francisco Julião, na segunda metade dos anos 1950 e no início dos anos 1960.

Na orla marítima do Recife desenha-se um painel da vida de seus moradores na área dominada pela família de seu Francisco, que transforma um bairro da cidade moderna num bolsão no qual valem as regras que definem o poder patriarcal do senhor de engenho e sua tutela sobre tudo o que se passa à sua volta. Estas são as coordenadas da crônica, que cria um contexto para a ação que será levada a efeito por Clodoaldo e seus amigos, os guardas noturnos, numa trama que só se revela na última sequência e vem corroborar a presença do passado no presente dentro do truncado processo de modernização brasileira que, neste caso, não se desenha por uma viagem do litoral para o interior, como de costume, mas pela presença da lógica do senhor de engenho, seus afetos e desafetos, no bairro de classe média alta na ala moderna da cidade grande. Isso não impede que na cena final venha à luz um projeto de vingança daqueles que também saíram da região dos engenhos para perpetrar uma ação conforme as suas regras, apesar de todos os envolvidos já estarem na área verticalizada da cidade.

O processo acelerado da verticalização e especulação imobiliária — notadamente na orla marítima — é o tema que se instala no centro da trama de *Aquarius* (2016), depois de uma abertura que, passada em 1980, dá toda ênfase à vida em família da protagonista Clara, então com seus trinta anos, casada, com três filhos e recém-saída de um câncer que lhe custou um dos seios. Esse período descontraído está bem simbolizado pela cena da grande festa de setenta anos de sua tia, realizada em seu apartamento. E lá está toda a família.

Dessa festa saltamos logo para o ano de 2015, encontrando uma Clara agora viúva e que enfrenta a violência de uma empresa imobiliária e suas descaradas manobras de pressão para fazer valer seus interesses. O prédio de dois andares construído décadas antes foi "atacado" por uma construtora que comprou, passo a passo, todos os apartamentos, menos o de Clara. Há cláusulas que obrigam os condôminos que venderam os seus a esperar até que todos os apartamentos sejam comprados para receberem uma parcela razoável do dinheiro. Instala-se um vale-tudo em nome da rentabilidade, sem respeito às pessoas e ao ambiente, para quebrar a resistência corajosa dessa única proprietária que se recusa a vender seu apartamento em nome de um forte princípio de caráter pessoal. Clara transforma essa batalha em uma questão de vida ou morte, reagindo com firmeza diante das investidas da imobiliária bem como as da filha, que não concorda com sua atitude, e as de seus antigos vizinhos, à espera de que ela ceda. O tema da violência aqui aparece em função do fenômeno da verticalização nas edificações na orla marítima do Recife, semelhante a outros casos pelo Brasil afora nas grandes cidades litorâneas, algo que os planos aéreos em certas sequências do filme evidenciam. É esse processo que Clara vê tomar conta de sua vida, dado o forte interesse da empreiteira em construir no terreno um prédio de muitos andares, ao contrário dos poucos do atual edifício Aquarius. Esse impasse e as medidas escusas da construtora persistem até o fim do filme.

Já *Bacurau* (2019) dá ênfase à violência extrema e arbitrária de forasteiros, protagonistas de uma parábola do absurdo. Um grupo de americanos fardados se instala na região do povoado de Bacurau, na fazenda Talhado, da qual tomam posse para formar ali a sede de um clube da morte: uma competição entre seus membros na qual o vencedor é aquele que matar mais habitantes das redondezas. A prática desse tiro ao alvo dos que se julgam superiores sofrerá radical mudança quando receberem o troco inesperado dos moradores de Bacurau. Esse grupo evoca a situação de uma guerra — como, por exemplo, a do Vietnã —, em que soldados vindos de longe se perdem em florestas de um país cuja geografia, língua e cultura ignoram por completo. E lá estão eles empenhados numa violência extrema, com a diferença de que são parte de um exército em uma luta que envolve objetivos políticos, jogos de interesse pós-colonial e táticas de confronto da Guerra Fria. Quando perdidos, ficam à espera do socorro que deveria vir de helicópteros com muito poder de fogo. Já aqui, na parábola deste filme, não há nada desse contexto maior e nenhum objetivo que não seja essa gincana do assassinato conduzida por ressentidos. De início, há o conforto da ausência de uma reação que possa ameaçá-los. No entanto, depois de um confronto com gente que saiu de Bacurau e passou pela fazenda Tarairu, onde se deu um massacre, esses invasores começam a enfrentar a resistência dos habitantes locais, que eles desprezam e diante de quem têm uma postura racista. Aos seus olhos, os moradores locais não valem nada, até que venha a resistência que muda as regras do jogo. Temos a Guerra de Bacurau, cujo desfecho é o contrário da Guerra de Canudos, pois os forasteiros assassinos são poucos e enfrentam uma reação competente e sagaz, inspirada na tradição de luta dos camponeses agora retomada pelos que estão vivos. Tal cultivo da memória está expresso no museu histórico do povoado.

Nas sinopses acima, privilegiei o núcleo temático da violência presente nos três enredos em suas variadas formas e contextos. Nesses três casos bem distintos há uma forma de opressão e uma resposta dos violentados, que assumem uma estratégia para inverter o jogo e alcançam seu objetivo, cada qual em uma tonalidade e um alcance. São guerras que não produzem nenhum efeito estrutural na situação mais ampla que serve de contexto para a luta. No entanto, há uma diferença em *Bacurau* face aos outros dois roteiros, pois somente aí temos a resistência que enfrenta uma violência arbitrária e absurda, e a vitória do povo de Bacurau se dá como uma reafirmação coletiva, algo bem distinto da trama de vingança de *O som ao redor* e da resistência solitária de Clara em *Aquarius*. Não surpreende a catarse que *Bacurau* provocou em seus espectadores, tornando-se um filme com claro efeito sobre o ânimo da enorme plateia que a ele assistiu em todo o país, dada a conjuntura política quando de seu lançamento.

Cabe agora comentar a forma desses roteiros e destacar algumas alterações dentre as que alcançaram, a meu ver, um efeito positivo na passagem do roteiro ao filme: as diferenças de abertura e final, nos três processos de criação, que temos aqui a oportunidade de conhecer bem de perto. A partir de agora ficará claro como as sinopses não dão conta de diferenças fundamentais entre os roteiros e os filmes. Toda sinopse é uma narrativa que, queira-se ou não, tem seu lado interpretativo, e tende a não contemplar aspectos essenciais, impressos em detalhes importantes para a significação, como veremos. Ao se realçarem enredos comuns de roteiro e filme, aquilo que informam e aquilo que ocultam servirão de moldura para o que segue.

Observações sobre a forma dos roteiros

Há uma diferença, entre roteiro e filme, tanto na abertura quanto no final de *O som ao redor*, *Aquarius* e *Bacurau*. Ela revela, a meu ver, o claro senso de Kleber quanto ao processo de criação e suas etapas (roteiro, filmagem, montagem) como um caminho em direção a escolhas que devem conferir maior coerência ao conjunto e favorecer a economia de meios dramáticos, evidenciando sua confiança na força de certas imagens emblemáticas, como a dos cupins, no final de *Aquarius*; na força de sugestão do corte feito na iminência de uma ação-chave, como na cena final de *O som ao redor*; ou na força de uma cena de consumação, como a do enterro do vilão maior que põe um fim ao caso dos forasteiros e gera um silêncio que prepara a entrada da canção de Geraldo Vandré, em *Bacurau*.

Voltarei a essas questões mais pormenorizadamente, mas vale desde já apontar que escolhi esses exemplos por vê-los como alterações que beneficiaram os filmes e que evidenciam que a parceria com seus colaboradores na filmagem e na montagem produziu claros avanços na armação do filme, de modo a garantir uma maior coerência na *démarche* da trama e na consecução dos efeitos desejados.

Em resumo, este livro nos oferece a oportunidade de acompanhar um processo de criação próprio ao "cinema de autor" realizado dentro de um sistema de produção em que a obtenção de recursos para o projeto envolve a confecção do roteiro a ser apresentado em editais de organismos oficiais, a exemplo dos editais da Ancine para aplicação de recursos do chamado Fundo Setorial. Um sistema que se articula com o proveniente do esquema adotado no Brasil desde a promulgação da Lei de Incentivos Fiscais ou Lei do Audiovisual, em 1994 — versão para o cinema e o audiovisual do que é a Lei Rouanet para as outras artes.

O roteiro do "cinema de autor" contemporâneo difere muito do chamado "roteiro de ferro" ou *blueprint*, tal como era chamado no cinema industrial hollywoodiano dos anos 1930-50, quando a sua confecção implicava seguir um protocolo muito rigoroso que exigia a predefinição de todos os aspectos da filmagem de cada cena em detalhes e a antecipação de todas as informações que serviam de guia rigoroso de como filmar, montar e finalizar uma produção.* Havia uma definição detalhada das posições de câmera em cada tomada de cena, previsão em detalhes da ação e dos diálogos dos personagens e de toda a banda sonora, aí incluída a trilha musical. Eram roteiros que viabilizavam um cálculo preciso dos custos de uma produção e definiam o orçamento de um filme. O dado estrutural subjacente a todo esse sistema era a divisão rigorosa das responsabilidades e poderes, quase sempre separando a figura do roteirista da figura do diretor, que, por sua vez, nem sempre tinha poder ou mesmo participação decisiva na fase de montagem. Esse histórico de conflitos teve seu ápice no famoso caso de Orson Welles, um rebelde dentro do sistema que guardou maior independência em *Cidadão Kane*, mas teve a montagem de *Soberba* (1942) feita à sua revelia, enquanto ele estava em viagem ao Brasil como parte da colaboração de Hollywood com a política de boas relações com as "nações amigas", orquestrada pelo presidente Roosevelt durante a Segunda Guerra Mundial.

Os roteiros de Kleber — e o criado em parceria com Juliano Dornelles, no caso de *Bacurau* — trabalham de forma variável as diferentes indicações próprias ao roteiro, seja no tocante aos diálogos, à descrição das ações, à cenografia, à tonalidade da luz ou à decupagem. Esta última — item obrigatório no "*blueprint*" — é a divisão das cenas em planos, cada qual com uma posição de câmera face à ação ou ao espaço em foco, sendo também neces-

---

* Empresto o uso do termo *blueprint* de Pablo Gonçalo Pires de Campos Martins, que está desenvolvendo um trabalho sobre os roteiros em seus modelos clássicos e em suas variadas formas ao longo da história do cinema. Há um artigo seu apresentado no encontro de 2020 da Associação Nacional dos Programas de Pós-Graduação em Comunicação (Compós) intitulado "Fábulas sem olhos: os roteiros não filmados na historiografia do cinema brasileiro".

sário indicar se a câmera estará fixa ou em movimento. Neste último caso, há a especificação do tipo do movimento de câmera a ser feito: rotação (panorâmica) ou translação (travelling). E, quando é o caso, há outras especificações técnicas em situações particulares (por exemplo, o uso de lente especial). Grosso modo, era isso que estava previsto no roteiro *blueprint* e devia ser seguido na filmagem pelo diretor, um protocolo que se alterou muito nas formas de produção dos anos 1960 para cá, mesmo no esquema mais industrial, como o de Hollywood.

Quando digo que Kleber trabalha as indicações de forma variável, quero chamar atenção para a liberdade com que a confecção desses roteiros prevê ou não detalhes, conforme o autor julgar necessário. Estão lá assentados os dados que servem de lembretes para ajudar a memória do diretor--autor a orientar a equipe, para que não escape nenhum detalhe importante. Em termos de segmentação das cenas, quase sempre a numeração indica mudanças de espaço significativas, interior/exterior ou de outro tipo, como a passagem de um cômodo para outro, mesmo que o diálogo continue e envolva as mesmas personagens. Quando a cena se dá num mesmo espaço, o roteiro faz a indicação inicial da posição de câmera e, uma vez especificada a numeração desta cena no andamento do filme, expõe todo o diálogo em detalhes, sem alteração de número e sem indicar a decupagem, deixando tal detalhe para ser decidido na hora da filmagem. Há casos nos quais o diálogo flui num certo ambiente, mas há um movimento de alguma personagem que exige o posicionamento da câmera em espaço contíguo; em geral, só neste caso temos a especificação dessa nova localização da câmera, e a numeração dos segmentos do filme avança. Quando há algum ajuste técnico muito específico e de pouco uso na filmagem, como o uso de uma lente especial ou mesmo o movimento em zoom, há a indicação prévia já no roteiro, às vezes com um enfático "Atenção" ao lado.

Resulta uma numeração que, de modo geral, corresponde a uma divisão do andamento do filme em partes que formam uma unidade de desenvolvimento dramático e de espaço da cena, às vezes com rápidas observações sobre a postura das personagens, a força de sua presença em dado momento e outras anotações sobre a atmosfera de uma passagem.

Um dado importante é a forma de caracterizar as personagens, com muita habilidade, a partir de seu comportamento nas cenas e da caracterização de um tipo físico em linhas gerais. Via de regra, não há nos roteiros um extenso perfil *off-scene* que adiante o seu caráter e antecipe as suas intenções. A caracterização das personagens, mesmo as principais, se concentra em suas relações (amizade, antagonismo, parentesco, atividade pela qual é conhecida) e na forma como atuam em cena, com ênfase em sua presença nas situações vividas pelo grupo com quem partilham suas experiências e diante de quem sua postura, fala e ação têm maior ou menor sentido e influência.

Essa forma de caracterizar as personagens encontra um suporte especial na composição da galeria de tipos que avivam *Bacurau* do ponto de vista cultural, como a figura de DJ Urso, e pelo espírito de luta demonstrado no embate com os exterminadores — lance de coragem e capacidade bélica associado à tradição de violência e combate, com especial referência ao cangaço dentro do acervo do museu histórico do povoado, tradição a que Lunga e Pacote podem ser associados. E há o processo de inversão da imagem de Domingas, a doutora que de início tem um comportamento que a carimba como "mulher histérica" e cuja energia vemos depois no exercício da profissão, com uma coragem que chega a seu ponto emblemático no "cara a cara" com Michael, o chefe dos assassinos.

A construção das personagens é um traço forte também em *O som ao redor*, em que temos um tratamento que compõe um mosaico de figuras bem distribuídas entre o cômico — como Beatriz, a moradora do bairro com suas idiossincrasias — e o irônico-dramático — caso de Clodoaldo, o líder do grupo que se revela o vetor principal da trama entremeada na vida do bairro na orla marítima. Em *Aquarius*, a força maior se concentra em Clara, a protagonista, muito bem caracterizada em sua luta solitária e seus motivos, mulher combativa que já enfrentou um câncer na mocidade e agora, aos 65 anos, batalha até o fim com a construtora que vem contribuir para a verticalização desordenada da cidade. E vale citar a figura de Diego, o principal negociador enviado para dobrar a resistência de Clara, profissional ambicioso e autoconfiante, muito hábil no seu comportamento e cínico na condução dos diálogos. São dois bons exemplos da ausência da longa explicação *off-scene* de perfis de caráter e motivações.

Outro aspecto a comentar é a habilidade com que estão escritos os diálogos dos três filmes, sempre claros e ajustados ao teor dramático da cena, à definição de cada personagem em aspectos essenciais do seu comportamento e de suas decisões na interação com os outros. Esse ajuste primoroso é mais um ótimo fator para a ausência do texto *off-scene*. Não surpreende que, em geral, na descrição de cada cena a construção das falas seja feita com muito cuidado, por serem fundamentais na composição da tonalidade do roteiro, uma vez que não temos os rostos e gestos que formam a banda de imagem e serão criados pelos atores e atrizes na filmagem, nem o manejo dos hiatos na conversa, forma de fazer o tempo escoar enquanto um movimento ou um olhar dizem mais do que as palavras.

Para dar um exemplo, lembro a cena de *O som ao redor* em que Clodoaldo surge pela primeira vez na rua, toca a campainha na casa de Anco, o tio de João, que no momento acaba de almoçar com o sobrinho, neto de seu Francisco. Os dois descem para atender a pessoa que viram pela imagem de uma câmera na entrada da casa. Temos aí um clima amistoso na conversa em que as pausas, os gestos e as ironias verbais leves sugerem tensões, apontam uma hierarquia na qual quem manda é a família do senhor do engenho; o fundamental é que também já apresentam o estilo arguto do personagem de Clodoaldo, que aparece no bairro para oferecer seus serviços de guarda noturno, junto com seus dois companheiros. Clodoaldo é mestre no manejo dos hiatos, como se vê nessa cena que, aliás, tem um momento muito bem calculado pela montagem, no qual, terminada a conversa, em vez de vir o corte, vemos a saída de Clodoaldo e temos um plano de Anco e João se mirando em silêncio, marcando o efeito de sua presença.

Eis um forte exemplo dessa forma de adensar a informação na hora da montagem e de marcar a diferença de estilos entre as classes — servidores e proprietários —, algo inscrito na vida do bairro do começo ao fim. Há várias vezes um jogo de provocações no diálogo, no qual os subalternos têm de expressar a sua firmeza para não saírem humilhados. O momento mais típico desse tipo de provocação com a devida resposta ocorre no notável diálogo entre seu Francisco e o grupo liderado por Clodoaldo, quando vão selar a sua aceitação no bairro pedindo licença ao patriarca para se instalar na rua e montar barraca, fazendo dela sua base para os movimentos de vigilância. Este é um caso de diálogo importante, que está bem mais desenvolvido no filme do que no roteiro, exemplo de um expressivo incremento de qualidade e eficiência dramática concebido depois da versão presente neste livro.

Os três roteiros são muito claros em sua exposição de cada fase da trama. Os dados que vão explicitar o que está em jogo variam de filme para filme, de modo que há diferenças na forma de construir as tramas, cada qual com seus traços próprios. No caso de *O som ao redor* e *Aquarius*, como o próprio Kleber assinala na introdução a este livro, a expressa divisão tripartite dos filmes, indicada por letreiros numerados e com títulos bastante sugestivos, aconteceu efetivamente depois da confecção dos roteiros.

As versões ora publicadas são posteriores àquelas usadas para a apresentação em editais para financiamento. Nesse sentido, esse imperativo não seria a razão para o cuidado de tornar bem claros a narrativa e o perfil das personagens. Por outro lado, o apuro no modo de expor os diálogos que expressam a forma dramática e caracterizam as personagens não implica que estejam todos no filme tal como no roteiro, tendo havido muitas mudanças. O cineasta, ao escrevê-lo, está ciente da importância do melhor afinamento possível dos diálogos para que atores e atrizes leiam seu roteiro, dado necessário para agilizar as falas de cada um em conversa com o diretor, antes ou mesmo na hora da filmagem. Isso é realizado em conexão com os ajustes no processo técnico e no estilo do filme. Os acertos finais, em todos os aspectos, vêm no momento da montagem.

A descrição da cenografia pode ocorrer no roteiro, mas esse não é um procedimento sistemático. O importante são as indicações referentes a objetos, aparelhos, cartazes e móveis que não têm apenas a função de compor um ambiente, mas são significativos para caracterizar ações e algum simbolismo especial de que são dotados, como é o caso da cômoda familiar em *Aquarius*. Em *Bacurau*, os objetos que fazem parte da documentação histórica do museu do povoado têm relação direta com a caracterização de personagens e de sua atenção à memória social, repositório de uma história de lutas no sertão do Nordeste, em particular a dos cangaceiros.

Uma percepção que se tem, já no roteiro, é a do talento de Kleber para orquestrar a variedade de elementos, como a relação entre o ritmo da ação e a disposição espacial que ela exige, especialmente no planejamento de cenas que envolvem grandes grupos num determinado ambiente. Para citar alguns exemplos: em *Aquarius*, a cena da festa de tia de Clara perto do início, com o apartamento cheio de parentes e amigos de várias gerações, com uma ampla movimentação dos convivas e detalhes de certas ações; em *Bacurau*, a cena de abertura que envolve quase o povoado inteiro no velório nada tranquilo de dona Carmelita; e as cenas de diálogos em reuniões do grupo de forasteiros a respeito de algo acontecido ou das normas de conduta para cumprir as regras do jogo nos assassinatos. O mesmo se dá com a exposição das idiossincrasias de cada um em sua forma de participar da sinistra confraria.

O som ao redor logo cria um senso de crônica do cotidiano envolvendo os moradores do edifício onde mora João — o neto de seu Francisco, que cuida dos inúmeros imóveis do avô — e personagens da vizinhança. A coordenação das cenas do cotidiano, no seu ritmo e na sua forma visual, notadamente nos episódios envolvendo a família de seu Francisco, está elaborada no roteiro com muito cuidado, de forma que os normais ajustes feitos na filmagem definiram uma composição final que guarda pouca diferença face ao previsto no texto. Mas há um dado que só se constitui no binômio filmagem-montagem, como o tempo próprio de cada ator imprimir sua marca, cômica ou dramática, a cada presença diante da câmera.

Em *Bacurau* estão presentes a tonalidade e a textura vocabular da fala da região sem os toques de regionalismo folclorizante que marcam obras naturalistas. Tal como nos outros casos presentes neste livro, a leitura do roteiro permite retomar essa coerência e ajuste no andamento das cenas, que conjuga muito bem as ações e reações com as falas, com especial efeito quando há grande número de pessoas no mesmo espaço — como no início do filme, quando Teresa chega para o velório e cortejo fúnebre de dona Carmelita, avó dela e mãe de Plínio, um dos protagonistas na defesa de Bacurau e um dos personagens principais do filme. Trata-se de uma cena superpovoada que alterna entre o espaço privado da casa e o entorno com muita gente. E lembremos a festa de aniversário do início de *Aquarius*, datada de 1980, quando Clara está ainda com trinta anos e em seu apartamento ocorre a festa dos setenta anos da tia. Temos aí várias gerações, cada qual com suas relações próprias, os jovens às vezes buscando cantos fora da vista do pessoal na sala, às vezes participando da conversa em torno da mesa do bolo de aniversário cercada por convivas.

Em outra chave, a especificação dos diálogos já aponta fortemente para um efeito que só pode se efetivar no binômio filmagem-montagem, como o ritmo de falas e silêncios que apontam para o subentendido entre uma parte dos interlocutores na conversa; o efeito da filmagem com a presença do ator, suas feições e gestos, e depois o efeito da montagem, que torna mais nítidas essas pausas na conversa, em que o tempo escoa e um sentido oculto é sinalizado pela quebra da fluência do diálogo. Tais silêncios, dependendo da expressão facial, dizem muito. Isso é frequente em *O som ao redor*, em especial no que diz respeito à figura de Clodoaldo, central na composição de uma trama que só ganha sentido claro para o espectador na última sequência, tendo havido antes vários momentos de aceno para algo subjacente às intenções expressas. Temos aí uma estratégia capaz de gerar interrogações ou incertas ilações no espectador e que são de interesse para o efeito desejado. Essa figura do "tempo a mais" e seu efeito no ritmo das sequências também têm lugar em *Bacurau*, notadamente nas cenas em que Pacote está envolvido, mas o mais forte momento de sustentação de um clima de alta tensão no silêncio que exige coragem é o do embate de Domingas com Michael.

Diferença dos começos e fins

Os três roteiros são muito claros em sua exposição de cada fase da trama. Os dados que vão explicitar o que está em jogo variam de filme para filme, de modo que há diferenças na forma de construir essas tramas, cada qual com seus traços próprios. No caso de *O som ao redor* e *Aquarius*, as explícitas divisões tripartites compõem uma referência para o espectador quanto a algum aspecto simbólico de cada parte da trama. Vou me concentrar aqui nas diferenças de começos e fins no aspecto factual e de letreiros explicativos que ultrapassam a condição de um título abrindo cada capítulo e auxiliam o espectador a calibrar a sua atenção.

A abertura do roteiro de *O som ao redor* descreve a cena de um enterro em que se dá a presença destacada de duas figuras que devem fazer parte do círculo mais íntimo do falecido ou da falecida — dado sinalizado pelo ato de empunhar o caixão no cortejo fúnebre. Essa imagem era prevista no prólogo, ao lado de outra em que as mesmas duas figuras aparecem de costas para a câmera observando uma paisagem. Esse prólogo foi abandonado como ideia antes da filmagem, ou cortado no momento da montagem. Ele seria uma forma de talvez trazer, mesmo que num *flash* ainda enigmático, uma ação de Clodoaldo e Cláudio, seu irmão mais velho, sinalizados explicitamente como já tendo a idade em que vão aparecer ao longo do filme. Eles são figuras-chave de uma estratégia muito bem urdida que só revela suas coordenadas perto do final, depois de duas horas de desenvolvimento de uma bem conduzida crônica reveladora do modus vivendi de um bairro de classe média alta na faixa litorânea do Recife: seus habitantes típicos, o lado mais sinistro e o lado mais jocoso das vivências; as diferenças de padrão econômico dentro do bairro e seu altíssimo contraste com uma favela bem próxima. Tal vizinhança gera a presença de um ou outro favelado nas ruas do bairro, e meninos são vistos a andar pelos telhados. Meninos negros são expulsos das ruas com violência pelos seguranças — e isso que se vê como ameaça constante dará motivo, mais adiante, para lances de imaginação cultivadora de um senso de perigo, no limite entre o acontecer de fato e as imagens de um pesadelo, como se concretiza na montagem em sequência mais perto do final, em que algo que se sugere como um sonho de Fernanda, a filha de Beatriz, em verdade materializa uma paranoia comum a todos na vizinhança: a invasão do bairro por moradores da favela das redondezas.

Nesse contexto, há o panorama que descreve como se constitui e se mantém um jogo de poder, em especial o exercido pela família de seu Francisco. A ordem interna do bairro se preserva através de expedientes e acertos com tipos inteligentes que oferecem seus serviços dentro dessa malha de segurança interna. Claro que, na citação de "tipos inteligentes", penso em Clodoaldo, que, com paciência, ganha a confiança do pessoal do bairro e espera o momento certo de, após a chegada de seu irmão Cláudio, partir para a ação planejada havia muito tempo. Esses dois irmãos são as figuras que seriam vistas no início do filme a carregar o caixão num enterro, caso o filme tivesse mantido o prólogo do roteiro. No filme, essa abertura foi descartada, e a apresentação dos créditos engata diretamente na importante montagem das fotografias que citei na sinopse, seguida da cena de abertura já na área de lazer do edifício onde mora João.

No final, o desenlace se dá quando Clodoaldo aproveita um chamado de seu Francisco para tratar de um assunto de seu interesse e vai com o irmão ao apartamento dele para encaminhar a ação de vingança da morte de seu pai quando eram crianças, assassinato esse consumado a mando do senhor de engenho. No roteiro, a trama se revela só no final, quando novas circunstâncias geram no mandachuva do bairro o temor de uma ameaça, dada a morte matada de um empregado seu de toda confiança lá nas suas terras. Ele chama os guardas noturnos para uma conversa em seu apartamento. Explica-lhes a situação, que demanda mais segurança para ele próprio, e quer que eles se tornem seus guarda-costas. Estes explicam que estiveram com o tal empregado recentemente — como uma indireta de que têm relação com a sua morte. E logo aceleram a sua fala para revelar quem eles são e filhos de quem eles são: de um homem que foi morto a mando de seu Francisco quando um era menino e o outro, adolescente. No roteiro, a ação se precipita e eles atacam o patriarca a facadas numa cena de violência extrema, dando vazão a um ódio acumulado durante anos. Pode-se imaginar o impacto dessa imagem da vingança como lance final do filme planejado no roteiro. Haveria nessa versão do conflito um lance catártico de muitas facadas em contraste com a tonalidade do filme e seu desenvolvimento; ele daria ênfase ao ódio que, na versão do filme, se manifesta de forma extraordinária nas falas e, principalmente, nas expressões faciais de Clodoaldo e Cláudio. Este, desde sua chegada mais perto do final, já exibiu o rosto contraído de homem de poucas palavras, enquanto Clodoaldo já expôs a variedade de tons e ritmos de sua fala e, nessa hora em que seu plano chega ao momento decisivo, ele busca perfeito autocontrole para agir na hora certa e de forma eficiente, confirmando com exatidão o que tramou em sua relação com a família durante longo tempo.

Eles chegam aos fatos que envolveram o assassinato do pai deles pelos capangas do senhor de engenho, seguidos da execução que o filme, bem ao contrário do roteiro, não nos mostra, no exato momento em que tudo está dito. Antes disso, saltamos para o apartamento de Beatriz, a moça do bairro que desde o início foi fundamental para a composição dos contrapontos ao que de mais grave esteve se passando, vivendo com sua família o polo da comédia que reforça os toques da crônica bem-humorada que pontua o filme. A montagem que nos sonega o ato de execução de seu Francisco nos traz Beatriz e seus filhos se divertindo com as poderosas bombinhas que ela comprou em cena anterior, todos misturando o riso e o prazer com caretas na iminência das explosões que, quando vêm, trazem múltiplos estampidos — acompanhados, ao que parece, de um estampido diferente, apto a sinalizar um tiro... ou mais de um. Essa cena já existe no roteiro, mas ganha outra função no filme, diante desse paralelismo.

No caso de *Aquarius*, o roteiro se abre com a cena de Clara na atualidade (2015), com 65 anos, a tomar seu banho de mar, apesar de um tubarão que atacara um homem em um pequeno barco ter sido avistado em área perto da praia. Ao sair da água, ela conversa com Roberval, o salva-vidas que já a vigiava antes de seu mergulho imprudente, dado o aviso de tubarão. Ao longo do roteiro, ele terá esse papel de proteção especial em relação à "dona Clara", a quem ele julga temerária, com razão. Ele aparece em sequência logo adiante, quando estão na Academia da Cidade, onde fazem exercícios para manter a forma. Saindo dessa academia, comentam os métodos do professor e seguem juntos para a praia. No roteiro é mais plausível o senso de que poderia haver aí algo mais do que proteção e profissionalismo; no filme, a presença de Roberval é minimizada, pois esse prólogo na praia foi cortado e, mais adiante, na cena em que Clara vai à Academia da Cidade, ele não está com ela. Ele somente terá sua volta significativa em cena perto do final, quando chega ao Edifício Aquarius com os bombeiros que vão arrombar a porta do apartamento em que a construtora despejou ninhos de cupim para criar mais problemas para Clara no andar logo abaixo. Esses cupins, Clara os terá em mãos quando for ao escritório da construtora para obter a sua desforra.

A abertura do filme traz as imagens da praia à noite, que envolvem a figura de Clara, em seus trinta anos, com seu sobrinho e amigos, dentro de um carro que brinca na areia de uma praia vazia; um espaço só deles. Simpatia, intimidade. Com muito prazer, ela escolhe uma música para todos ouvirem e dá sinais do que depois veremos ser sua profissão, especialista em música e autora de livros sobre o assunto. Em seguida, vemos o carro parando na avenida Boa Viagem e eles saindo para ir ao apartamento dela, rumo à festa de aniversário de sua tia.

No final, ela reafirma a sua posição de não vender o apartamento, mesmo depois de tantas atitudes ardilosas por parte da construtora. E ela o faz numa grande cena, no momento em que sua visita, que ela mesma marcou, parece sugerir uma mudança de atitude. Dá-se o contrário, e ela faz um gesto de impacto abrindo a mala e jogando os cupins no centro da mesa de reunião, em grande estilo. E o filme se encerra com o plano dos cupins filmados com lente macro e ocupando toda a tela.

No roteiro, depois dessa cena há um desenvolvimento que dá conta de alguns fatos acontecidos após esse momento catártico, num epílogo dominado pelas observações de duas moças que conheceram Clara e comentam sobre a sua personalidade e esse episódio. Elas falam da morte de Clara e da condição que deixou para seus herdeiros ao assumirem a propriedade do apartamento: só poder vendê-lo trinta anos depois de sua morte. A decisão de cortar toda essa sequência final, incluindo o dado da morte de Clara e o destino do apartamento, evita definições quanto ao futuro que, de um lado, reforçariam sua tenacidade, mas poderiam conceder à sua postura um sabor de teimosia egoísta quando ela obriga os herdeiros a obedecer à cláusula do testamento que transfere a eles as consequências disso. Dado que o ponto de vista que preside a narração é de crítica à especulação imobiliária e à condução do personagem Diego como um crápula arrivista de fino trato e bons modos na relação com Clara, o final escolhido para o filme dá maior coerência à forma como tudo se desenvolve do começo ao fim. Com a vantagem de uma cena final impactante, que faz convergir toda a manobra da empresa para a figura dos cupins roedores como uma praga que infesta o mundo dos negócios e a vida dos habitantes da cidade do Recife, metáfora que retroage sobre os patrões de Diego com toda força nesse momento. Belo final.

No caso de *Bacurau*, faço a mesma avaliação da diferença entre roteiro e filme na composição da abertura. Havia no roteiro um texto que, antes da cena de abertura, se projetava na tela trazendo um contexto para a presença do grupo de norte-americanos fardados nos arredores da cidade de Bacurau, o que foi suprimido no filme, de modo que não há nenhuma explicação a respeito da origem do grupo e de sua presença no sertão de Pernambuco, onde tomam uma fazenda. O único sentido evidenciado é uma gincana em que vencerá aquele que conseguir matar mais habitantes da região, sendo grotesca a forma como efetuam e até discutem os critérios para a legitimidade das mortes computadas pelos "soldados". Embora a informação do texto inicial suprimido fosse sumária, indicava a origem do grupo e situava um contexto geral, em particular o dos Estados Unidos, no qual os chamados "Bandolero Shocks" tiveram origem.

O filme traz as imagens da abertura presentes no roteiro: um desenho do espaço sideral com uma gradual aproximação à Terra, havendo um momento em que um satélite artificial cruza a tela enquanto o zoom vai centrando o foco no Nordeste brasileiro. Há apenas um letreiro, "Oeste de Pernambuco", e, em seguida, "Daqui a alguns anos", sobreposto a um travelling que segue um caminhão-pipa numa estrada de terra. Na trilha sonora da abertura, Gal Costa canta "Objeto não identificado", que rima com as imagens da estratosfera e traz uma referência ao filme de Walter Lima Jr., *Brasil Ano 2000* (1969), uma sátira a projetos nacionais de lançamento de astronave para o espaço sideral, paródia ao gênero ficção científica que *Bacurau* vem, de forma distinta, evocar de maneira irônica ao vermos um grupo dotado de equipamentos ultramodernos conduzir suas ações. Esta é uma das referências cinematográficas presentes nesse filme, que trará mais adiante personagens aparentados com tipos clássicos, por exemplo o do bandido social rural, de que o cangaceiro é um exemplo. Em torno desse tipo célebre do cangaceiro foram feitos vários "filmes de mercado" entre 1959 e 1970, dentro do gênero *nordestern*, assim chamado para insinuar o seu parentesco com o *western*. E também distintos "filmes de autor", como o clássico *Deus e o diabo na terra do sol* (1964), de Glauber Rocha, que teve no cangaceiro Corisco seu personagem de destaque. E, para citar um dos pontos de ignição do cinema pernambucano contemporâneo de que Kleber Mendonça Filho tem sido, nos últimos anos, uma figura central, lembro *Baile perfumado* (1996), de Paulo Caldas e Lírio Ferreira, que em outra chave criaram uma parábola em torno da figura do fotógrafo libanês Benjamin Abrahão, que conseguiu, nos anos 1930, chegar ao contato in loco com o bando de Lampião em plena caatinga, produzindo um documentário de enorme importância histórica.

Por dialogar com o gênero *western*, *Bacurau* inclui em suas remissões o importante ciclo de filmes que, com bom humor, foram chamados de *spaghetti westerns*. Produzidos na Itália nos anos 1960 e 1970, tornaram célebres cineastas como Sergio Corbucci e Sergio Leone, este último tendo depois se mudado para dirigir filmes em Hollywood. O *western* italiano se impôs pela originalidade de estilo na composição de personagens-tipo bem demarcados e por uma encenação da violência extrema tendente ao coreográfico, traços que, com toda consciência, Kleber Mendonça e

Juliano Dornelles citam em seu filme. Não surpreende a variedade de armações de cenas de efeito na resistência do povo de Bacurau, momento em que a emergência trouxe de volta à cidade como um reforço fundamental o célebre bandido social Lunga — aqui um bandido social não no modelo estrito do cangaceiro, mas compondo um "tipo" visualmente destacado, tal como outras figuras mobilizadas na luta. E não faltam cenas de um "olho no olho" surpreendente, como a da dra. Domingas com Michael, o chefe dos exterminadores. As cenas de duelos, com seus variados estratagemas, revelam por sua vez a notável competência guerreira das figuras-tipo da cidade, em quem a tradição de valentia desperta com energia total, como que inspirada pelo museu histórico de Bacurau.

Esses são aspectos centrais desse filme em que a gestualidade dos atores e os lances de violência se valem de uma rica experiência que a composição visual de suas figuras-tipo e situações emblemáticas faz convergir para a *mise-en-scène*, em uma forte experiência bem recebida pela crítica e pelo cinéfilo dotado de repertório — incluído aí o prestigioso Prêmio do Júri do Festival de Cannes de 2018. Em sintonia com essa recepção, houve um sucesso de público raras vezes alcançado por essa modalidade de filme brasileiro nas últimas décadas — cerca de 800 mil espectadores.

Como em *O som ao redor* e *Aquarius*, há em *Bacurau* uma antecipação do final. Após a cena em que Michael é visto entre as grades no buraco em que será deixado para morrer, há o corte para o povo de Bacurau aterrando a sua prisão. Na trilha sonora, ainda com essa imagem do pessoal com as pás a trabalhar, entra a canção de Geraldo Vandré composta para o final de *A hora e a vez de Augusto Matraga* (1965), o filme de Roberto Santos que adaptou de forma criativa o conto homônimo de Guimarães Rosa, cujo protagonista Nhô Gusto, um fazendeiro de tipo difícil e implacável com seus desafetos, numa inversão de postura após forte experiência religiosa sacrifica a sua vida em defesa de camponeses ameaçados de morte por fazendeiros nos campos gerais, no sertão mineiro dos buritis. Entram os créditos finais. Temos aí uma última citação significativa de filme afinado em espírito a *Bacurau*. No roteiro, as ações continuam e temos a população triunfante em comboio, cantando a música "Bichos da noite", de Sérgio Ricardo, cantada bem antes no filme. Trata-se de um compositor que teve papel-chave em *Deus e o diabo na terra do sol* como criador das canções do cego cantador, Júlio, que conduz a narração da fábula glauberiana. "Bichos da noite" já é cantada, no roteiro e também no filme, bem perto do início, por ocasião do enterro de dona Carmelita.

Antes desse final, há diferenças em alguns detalhes, mas a sequência em que vemos Michael, já preso pelo povo de Bacurau e vindo em direção à câmera, tem seu ponto de revelação quando este avista a figura de Tony Jr. tentando convencer a todos de que o povoado pode contar com o seu apoio, ao mesmo tempo apavorado quando todos ouvem os gritos de Michael dirigidos ao prefeito, que segundo ele o teria traído ao não cumprir um acordo firmado entre os dois.

Considerando o teor da parábola, a natureza do grupo dos forasteiros e a ausência de explicação para a sua presença e para o rito de extermínio arbitrário de sua confraria racista, essa cumplicidade poderia ser vista como um problema, pois talvez fosse mais forte a coerência interna diante da absoluta ausência de uma relação com figuras da região, mesmo as com algum poder, de modo a acentuar que essa presença dos forasteiros se dá sem nenhuma consideração pelo seu entorno, em todo e qualquer aspecto que não seja a eliminação sem nenhum sentido para além do jogo fechado dessa máquina da morte que os fardados exibem em sua gincana de extermínio. O que há de irônico nessa opção de roteiro e filme é que o reencontro de Tony Jr. e Michael ao final teria outro sentido, estivesse a cidade vazia como naquela imagem que contemplamos juntamente com o prefeito quando este visitou Bacurau no início. Lá, a população, no seu intuito prático de rejeição absoluta, se recolheu em casa, deixando as ruas vazias para dar um recado ao picareta; mas, no sentido simbólico no contexto do filme, teria encenado um efeito de terra arrasada que se antecipou ao desejo subjacente a essa sinistra convergência entre o que seriam os sonhos de vingança do prefeito levados ao paroxismo e a barbárie dos americanos.

E, falando em americanos, restaria a pergunta pelas razões ou pelos efeitos da discussão, em dado momento, entre Michael, nascido na Alemanha e há décadas nos Estados Unidos, e Chris, nascido nos Estados Unidos, sobre quem afinal é mais americano. Isso depois de Terry o chamar de "fucking nazi". Vale o debate sobre essas questões, como também sobre outras levantadas na exposição das diferenças entre início e fim dos filmes em relação a início e fim dos respectivos roteiros.

O SOM AO REDOR

Roteiro escrito em: **2007-10**
Filmagem: **julho/ agosto de 2010**

Première mundial: **Rotterdam International Film Festival (Competição Tiger),
Holanda, 2 de fevereiro de 2012**

Estreia nos cinemas brasileiros: **4 de janeiro de 2013**

Roteiro e direção: **Kleber Mendonça Filho**
Produção: **Emilie Lesclaux**
Fotografia e câmera: **Pedro Sotero e Fabricio Tadeu**
Montagem: **Kleber Mendonça Filho e João Maria**
Diretor de arte: **Juliano Dornelles**
Som: **Nicolas Hallet, Gera Vieira e Ricardo Cutz**
Assistente de direção: **Clara Linhart**

Elenco

Irandhir Santos	...	**Clodoaldo**
Gustavo Jahn	...	**João**
Maeve Jinkings	...	**Bia**
W.J. Solha	...	**Francisco**
Irma Brown	...	**Sofia**
Lula Terra	...	Anco
Yuri Holanda	...	**Dinho**
Clébia Sousa	...	**Luciene**
Albert Tenório	...	**Ronaldo**
Nivaldo Nascimento	...	**Fernando**
Felipe Bandeira	...	**Nelson**
Clara Pinheiro de Oliveira	...	**Fernanda**
Sebastião Formiga	...	**Claudio**
Mauricéia Conceição	...	**Mariá**
Rubens Santos	...	**Adaílton**

Filmado em 35 mm com câmeras Aaton Penélope e BL Evolution.
Em locações no Recife, Palmares, Bonito e no Engenho Pombal
(Pernambuco).

1. EXTERIOR CINE SERRO AZUL – DIA

A fachada de um cinema no interior de Pernambuco. O prédio está em ruínas, capim alto toma a área interna. CLÁUDIO, 40 e poucos anos, está de frente para a fachada no CONTRAPLANO. Atrás dele, uma paisagem verde aberta e desfocada.

2. EXT. CORTEJO FÚNEBRE – RUA – DIA

CLOSE-UP CLODOALDO, 30 e poucos anos, que parece carregar alguma coisa. Do seu rosto VAMOS PARA A DIREITA e encontramos o rosto de Cláudio, simetricamente. No mesmo take, ABRIMOS o quadro e revelamos que Clodoaldo e Cláudio são os primeiros carregando um caixão em um modesto cortejo fúnebre, acompanhado por cerca de 30 pessoas, numa localidade interiorana.

3. EXT. CEMITÉRIO – DIA

VEMOS ao longe, num pequeno cemitério cercado de casas vizinhas com antenas parabólicas, o enterro sendo realizado.

4. EXT. – VISTA – PAISAGEM – DIA

Um enorme PLANO GERAL de terras na região da Zona da Mata. Na parte inferior esquerda do quadro, as duas cabeças de Cláudio e Clodoaldo surgem e se inserem na paisagem. TRAVELLING em direção aos dois homens, que estão de costas. Seus corpos tomam mais espaço no quadro e agora são maiores que a paisagem.

5. ABERTURA – COLAGEM

Colagem de imagens, gravuras e fotografias históricas da Zona da Mata de Pernambuco. Engenhos, cana-de-açúcar e trabalhadores rurais. As imagens nos levam gradual e cronologicamente em direção ao passado, com registros em preto e branco do fotojornalismo de décadas recentes e gravuras dos séculos XVIII e XIX. Em determinado momento, cercas são temas recorrentes nas imagens, e a montagem cresce em ritmo.

CORTA PARA:

6. EXT. BAIRRO CLASSE MÉDIA – RUA – DIA

O que virá a seguir é uma série de curtas vinhetas.

Estamos em 2010, no labirinto que é o bairro de Setúbal, Zona Sul do Recife, marcado por cimento e concreto, casas e prédios de muros altos cobertos por pregos, cacos de vidro e cercas elétricas. As ruas e as casas estão em meio aos prédios de 15, 20 e 30 andares.

7. EXT./ INTERIOR EDIFÍCIO – TRAVELLING – DIA

No vasto pátio-garagem de concreto liso em um grande prédio, acompanhamos de perto e por trás uma menina de 9 anos de idade andando de patins, puxada por uma bicicleta. Depois de três curvas entre carros e pilotis, ela chega a uma área que parece agregar todas as babás e bebês do edifício — pais e mães, ausentes. Dois meninos observam o mundo externo por cima do muro.

Por trás da cabeça dos dois garotos, VEMOS, do outro lado da rua, um serralheiro com maçarico trabalhando em uma grade na janela do térreo de um prédio-caixão.

CORTA PARA:

8. INT. QUARTO – DIA

O ar-condicionado está ligado. Um bebê dorme no berço. Do lado de fora da janela fechada, o serralheiro solda a grade, faíscas e fumaça. O clarão intenso ilumina o berço no quarto climatizado.

CORTA PARA:

9. EXT. OITÃO – DIA

Contra a parede que divide prédio e casa, dois adolescentes em uniforme escolar se beijam demorada e sensualmente. O menino e a menina não devem ter mais do que 12 anos.

CORTA PARA:

10. EXT. CRUZAMENTO – PLANO FIXO – DIA

Dois carros chocam-se no cruzamento em baixa velocidade no sentido Norte-Leste, CORTAMOS laconicamente logo após o choque.

CORTA PARA:

11. EXT. – PLANO FIXO – CONTRA-PLONGÉE – DIA

VEMOS pessoas nas janelas de um prédio, algumas fotografando com celulares uma movimentação no térreo. Todas olham tensas para baixo.

CORTA PARA:

12. EXT. TOPO DE EDIFÍCIO – DIA

De um ângulo de 90 graus, do topo do prédio de 20 andares, VEMOS um corpo coberto por um lençol, estendido na área do estacionamento abaixo. Ali perto, um grupo de pessoas mantém distância. No prédio vizinho, separado por um muro alto, crianças jogam futebol sem saber do incidente.

CORTA PARA:

13. EXT. – DETALHES – DIA

Numa sequência de cortes sem continuidade de luz, VEMOS SEMPRE À DISTÂNCIA funcionários limpando coisas. Uns varrem, alguns passam buchas em placas metálicas de nomes como "Château d'Avignon", "Montparnasse", "Islamorada", "Central Park", "Le Corbusier". Chove em alguns desses planos e no último é noite.

CORTA PARA:

14. INT. GARAGEM – PLANO FIXO – NOITE

Garagem no subsolo de um edifício, dezenas de carros, em grande parte novos e importados. Luzes vermelhas e azuis dos alarmes piscam silenciosamente no escuro nos vidros dianteiros.

CORTA PARA:

15. EXT. RUA – PLANO FIXO – NOITE

Na rua escura, luzes azuis e vermelhas também piscam silenciosamente nos carros estacionados. Veículos enfileirados lembram uma pista de aeroporto com luzes de alarme piscando em formação não coordenada.

VEMOS ao longe um grupo de 15 ou 20 pessoas indistintas (vultos) aproximando-se de um dos carros estacionados. Juntas, viram o carro de lado.

16. EXT. RUA – CASA – NOITE

Uma casa grande de muro alto, encoberta pela escuridão. É madrugada.

17. INT. SALA DE ESTAR – CASA – PLANO FIXO – NOITE

Na casa, tudo está parado e escuro na sala de estar.

18. INT. COZINHA – CASA – PLANO FIXO – NOITE

Silêncio, mas há o som da geladeira que dispara o compressor.

19. INT. CORREDOR DA CASA – PORTA – TRAVELLING – NOITE

No primeiro andar, a porta fechada de um quarto.

20. INT. QUARTO DE CASAL – CASA – PLANO FIXO – NOITE

Num quarto escuro, de madrugada, duas pessoas dormem cobertas da cabeça aos pés. Há algum movimento de sono num dos corpos.

21. INT. QUARTO – CASA – PLANO FIXO – NOITE

No quarto escuro das crianças, VEMOS uma criança na sua cama de solteiro, também coberta da cabeça aos pés. Na cama ao lado, ajoelhada na cama, de pijama, de costas, olhando pela janela, uma garota de 11 anos. Sua respiração rápida é percebida no vidro e ela vê alguma coisa acontecendo no exterior.

22. INT. JANELA – CASA – PLANO FIXO – PONTO DE VISTA – NOITE
Da janela do quarto, VEMOS o jardim da casa, o muro da frente e a rua logo depois. Pessoas estão pulando o muro e entrando na área da casa.

23. INT. CORREDOR – CASA – NOITE
Muito lentamente, e com muito medo, a garota afasta-se da janela, sai da cama e abre a porta do seu quarto. Ela percorre lentamente o corredor escuro e chega à porta do quarto dos pais. Ela abre a porta do quarto com muito cuidado.

CORTA PARA:

24. INT. QUARTO DE CASAL – CASA – NOITE
Ela VÊ a cama dos pais, que está vazia.

25. INT. CORREDOR – CASA – NOITE
A menina volta para seu quarto.

26A. INT. QUARTO – CASA – NOITE
Ela VÊ que a cama do seu irmão está agora vazia. Um ruído forte de algo quebrando é ouvido no térreo. Ela fecha a porta atrás de si e se vira em direção à porta. Ouvem-se vozes na casa, e logo o barulho lembra o burburinho de uma praça de alimentação num shopping center. Atrás dela, UMA MÃO vinda de fora da casa abre lentamente a janela corrediça. A menina se vira. Ela abre a porta e avança para fora do quarto. Do primeiro andar, as LUZES se acendem e a menina vê a casa completamente tomada por cerca de 200 pessoas.

CORTA PARA TELA PRETA

26B. INT. QUARTO APARTAMENTO DE BIA – NOITE – ZOOM IN
BIA, mulher nos seus 30 e poucos anos, insone, lê livro (off camera) na cama. RICARDO, seu marido, ronca ao lado.

27. INT. QUARTO AP. BIA – NOITE – ZOOM IN (VERSÃO ALTERNATIVA)
O teto descascado de um quarto à noite. BIA, mulher nos seus 30 e poucos anos, insone, na cama, olhando para cima. RICARDO, seu marido, ronca ao lado. Ela fecha os olhos diante do uivo debilitante de NICO, o dogue alemão neurótico da casa vizinha. Nico uiva e late, e quando não uiva nem late, bate violenta e prolongadamente no que talvez seja a porta da cozinha, uma

chapa já empenada de ferro. Bia fecha os olhos e volta a abri-los com o uivar do cachorro.

CORTA PARA:

28. INT. CORREDOR AP. BIA – NOITE
De camiseta e calcinha, Bia anda no corredor escuro.

29. INT. VARANDA AP. BIA – NOITE
Vendo o dogue alemão pelas grades do jardim do vizinho, Bia dá um assovio moralizante a ele, que passa a latir agressivamente em direção à varanda onde Bia se encontra.

30. INT. SALA DE JANTAR AP. BIA – NOITE
Bia fuma um cigarro sentada à mesa de jantar enquanto o cachorro late, uiva e bate. NELSON, 11 anos, seu filho, entra na cozinha.

> NELSON *(Abrindo a geladeira.)* Não tá conseguindo dormir, mãe?
> BIA Não.
> NELSON Ele vai ficar latindo, acho que os vizinhos só voltam amanhã.
> BIA É sempre essa merda.
> NELSON Toma um comprimido pra dormir, tem trabalho amanhã.
> BIA Vou ficar ainda um pouquinho, meu filho.
> NELSON Boa noite.

Nelson sai e deixa Bia sozinha na sala fumando. O cachorro parece estar destruindo alguma coisa.

31. INT. SALA DE ESTAR AP. BIA – NOITE
Ao som do cão uivando, Bia acende um baseado. Ela encosta no sofá, pensativa.

32. INT. ESCADA AP. BIA – NOITE
Andando pela casa e já terminando seu baseado, Bia sobe para o andar superior do apartamento. Nico uiva.

33. EXT. TERRAÇO SUPERIOR AP. BIA – NOITE
De cima do terraço, Bia tem visão tranquila do bairro, os telhados de casas e prédios mais baixos cobertos pela noite, mais acima os prédios altos de

Setúbal. Debruçada no parapeito, ela observa a paisagem e também a casa embaixo, de onde vêm os latidos. A calmaria da vista é quebrada pela imagem de um garoto negro descalço, vestindo shorts, andando tranquilamente no telhado do edifício à frente. A movimentação não parece afetar a serenidade de Bia. O latido do cachorro persiste.

CORTA PARA:

34. INT. MESA DA COZINHA AP. BIA – NOITE
Com uma faca, Bia fura um pedaço de carne assada e encaixa nele um comprimido de Lexotan. E toma, ela mesma, um segundo comprimido.

CORTA PARA:

35. INT. VARANDA AP. BIA – NOITE
Com o dogue alemão latindo agressivamente em sua direção, Bia arremessa a carne, que cai na área vizinha. Nico a ataca prontamente.

CORTA PARA:

36. EXT. PLANO GERAL DO BAIRRO – NOITE – ZOOM IN
O silêncio reina.

CORTA PARA:

37. INT. SALA DE ESTAR AP. JOÃO – DIA
Um apartamento de classe média média. Numa sala bagunçada de festa na noite anterior — copos, garrafas, cinzeiros cheios, cadeiras —, JOÃO, branco, nos seus 30 anos, dorme no sofá com SOFIA, branca, nos seus 20 anos. Os dois estão nus, suas roupas no chão. Dormem de banda e dividem o pouco espaço disponível. Ruídos de chave na porta da cozinha, alguém chega.

CORTA PARA:

38. INT. COZINHA AP. JOÃO – DIA
A abertura da porta. Na sala, João e Sofia levantam-se nus rapidamente para não serem vistos e correm para dentro do apartamento. Pela porta da cozinha entra MARIÁ, 60 anos, a empregada. De relance, ela ainda consegue ver duas bundas sumindo no corredor.

MARIÁ Danou-se... Correu tudinho!

39. INT. CORREDOR AP. JOÃO – DIA
João e Sofia se empurram e entram no quarto, fechando a porta.

40. INT. QUARTO AP. JOÃO – DIA – LUZ MATINAL

Os dois deitam de lado e conversam no tom sonolento-assustado das sete da manhã, ligeiramente constrangidos por estarem nus.

> SOFIA Era a empregada?
> JOÃO É Mariá.
> SOFIA Ela entra sem bater?
> JOÃO Ela tem a chave.
> SOFIA Minha roupa tá lá na sala.
> JOÃO Tu já vai embora?... Fica aí dormindo.
> SOFIA Não, eu tenho que estar no trabalho às 8h30.
> JOÃO Eu também tenho que sair. Tu dormiu bem?
> SOFIA O que eu dormi, eu dormi bem...

CORTA PARA:

41. INT. CORREDOR AP. JOÃO – TRAVELLING – DIA

Com calça comprida, despenteado e sem camisa, João aproxima-se da sala e vê à sua frente duas meninas negras de 5 e 7 anos de idade, calmamente explorando a bagunça da sala.

> JOÃO Bom dia.
> MARIÁ (*Vindo da cozinha.*) As meninas tiveram que vir comigo pra mãe delas ir no médico. Quase que elas veem presepada, hein?
> JOÃO Presepada nada, Mariá. É Sofia, amiga minha. Essa aqui já tá desse tamanho??

João pega na mão de Rosane, a menor, enquanto apanha as roupas do chão.

> MARIÁ Essa já tem quase cinco anos! (*Falando baixo e apontando para dentro do apartamento.*) É bonita? Só vi a bunda.
> JOÃO É não. É feia.

CORTA PARA:

42. INT. SALA DE TV AP. JOÃO – DIA

As duas garotinhas assistem a *A Hora da Alegria* na TV LCD 40 polegadas do apartamento de João.

43. INT. COZINHA AP. JOÃO – DIA

João e Sofia chegam à cozinha vestidos e de banho tomado.

JOÃO   Mariá, essa é Sofia.

MARIÁ   E é? Pois sim, tudo bom, Sofia?

SOFIA   Tudo bom, Mariá.

Eles tomam café da manhã e ambos leem jornal. Mariá na cozinha prepara ovos fritos numa frigideira, Sofia está com a coluna social.

JOÃO   Mariá, Sofia já morou nessa rua.

MARIÁ   E foi? É da família! Cuidado não pra vocês não serem irmãos!

SOFIA   Acho que a gente não é irmão não, Mariá. Eu morei aqui quando era pequena, foi na época em que minha mãe morreu.

MARIÁ   E foi? Tão novinha, sem mãe.

SOFIA   Eu devo ter passado uns seis meses aqui, na casa do meu tio. Ele não mora mais aqui.

JOÃO   Foi quando isso?

SOFIA   Primeiro semestre de 1990. Eu era pequena, devia ter uns seis anos.

JOÃO   Minha vizinha.

MARIÁ   Em 1990 eu já trabalhava aqui, pros pais deles. Ele, o irmão e a irmã...

SOFIA   Tu tem irmão e irmã?

MARIÁ   Danou-se. Vocês se conhecem bem e já vão casando!

JOÃO   (Ri com o sarcasmo de Mariá.) Mariá... Tenho, meu irmão casou uns meses atrás, ele que morava aqui.

MARIÁ   Saiu Francisco, chegou João.

SOFIA   João, Francisco...

JOÃO   É. A gente vai tentar visitar a casa onde Sofia morou, final da rua.

SOFIA   Coluna social. Tu gosta de ler coluna social? Eu gosto. É engraçado.

JOÃO   Eu também. Curiosidade mórbida.

SOFIA   Essa é boa. Vê: "O dermatologista Haroldo Souza recebeu convidados do 17º Congresso Internacional de Doenças da Pele no seu duplex em Piedade. O congresso coincidiu com seu aniversário e, supersticioso que é, dr. Souza não diz a ninguém a idade que tem...". Tu dá quanto pra ele?

JOÃO   Setenta e seis? Quem é essa aí rindo? (*Esgueira-se para ver foto de debutante risonha. Faz voz de noticiário.*) "A gatíssima Ana Cecília Pinto, herdeira da Pinto Engenharia, acaba de completar seus 15 anos. Ela comemorou seu 'níver' numa suruba bancada pelos pais, que queriam ver a filha toda assadinha..."

MARIÁ   Que história é essa, menino?

JOÃO   Olha a foto. Que quenga.

Mariá de costas ri, Sofia também. Mariá traz leite.

MARIÁ   (*Olhando para Sofia.*) É bonitona, ela. Tu disse que ela não era bonita... Mas tem uma carinha meio tristinha...

Sofia olha para o sucrilho.

JOÃO   (*Olhando para Sofia.*) Se eu dissesse que era bonita, tu nem ia achar.

MARIÁ   É... é bonitona, ela.

JOÃO   Essa é a última semana de Mariá aqui.

MARIÁ   Ele tá me aposentando. Fiquei véia. (*Pausa.*) É não, ele já me ajudou muito, agora vou me aposentar. Podia ter me mandado embora quando chegou, mas esperou eu me aposentar. Foi bom.

SOFIA   E agora, quem vai ser a babá de João?

MARIÁ   Quer tomar meu lugar, é, menina? É minha filha Maria, a mãe dessas meninas, mas ela vai ser diarista. Não precisa mais todo dia não, né, João?

JOÃO   Não. Eu tenho que ir na casa de tio Anco e depois mostrar um apartamento.

SOFIA   Quer carona?

JOÃO   Não, é tudo aqui na rua.

MARIÁ   Agora que vocês comeram, Adaílton lá de baixo pediu pra falar que o carro que passou a noite perto da árvore foi arrombado, levaram o toca-fita, quebraram o vidro. É da menina?

SOFIA   É um Palio?

MARIÁ   Num sei.

CORTA PARA:

44. EXT. RUA – CARRO – DIA

Um Palio branco estacionado embaixo de uma árvore. Vidro lateral perfeitamente desinstalado, encostado na porta. É o carro de Sofia.

SOFIA   Bom, levaram meu CD.

JOÃO   Vê dentro. Não tinha alarme?

SOFIA   Tem, mas não funciona. (*Sofia põe a cabeça dentro do carro. No banco de trás, livros jogados.*) Seis livros, não levaram nenhum. Mas arrancaram o CD.

JOÃO   Bom, depois dessa ainda te vejo de novo?

SOFIA   Talvez.

JOÃO   (*Olhando para Sofia.*) Primeira vez que dorme comigo, tem o CD roubado na minha rua. Que começo.

SOFIA   (*Ri.*) É minha rua também. (*Pausa.*) Eu nem queria vir ontem, só vim por causa de Ronaldo e Eloísa que insistiram. Foi bom te conhecer.

JOÃO   Tu tens meu telefone?

SOFIA   Tenho, estás com o meu?

JOÃO   Estou.

Sofia e João se olham. Ela entra no carro e vai embora. Nesse momento, o ritmo inconfundível da axé music estoura no fundo, MUITO ALTO. É o vendedor de CD pirata na sua carrocinha parada a alguns metros.

45. EXT. RUA – DIA

Carroça de CD parada, vendedor de óculos escuros, bermuda e boné, agachado, revolvendo alguma coisa no compartimento inferior da carroça.

46. EXT. RUA – DIA

Música continua: "Menina da Bahia, menina do farol...". João observa a carrocinha, impressionado com o volume. "Garota da Bahia, Garota do Farol, Menina do Amor, Menina do Suor. Pega no meu coco, pega no meu cacho, pega na banana. Vou gozar tropical." Ainda parado, João agora desvia o olhar para um homem que, a 10 metros de distância, varre a entrada de um prédio.

CORTA PARA:

47. EXT. FACHADA CLÍNICA DE ACUPUNTURA – DIA

João agora olha alguns metros à direita. PACOTE lava um Astra vermelho com portas abertas. Ele veste shorts, camiseta e sandálias Havaianas. Pacote é o único flanelinha da rua e o rei das manobras. Donos confiam-lhe chaves e carros. Sua mão organiza chaves de marcas diferentes, guardadas numa caixa de sapato. Ele ouve forró na Recife FM com som alto nos CDs dos carros e conversa com ADAÍLTON, zelador do prédio vizinho. João chega.

> JOÃO Oba. Beleza?
>
> PACOTE Beleza.
>
> ADAÍLTON Beleza, doutor. (*Dirige-se ao vendedor de CD, ainda estacionado e a todo o volume.*) Ô irmão! Dá pra baixar aí!? Ô IRMÃO!!!!

O vendedor não ouve, continua parado e de costas, axé rebatendo nas casas e prédios.

> JOÃO (*Falando alto por cima do som do forró eletrônico e do axé da carrocinha.*) Vocês sabem quem mexeu no carro, aí?

Adaílton e Pacote se entreolham.

> PACOTE Sei não, senhor.

Adaílton fica calado. Olhando para baixo.

> PACOTE Eu estava falando com Adaílton que mexeram foi em mim!
>
> JOÃO Mexeram em tu?
>
> PACOTE Mexeram em mim. Fiquei com uma boyzinha, que eu não sabia que 'tava ficando com um irmão, a gente foi lá pra casa, choin... acordei domingo de manhã 'tava com esse braço raspado de Prestobarba, ó praqui. (*Pacote mostra o braço raspado.*)

Na entrada da rua surge uma viatura da polícia, vindo em direção ao trio. Nesse momento, Pacote pega a flanela que havia deixado na capota do Astra enquanto falava com João. A viatura passa e segue.

> PACOTE Mexeram em mim, e isso não é bom, não, dr. João. Mexeram em mim.
>
> JOÃO E quem mexeu no carro da minha amiga? Não sabem de nada, nadinha? Adaílton, tu não avisasse

a Mariá? Me diz se foi Dinho. (*Silêncio. João insiste.*) Está com a maior cara de ser coisa dele.

O barulho da carrocinha, insuportável.

> PACOTE O QUÊ?
> JOÃO TÁ COM A MAIOR CARA DE SER COISA DE DINHO!
> ADAÍLTON Isso é o senhor que tá dizendo.
> JOÃO Tu ouviu alguma coisa?
> ADAÍLTON Eu nun sou cabueta não, seu João.
> JOÃO Entendi.
> PACOTE (*Pausa, olhos no serviço.*) É aquela história, os brancos que se entende.
> JOÃO É, né? Valeu. Bom dia pra vocês.

João dá as costas e sai.

> ADAÍLTON Tá novo, doutor. Sim, uma coisa, tá na hora de trocar aquele carro, né?
> JOÃO Tá, ano que vem.

48. EXT. RUA – DIA
A carrocinha tocando axé music finalmente sai do canto. O dono empurra o carrinho rua abaixo e agora — numa PAN/ZOOM — VEMOS que na esquina oposta vem uma segunda carrocinha de CD, também tocando música brega ("Papa frango"). Um carro que vem para na carrocinha do brega, e o motorista parece interessado em algum disco, discutindo pela janela. Pacote e Adaílton param para ver a barulheira. As carrocinhas vão se encontrar.

CORTA PARA:

49. EXT. RUA – TRAVELLING LATERAL – DIA
João anda na calçada.

50. EXT. RUA – BANCA DE JORNAL – DIA
ROMUALDO, entregador de água mineral, passa pela câmera na sua bicicleta de carga, com quatro garrafões de 20 litros nos bagageiros dianteiro e traseiro. À frente, chegamos ao fiteiro de seu ROBERTO, com boné do Santa Cruz, óculos escuros mais por conjuntivite ou ressaca do que por estilo. A fachada da barraca é dominada por uma instalação involun-

tária das imagens mais grotescas do crime na cidade, cortesia do jornal *Folha Pernambucana*. Seu Roberto conversa com o vigia da padaria vizinha. João chega.

> JOÃO Bom dia. Um *Jornal* e um *Diário*.
> ROBERTO Não leva a *Folha* não? Olha aí a manchete boa.
> JOÃO Não, só os dois...

Roberto estira o braço mostrando a manchete: POLICIAL MICHÊ PRENDE HOMEM COM QUEM FAZIA PROGRAMA. A foto de capa mostra dois homens em pé, encostados em parede branca, escondendo os rostos, algemados juntos. Um deles é rubro-negro e a camisa do Sport cobre sua cabeça.

> JOÃO Tá cá porra...
> ROBERTO E então!... É, seu João, não é mole não. Salário pequeno, pau grande, tem que inteirar a feira.
> JOÃO Esse eu vou levar.

> CORTA PARA:

51. EXT. RUA MOVIMENTADA – CRUZAMENTO – DIA (OBS.: CENA PARA POSSÍVEL CORTE)
Tentando cruzar a rua, um Corolla com vidros escuros buzina alegremente para João, mas ele não consegue identificar o motorista. O carro para, João põe as mãos no vidro para ver quem é. O vidro elétrico desce e vemos uma mulher no volante, 30 e poucos anos, FERNANDA.

> FERNANDA Não tá me reconhecendo não, João?
> JOÃO Fernanda, eu não estava vendo porra nenhuma. E aí, tudo bom?
> FERNANDA Tudo.
> JOÃO Que bom.
> FERNANDA Vê... Às vezes eu sinto falta de correr uns apartamentos vazios, bate uma saudadezinha...
> JOÃO E teu marido, como é que vai?
> FERNANDA O de sempre, em Brasília. (*Pausa.*) A semana toda...
> JOÃO Bom te ver, Fernanda.

Ela sobe o vidro olhando para ele e arranca com o carro.

52. INT. COZINHA AP. BIA – DIA
TV de 10 polegadas ligada em programa matinal. A imagem estragada pela utilização de um liquidificador por algum vizinho: o ruído distante casa com a interferência na TV. Bia olha sem paciência.

53. INT. ÁREA DE SERVIÇO AP. BIA – DIA
Bia prepara máquina de lavar e a alimenta com o cesto de roupa suja. Ela interrompe a ação e deixa a área em direção à varanda da sala.

CORTA PARA:

54. INT. VARANDA AP. BIA – DIA
Preocupada, Bia observa Nico, o cachorro que ela dopou na noite anterior, pela janela gradeada da varanda. O dogue alemão está desmaiado no deque da piscina de água azul cristalina.

CORTA PARA:

55. INT. SALA DE TV AP. JOÃO – DIA
Rosane, a menina pequena, dorme em frente à TV ligada.

56. EXT. SALA DE ESTAR AP. JOÃO – DIA
Mariá junta o lixo da festa, no meio está uma ponta de baseado. Joga tudo em um saco. Da sala, PAN aponta para dentro do apartamento.

57. INT. QUARTO AP. JOÃO – DIA
Lá na grande cama de casal, forrada com colcha, de João, Rosiane dorme, seu pequeno corpo perdido na área espaçosa da queen size.

CORTA PARA:

58. EXT. RUA – DIA
Romualdo, o entregador de água mineral com uniforme azul e sandálias Havaianas. Ele para a bicicleta carregada com os garrafões.

59. EXT. CLÍNICA DE ACUPUNTURA – DIA
Saindo da clínica, senhora de tailleur azul com orelha envolta em esparadrapos, bolsa de laptop no ombro e duas sacolas. Ela está no celular. Adaílton oferece ajuda.

> MULHER Não não não não não, estou sem trocado e já vou
> ter que gastar dinheiro com seu amigo.

A mulher com o celular é grossa. Adaílton não gosta do que ouve e recua. Ele tenta explicar.

> ADAÍLTON Só queria aj...
> MULHER Shh...

Ela gesticula um "cala a boca" para ele não atrapalhá-la no telefonema. Adaílton fica inerte.
Pacote pega a chave do Citroën C3 na caixa e apressa-se para repor os tapetes dos assentos da frente.

> PACOTE Tá novo.

Enquanto Pacote termina o serviço, a mulher vai até a calçada terminar seu telefonema. Adaílton passa por trás do C3 e discretamente risca a lataria traseira do carro da mulher com uma chave. Pacote põe a cabeça para fora do carro, olha instintivamente para a mulher que está de costas. Ele se vira para Adaílton, sem acreditar no que ele fez. Adaílton afasta-se do carro discretamente, sério.

60. EXT. ÁREA INTERNA DO PRÉDIO – DIA
TRAVELLING acompanha o entregador, que carrega um garrafão nas costas. Ele vai até o elevador de serviço, na área traseira do prédio.
Uma PAN revela um aglomerado de garrafões de água. Outro entregador sai do elevador com 3 garrafões vazios.

61. INT. ESCADAS AP. JOÃO – DIA
Ao sair do elevador, Romualdo encontra a porta do apartamento de João aberta para ele.

62. INT. COZINHA AP. JOÃO – DIA
Romualdo põe a água no chão e pega o garrafão vazio. Mariá entrega 4 reais e agradece. Ele sai, ela fecha a porta.

> CORTA PARA:

63. EXT. RUA – CASA DE ANCO – DIA
A carrocinha de CD passa tocando forró. João encontra-se com Anco, um homem nos seus 50 anos. Ele está na frente da sua casa, com arquitetura dos anos 1970, sem muros, mas com uma pequena grade de jardim. João tem os três jornais diários.

JOÃO   Tio Anco.
ANCO   João.
JOÃO   (*Mostrando um jornal.*) Olha essa.
ANCO   (*Lendo.*) Danou-se... Hehehe... Ó praí, tudo se escondendo... (*Pausa.*) E no mais?
JOÃO   No mais, tudo muito bom, mas arrombaram o carro de uma amiga lá em frente de casa.
ANCO   Puta merda. Será que foi Dinho?
JOÃO   Não sei, não confio, desconfio.
ANCO   Levaram som?
JOÃO   O CD, deixaram os livros.
ANCO   Vai dar parte?
JOÃO   Pra quê? Mas tô criando coragem pra ir lá.
ANCO   Boa sorte. Eu meio que desisti daquele ali, e olha que eu amava aquele menino como um filho. É triste dizer isso, mas eu desisti de Dinho. Depois melhora, volto a acreditar nele de novo, as merdas vão ficando menores, mas, por enquanto, não. A chave está aqui.
JOÃO   Pois é, eu vou lá no 802 com aquela mulher.
ANCO   Depois tenho fofoca boa pra te falar.

JOÃO Oba! E aí? O que é?

ANCO Depois eu conto. Vai lá no apartamento.

CORTA PARA:

64. EXT. GRADE DE SEGURANÇA – GUARITA – DIA

Acompanhado de uma mulher e sua filha adolescente, João espera que o segurança acione a grade de entrada de um prédio branco de dez andares. Uma orgulhosa placa de cobre o identifica como "Le Château d'Avignon". João fala com o vigia:

JOÃO Opa, eu vim mostrar o 802.

Os três passam pela grade externa, mas ficam presos entre esta e a grade seguinte, numa terra de ninguém que dá acesso à área interna do prédio.

JOÃO Aqui tem vigilante 24 horas, com essa grade de segurança, a área é toda cercada com sensores.

MULHER Quanto é o condomínio?

JOÃO R$ 450.

A segunda grade abre.

JOÃO São duas vagas na garagem. Vocês têm quantos carros?

MULHER Estamos sem carro atualmente.

MENINA A gente tinha dois carros...

JOÃO Bom, vocês podem alugar as duas vagas na garagem. Tem muito morador que tem dois ou três carros, às vezes deixando o carro dormir na rua. Aluga fácil por uns R$ 50 por mês, cada uma.

65. INT. ELEVADOR SOCIAL

João, a cliente e a filha.

MULHER Essa rua é tranquila?

JOÃO É muito tranquila...

CORTA PARA:

66. INT. APARTAMENTO – PLANO FIXO – DIA

João abre a porta de um apartamento vazio, sala grande, paredes brancas, cortinas ao vento.

JOÃO Bom... Esse aqui tem essa sala grande. É oitavo
andar, mas parece décimo primeiro, dá pra ver
a cidade toda. São 87 metros quadrados.

Mulher escaneia o apartamento, filha interessada.

67. INT. CORREDOR – DIA
Mãe e filha seguem João pelo corredor. A filha entra em um dos quartos
enquanto a mãe prossegue.

68. INT. COZINHA – PLANO FIXO – DIA
Examinam a área de serviço e as dependências de empregada.

JOÃO Tem armários, encanação de gás do prédio, área
de serviço pronta pra máquina de lavar, espaço
pra estender roupa e, claro, quarto de empregada.

69. INT. ÁREA DE SERVIÇO – PLANO FIXO – DIA
VEMOS o pequeno quarto de empregada. A mulher dentro dele nos dá ideia
de quão pequeno é.

70. INT. QUARTO – PLANO FIXO P/ VARANDA – DIA
Alheia a tudo, a filha da cliente encontra-se na varanda, olhando para baixo
do prédio, encostada ao parapeito.

71. EXT. VARANDA – PONTO DE VISTA – DIA
Lá embaixo, no pequeno prédio vizinho de dois andares, VEMOS um menino batendo bola sozinho no corredor entre o muro que separa o Château
d'Avignon e os fundos do seu edifício. ZOOM.

72. EXT. CORREDOR ESTREITO ENTRE PRÉDIO-CAIXÃO E MURO – DIA
Garoto de 8 anos joga futebol sozinho, fazendo ele mesmo a sua narração
televisiva. Usa as paredes altas que limitam o jogo, chutando a bola que ri-
cocheteia no cimento. Num chute mais forte, a bola resvala por cima da
cerca elétrica, sumindo na área do Château d'Avignon.

73. EXT. VARANDA – PONTO DE VISTA – DIA
Do alto, na varanda, a filha da cliente acompanha a bola cair na área de estacionamento do Château d'Avignon, correndo para debaixo de um carro
estacionado.

74. EXT. CORREDOR ESTREITO ENTRE PRÉDIO-CAIXÃO E MURO – DIA
O garoto, parado, olhando para cima, grita:

GAROTO Joga a bola, por favor!

Continua inerte, olhando para a cerca elétrica.

75. EXT. CORREDOR ESTREITO PRÉDIO-CAIXÃO – PONTO DE VISTA – DIA
O garoto vê a cabeça da menina na varanda alta do oitavo andar do prédio vizinho.

MENINA *(Gritando, ininteligível.)* ...

76. EXT. VARANDA – PONTO DE VISTA – DIA
Plano próximo da menina olhando para baixo, cabelos ao vento.

77. INT. CORREDOR – DIA
João e mulher estão no corredor. O grito da menina interrompe a conversa e leva a mãe a buscar a filha no quarto.

78A. INT. QUARTO – DIA
A mãe chama a menina. João observa. Ela vai até a varanda.

MULHER Sai dessa varanda que você tá me deixando
nervosa.

A mãe dá uma olhada inevitável lá para baixo.

78B. INT. CORREDOR/ PORTA DO QUARTO – DIA
Com a filha longe da varanda, a mãe parte para negociar com João.

MULHER *(Respira fundo sem contato visual com João.)*
Ontem morreu uma mulher nesse prédio, não
foi?
JOÃO *(Surpreso.)* Er... sim, foi, infelizmente.
MULHER Foi suicídio?
JOÃO Eu não sei bem o que aconteceu, mas tudo indica
que a pessoa se jogou, sim.
MULHER Isso é mau agouro...

João observa, quer saber aonde isso vai chegar.

MULHER Vocês não fariam um desconto para um prédio que tem uma história dessa? Me incomoda morar aqui por causa disso. Assim que eu soube, eu até pensei em cancelar a visita.

JOÃO (*Pausa, olhando para a cliente.*) Eu não vejo bem a relação...

MULHER Eu sei, pode parecer estranho mesmo, mas isso não muda em nada o preço que vocês estão pedindo? Desculpe estar lhe perguntando. Mas não deixa de ser um mau assombro...

JOÃO Não, não muda em nada. Esse apartamento não é mal-assombrado. Eu tenho certeza que a senhora e sua família ficarão muito bem aqui, caso queiram fechar negócio. O que aconteceu foi triste, faz parte da vida, infelizmente. O preço é R$ 700 mais o condomínio.

MULHER O senhor é o proprietário?

JOÃO É da minha família, eu administro.

MULHER (*Pausa, olhando a estrutura ao seu redor.*) Pedra e cal... é isso mesmo, pedra e cal.

A mulher para, como se tivesse se lembrado de algo extremamente grave. Ela olha para João e volta ao parapeito da varanda, olhando para baixo.

79. EXT. VARANDA – PONTO DE VISTA – DIA
No mesmo PONTO DE VISTA de antes, vemos carros estacionados e o garoto olhando para cima na área vizinha. No entanto, um ZOOM nos revela um detalhe mórbido: duas coroas de flores encostadas na parede do estacionamento.

80. INT. QUARTO – PLANO FIXO P/ VARANDA – DIA

MULHER Eu não quero morar aqui. Tem duas coroas de flores lá embaixo.

JOÃO Eu queria poder lhe oferecer um copo d'água...

MULHER Obrigada, vamos embora.

João observa impressionado, todos rumam em direção à porta aberta do apartamento vazio. João fecha a porta por fora.

CORTA PARA:

81. EXT. CORREDOR ESTREITO ENTRE PRÉDIO-CAIXÃO E MURO – DIA
Menino ainda grita pela bola.

MENINO Joga a bola aí, PORRA!!

Desistindo de recuperar a bola, ele deixa o corredor e volta para a área principal do prédio, subindo as escadas de volta para casa.

82. INT. ESCADAS – PRÉDIO MENINO – DIA
Ele sobe.

83. INT. SALA DE ESTAR/ COZINHA AP. MENINO – DIA
Porta do apartamento aberta. Segue reto no corredor.

84. INT. QUARTO DA TV AP. MENINO – DIA
Liga a TV e pega o console de PlayStation que está no chão, organizando os fios emaranhados. Começa a jogar videogame de futebol.

CORTA PARA:

85. EXT. CORREDOR ESTREITO ENTRE PRÉDIO-CAIXÃO E MURO – DIA
A bola quica de volta na área deserta.

CORTA PARA:

86. INT. COZINHA AP. BIA – DIA
A máquina de lavar com a portinhola aberta, roupas sujas prontas para serem lavadas.

87. INT. QUARTO CRIANÇAS AP. BIA – DIA
Bia deitada na cama lendo enquanto Nelson faz dever de casa no computador. Bia levanta-se e sai do quarto.

88. INT. – VARANDA AP. BIA – DIA
Na varanda, Bia observa preocupada o dogue alemão, que continua desfalecido junto da piscina do vizinho.

BIA (*Latindo realisticamente como um terrier.*)
Grrrrrrrr AU!! AU!! Grrrrrrrrr AU!!

Cachorro não reage. Bia apreensiva.

89. INT. – SALA/ VARANDA AP. BIA – DIA
Bia tira um binóculo da estante. Nelson chega.

> NELSON Pra que isso?
> BIA Uma espiada que eu tenho que dar.
> (*Pausa.*) Meu filho, saiba que eu não tenho
> coragem de matar um animal, nem pra comer.
> Sou incapaz.

Nelson parece ligeiramente assustado.

90. INT. SALA/ VARANDA AP. BIA – DIA
Com Nelson ao lado, curioso, Bia tenta enxergar com o binóculo se há movimento de respiração em Nico, desfalecido no deque da piscina. VEMOS apenas parte do corpo de Nico, deitado por trás da churrasqueira, nesse ângulo. A imagem, muito aproximada com o binóculo, confirma que a barriga sobe e desce. Ela sorri aliviada.

> BIA AU!! AU!! AU!!
> NELSON Mãe, você deu remédio pro cachorro?!
> BIA Ele está bem.
> NELSON Eu não acredito...

Nesse momento, a campainha do apartamento de Bia toca. Ela põe a cabeça para fora da janela e com o binóculo analisa dois homens uniformizados no portão.

91. INT. PONTO DE VISTA BIA – DIA (PELO BINÓCULO)

> CARREGADOR 1 102! Dona Beatriz Linhares!!

> CORTA PARA:

92. EXT. ÁREA EXTERNA DO PRÉDIO DE BIA – DIA
Descendo as escadas e chegando à área externa, Bia segue para abrir o portão. Caminhão de entrega estacionado. Portas traseiras do baú abertas.

93. DETALHE QUADRO DE LUZ/ DISCO-MEDIDOR
Enquanto observa os carregadores, Bia checa o quadro de energia do apartamento 102, o dela. O disco roda veloz.

94. EXT. RUA – CAMINHÃO – DIA

Carregadores tiram caixa de TV LCD full HD Samsung, baú carregado de caixas iguais. Uma vizinha grávida se aproxima.

> VIZINHA (*Olhando para Bia, falando com os carregadores.*) Bom dia. Eu moro aqui na rua e também comprei uma televisão dessas. Vocês teriam como ver se ela vai ser entregue agora?

Na calçada, homens põem caixa no chão. Um deles tira um papel do bolso da camisa.

> HOMEM Como é o seu nome?
> VIZINHA (*Olhando para Bia.*) Acho que está no nome do meu marido, Adalberto Góis.
> HOMEM É a próxima. A gente tá com dezoito aparelhos desses só nessas redondezas. Essa promoção acabou com o estoque.
> BIA (*Para a vizinha.*) A tua é 40 polegadas?
> VIZINHA É, sim.

Quando vai retomar a caixa, o carregador volta a olhar a prancheta de entrega.

> CARREGADOR Olha, vai dar problema, aqui tá dizendo que a carga do sr. Adalberto Góis é uma pequena de 32 polegadas.

Bia olha ligeiramente vitoriosa, a vizinha encara Bia. Para a surpresa de Bia e dos carregadores, a mulher parte violentamente para cima de Bia com uma saraivada de tapas e puxões de cabelo.

> BIA LARGA, BETÂNIA!

CORTAMOS laconicamente no meio dos tapas e puxões.

95. EXT. PRÉDIO – TRAVELLING DOLLY – DIA

Homens carregam caixa pesada pela área externa do prédio. Bia, descabelada e com o rosto vermelho, segue atrás deles, dando indicações.

96. EXT. SUBIDA DA ESCADA/ MURO DA CASA VIZINHA – DIA

Bia está de costas para o muro esperando que os carregadores manobrem a caixa escada acima quando, por trás dela, surge a presença assustadora do dogue alemão Nico, que late agressivamente na nuca de Bia, por cima do seu cabelo desgrenhado.

97. EXT. CLOSE DE BIA – DIA

Bia vira-se de repente, ainda em estado de choque, cara vermelha, mas com um sorriso aliviado. Nico está vivo.

98. INT. SALA DE ESTAR AP. BIA – DIA

Carregadores trazem a caixa para a sala. O filho Nelsinho junto à porta da sala.

> NELSON Que cabelo é esse, mãe?
> BIA A doida da Betânia me atacou de novo.
> NELSON De novo?
> BIA Obrigado, vocês podem deixar aí mesmo...

Os carregadores preparam-se para posicionar a caixa grande com a largura no chão, quando Bia interrompe:

> BIA Dá pra deixar a caixa encostada em pé, por favor?
> CARREGADOR 2 Não é recomendado, senhora, é melhor assim...
> BIA (*Interrompendo.*) Por favor, em pé, estou pedindo.
> CARREGADOR Em pé?
> BIA Em pé, é assim que eu quero. Vai ficar apoiada.
> CARREGADOR 2 Tá certo. De qualquer jeito, ela está protegida e entregue, só não é recomendado.
> BIA Obrigada. Nelsinho, vai com eles fechar o portão e a grade...

No final do corredor, Fernanda, a irmã de Nelson, observa secretamente a chegada da TV com a cabeça para fora do quarto, no corredor. A caixa é deixada no meio da sala, como o monolito de *2001 – Uma odisseia no espaço*.

> CARREGADOR 1 A senhora tem que assinar aqui.

Nelson traz um copo d'água para a mãe.

NELSINHO Bebe esse copo d'água, mãe... (*Olhando para a caixa.*) Essa televisão vai ser massa pra jogar videogame...

BIA É de alta definição, Nelsinho.

CARREGADOR 1 Tudo certinho, senhora? É bom tomar uma aguinha.

BIA Vocês querem uma água?

CARREGADOR Não, é bom a senhora tomar essa aguinha.

BIA Eu vou me acalmar. A doida é minha irmã. Obrigado, vocês desculpem qualquer coisa.

Carregadores saem com Nelsinho.

CORTA PARA:

99. INT. CORREDOR AP. BIA – DIA
Bia, com cigarro aceso, puxa o aspirador pela mangueira de sucção e arrasta o fio elétrico pelo corredor. Ela fala ao celular com o marido enquanto traga forte seu Marlboro.

BIA Chega cedo pra me ajudar a mexer na televisão nova, pode ser? (*Pausa.*) É CLARO QUE EU TÔ PUTA, NÉ, RICARDO? Mais um motivo pra você chegar mais cedo. A caixa é bem grande... Tá, eu fico. Beijo.

100. INT. QUARTO DAS CRIANÇAS AP. BIA – DIA
Nelson está no computador e Fernanda, desenhando na cama. Bia passa com o aspirador em direção ao quarto de casal. Da porta, ela fala:

FERNANDA Precisa fumar aqui dentro?

BIA Fernanda, me poupe. Vocês vão se preparar que tem aula de inglês às 11h. Falta uma hora. Vão tomar banho.

Tranca a porta.

101. INT. QUARTO DE CASAL AP. BIA – DIA
Bia entra no quarto de casal e tranca a porta à chave. Ela arrasta o aspirador e coloca a unidade central na janela aberta, apoiada na grade, exaustor apontado para fora.

102. EXT. TÉRREO DO ED. – DIA

Uma vizinha, 60 e poucos anos, vira a cabeça e vê a janela com o aspirador de pó apoiado na grade. A vizinha já parece conhecer a rotina. Ela sai do quadro.

103. INT. QUARTO DE CASAL AP. BIA – DIA

Bia liga o aspirador na tomada e aciona o botão verde.

CORTA PARA:

104. INT. QUARTO DAS CRIANÇAS AP. BIA – DIA

Nelson e Fernanda, ouvindo o aspirador, se entreolham.

105. INT. QUARTO DE CASAL AP. BIA – DIA

Ela acende um baseado perfeitamente enrolado, usando o cano de sucção para dispersar a fumaça.

106. EXT. TÉRREO DO ED. – DIA

A vizinha olha por cima do ombro para a janela e o aspirador de pó barulhento. Ela continua pendurando roupas lavadas, mas agora com uma máscara branca que cobre seu nariz e boca.

CORTA PARA:

107. INT. CASA DE ANCO – DIA

João e Anco estão no escritório da casa de Anco. É daqui que administram os negócios da família. Dois birôs, dois computadores. Sofá. Um jovem gato, GRAFITE, é visto ali por perto sendo um gato (deitado, se lambendo). João conta o que aconteceu na visita ao 802 do Château d'Avignon.

> ANCO (*Olhando para o infinito.*) Não há nada a fazer em relação às flores, faz parte. A família está destruída.
>
> JOÃO Eu sei, mas foi esquisito.
>
> ANCO A senhora que morreu era de Manaus?
>
> JOÃO Era, estava de visita, só isso que eu sei. A família é de proprietários, o 1401. E essa outra que correu o apartamento é uma doida. Ela pirou. Enfim... (*Pausa.*) Ontem eu conheci essa menina, a que teve o carro arrombado... Sofia.
>
> ANCO E como ela é?
>
> JOÃO Gostei muito dela, foi lá em casa com uns amigos e acabou ficando. Aliás, uma pergunta: ela disse

que morou aqui quando era pequena, na casa do tio dela, no 109, onde tem o escritório.

ANCO É? Em que época foi?

JOÃO 90.

ANCO Deve ser da família de Osvaldo, homem bom. Engenheiro da Chesf. Ele se mudou pra Campinas, em São Paulo, no início dos anos 90.

JOÃO Acho que é ele. Ela só passou seis meses aqui.

ANCO Namorada, é?

JOÃO Amiga. (*Pausa.*) E a história que tu queria me contar?

ANCO Ah... Pois é, essa é uma boa história. Quer dizer, não é nada demais, mas é curiosa.

JOÃO Vai lá...

ANCO Lembra que eu ia mostrar o 301 do Mozart prum casal? Na segunda?

JOÃO Sim...

ANCO Daí que eu fui. E a mulher, a esposa, era uma menina que eu conhecia de um tempo atrás, muito tempo atrás, em 1981.

JOÃO E é? Conhecia, tipo...

ANCO A gente não chegou a namorar, mas a gente teve um caso, coisa quente... hehehe. Na época, o nome era "amizade colorida". Tinha até uma série na Globo com esse nome. Essa menina era uma amizade colorida. Um caso.

JOÃO Uhum... E aí?

ANCO Pois é. Eu sempre lembrei dessa mulher. Nunca mais vi. O sexo com ela era muito bom, foi uma dessas superfodas históricas, e não foi só uma vez, mas foi todo um período... foda, foda, foda, foda... A gente se deu muito bem, tudo era bom.

JOÃO Putz. E como é que ela tá hoje?

ANCO Tá bem! Na época ela era uma menina bem atraente, mas não era aquela coisa na cara, sabe como é? Só que agora ela amadureceu bem, tá bonita.

JOÃO Quantos anos tu tinha na época?

ANCO Eu tinha 24, ela tinha 18.

João está adorando a história, e Anco adorando contá-la. Anco faz uma cara de riso.

JOÃO O quê?

ANCO Eu não acabei a história.

JOÃO Eu espero que você não tenha acabado a história...

ANCO (*Pausa.*) Ela me ligou ontem aqui no escritório.

JOÃO Caralho... Mas peraí. Na segunda-feira, correndo o apartamento, vocês se identificaram, se cumprimentaram como se fossem conhecidos?

ANCO Não, isso é estranho. Não. Pra mim foi assim: "Eu conheço essa mulher". Aí, eu lembrei dela, mas eu não falei nada. E ela não pareceu lembrar. Aí ninguém disse nada. Eu mostrei o apartamento pra ela e pro marido.

JOÃO E ela pareceu te reconhecer?

Campainha toca. Anco olha pela janela e VEMOS um rapaz vestido de preto com roupa de segurança.

ANCO Quem é esse?

JOÃO Não sei. Termina a história.

ANCO Pra encurtar a história, ela me ligou aqui ontem. A gente conversou, foi bom.

Campainha de novo. João olha para Anco, que olha pela janela outra vez e vê o homem com a palavra SEGURANÇA estampada nas costas. O homem chama-se CLODOALDO.

JOÃO Só isso?

ANCO Só isso?

JOÃO É, só isso, não. É uma boa história.

Anco levanta-se.

ANCO Ela tem dois filhos, está bem, o casamento andou ruim das pernas, mas disse que está bem também... Olha aí, vamos ver do que se trata, acho que vamos ter novidade.

JOÃO Seguranças?

ANCO Parece.

107. EXT. CASA DE ANCO/ JARDIM – DIA

Anco e João saem ao jardim e cumprimentam o homem que está encostado na pequena cerca.

CLODOALDO Bom dia.
JOÃO Bom dia.
ANCO B'dia.
CLODOALDO Seu Anco?
ANCO Sim.
CLODOALDO Pois bem, meu nome é Clodoaldo Nascimento, esses rapazes trabalham comigo. (*Vemos mais três homens fardados rua abaixo distribuindo panfletos.*) Seu nome?
JOÃO João.
CLODOALDO (*Discurso levemente ensaiado.*) Pois bem, a gente tá conversando com os moradores para trazer segurança particular pra rua. Nós somos treinados em firmas de segurança, aqui está meu cartão, trabalhamos das sete da noite às sete da manhã cobrindo toda a extensão da via. O nosso trabalho é preventivo, trabalhar e garantir a tranquilidade de vocês aqui. A gente tem tido...
JOÃO (*Interrompendo.*) Mas quem mandou vocês?

CLODOALDO Nós mesmos. A gente observou que a rua precisava de uma equipe assim, e estamos oferecendo esse serviço. Hoje mesmo, eu sei que alguns carros foram arrombados, vidro quebrado, pintaram miséria, acho que inclusive o do senhor, me disseram (*para João*).

JOÃO Você está por dentro.

CLODOALDO O senhor sabe que notícia ruim se espalha, mas o que a gente quer é que essa rua não tenha notícia ruim, só coisa boa, o cidadão poder andar tranquilo, chegar em casa tranquilo, é só encostar o carro, a gente abre o portão...

ANCO Olha, Clodoaldo seu nome, né? Você está vendo minha casa. É a única casa da rua, talvez do bairro inteiro, que não tem grade, não tem muro, do jardim pra minha sala tem uma janela de vidro...

CLODOALDO (*Interrompendo.*) Com sua licença, eu já tinha percebido sua casa e isso que o senhor tá falando, mas eu também percebi as câmeras que o senhor botou dos dois lados... ali... e ali... (*Vemos câmeras instaladas que cobrem toda a fachada da casa de Anco.*)

ANCO Isso é detalhe, a gente tem que fazer o mínimo. Eu sempre fiz questão de não viver dentro de uma jaula, e o senhor me desculpe, mas eu não acho que eu tenho que pagar para me sentir seguro na minha rua, ter que pagar pra entrar na minha rua.

CLODOALDO Justo... Fazer o mínimo pode ser colaborar com R$ 20 pra gente trabalhar aqui com vocês. É uma parceria.

JOÃO Quem não pagar, como é que fica? Não é uma questão de dinheiro.

CLODOALDO Não tem problema nenhum, eu entendo perfeitamente, cada um tem o direito de fazer o que quer, no que acredita. É claro que vocês são pessoas importantes na rua, representam bem a família e seria muito bom ter o apoio. Agora, de lá até aqui, vocês são os primeiros a não aceitar. Nós fomos muito bem recebidos pelos outros moradores, e o serviço tá praticamente garantido.

ANCO Vocês já foram falar com seu Francisco?

CLODOALDO Seu Francisco, pai do senhor?

ANCO É. Como você sabe?

CLODOALDO Seu Francisco é famoso, homem conhecido. Eu vou falar com ele pra deixar tudo certinho, homem importante na rua.

JOÃO Vovô gosta desse tipo de coisa.

ANCO Vocês andam armados?

CLODOALDO (*Hesitante.*) Só quando a coisa engrossa, a gente normalmente usa cassetete. Mas a melhor arma da gente é o celular. Eu e os meninos temos contatos na polícia. Agora, o senhor sabe, ladrão caba' safado não tem mais lugar nessa rua, pode ficar tranquilo que ninguém mais mexe aqui.

JOÃO Vamos esclarecer. Quando a coisa engrossa, vocês jogam o celular nos bandidos? Ou vão em casa pegar a arma?

CLODOALDO Olhe, a gente oferece um serviço. Alma sebosa e maloqueiro anda armado. Vocês estão no direito de não aceitar. Meu trabalho é oferecer. Eu não vou nem deixar o panfleto, vou deixar esse meu cartão. Mesmo que não participem, podem chamar se precisarem de alguma coisa, um dia que estiverem chegando tarde e acharem que precisam de apoio, o número tá aí, é só ligar, sem compromisso. Vai ser muito bom ter a colaboração de vocês, são R$ 20 por mês, mas se não for o caso, não tem problema, eu entendo perfeitamente.

João examina o cartão. Um logo com uma águia armada acompanhada do nome da empresa, Águia Segurança. Nesse momento chega Aécio, vizinho aposentado. Anco parece já saber o discurso dele.

AÉCIO Vocês vão participar? É muito boa a iniciativa, não é?

ANCO A gente já está terminando a conversa com o rapaz aqui, Aécio. Está tudo bem.

CLODOALDO Bom, me dê licença, por favor. Bom dia.

Clodoaldo sai.

AÉCIO A gente não tem polícia, e por R$ 20 dá pra comprar um pouco de tranquilidade. Essa rua

virou um inferno desde que mataram aquele
engenheiro na esquina. Mês passado, ali no sinal,
teve aquela estudante que também levou um tiro
sem nem reagir.

ANCO (*Olhando para João.*) Eu não gosto da ideia, embora
eu reconheça que não tem sido tranquilo morar aqui.

AÉCIO Você soube do assalto à firma de motoboy na
outra rua? Foi semana passada.

ANCO Eu sei, Aécio...

AÉCIO Bom, eu mesmo acho uma coisa boa.

JOÃO (*João puxa Anco para o lado.*) Mas, e aí? A história
ficou naquilo?

ANCO Ontem?

JOÃO Sim, no Mozart.

ANCO (*Reticente.*) No meio da conversa, ela perguntou
se eu mostraria o apartamento pra ela de novo.

JOÃO Ah... o.k.

108. EXT. RUA EM FRENTE À CASA DE ANCO – DIA

Nesse momento, uma PAN <<=== à esquerda revela o caminhão de eletrodomésticos descarregando a outra TV de alta definição, agora no edifício
da irmã de Bia. A mulher grávida observa da calçada. É a chegada da sua
Samsung LCD de 32 polegadas. A garagem lembra uma jaula de circo.

CORTA PARA:

109. INT. BANHEIRO AP. BIA – DIA

Bia toma uma ducha fria relaxante.

110. INT. COZINHA AP. BIA – DIA

Bia dá início ao ciclo de lavagem da máquina. Imediatamente, ela também
aciona o temporizador do seu celular, a contagem regressiva começa em 33
minutos e 15 segundos.

111. INT. QUARTO DAS CRIANÇAS AP. BIA – DIA

Nelson observa Nico no quintal vizinho com o binóculo. Ele passa a observar uma vizinha idosa na área de serviço de um prédio mais distante.
Fernanda está no computador, ela e Nelson prontos para sair.

BIA Nelson, não faça o que eu faço. Me dê esse
binóculo. Vamos sair, aula de inglês.

CORTA PARA:

112. EXT. GARAGEM ED. BIA – DIA

Bia sai da garagem no seu Ford Fiesta preto com Nelson e Fernanda.

CORTA PARA:

113. INT. COZINHA AP. BIA – DIA

A roupa rodopia dentro da máquina de lavar.

CORTA PARA:

114. EXT. RUA/ GUARITA DO ED. CENTRAL PARK – DIA

O Fiesta preto passa por João, que vai à casa de DINHO, seu primo, para sondar se foi ele quem roubou o toca-CDs de Sofia.

Na guarita do Central Park, o vigia aciona o portão para João. Ele liga para o apartamento via interfone.

> JOÃO Cleide.
> CLEIDE (Off) *Opa, João, tudo bom?*
> JOÃO Tudo bom? Eu estou querendo falar com Dinho. Ele tá aí?
> CLEIDE Dinho tá dormindo, João.
> JOÃO Posso subir?
> CLEIDE Pode.

O porteiro dirige-se a João.

> PORTEIRO O social está quebrado, tem que pegar o de serviço.

115. INT. ELEVADOR CENTRAL PARK

João sobe.

116. INT. HALL DE ENTRADA AP. DINHO – DIA

Estamos do lado de fora do apartamento, com João. Cleide abre a porta por dentro. Cleide, a empregada, é uma senhora de 50 e poucos anos, usa óculos.

> CLEIDE Desde que voltou, nunca mais apareceu!
> JOÃO Muito trabalho, Cleide. Tudo bom?
> CLEIDE Tudo bem. Espera na sala que eu vou acordar Dinho.
> JOÃO Vou pegar um copo d'água.

João abre a geladeira e se serve.

117. INT. SALA DE ESTAR AP. DINHO – DIA

Da sala de estar escura com as cortinas cerradas, João anda até a varanda com o copo d'água na mão, abrindo cortinas e a porta de vidro. A varanda apresenta vista aberta para o bairro e para a cidade. Claridade extrema.

118. INT. SALA DE ESTAR AP. DINHO – DIA

João, sentado no sofá, bebe água. Ele olha fotos de família avermelhadas com o que seria Dinho criança com sua irmã, Mirela, e os pais.
Ligeiramente sonâmbulo, sem camisa e com bermuda, recém-saído da cama, Dinho, 22 anos, aparece com a cabeleira bagunçada esfregando os olhos.

DINHO E aê, João, meu primo gringo.

JOÃO E aê, Dinho.

DINHO Que é que manda? Tá com banzo da Alemanha?

JOÃO Às vezes bate saudade, sete anos é um bom tempo, né não?

DINHO Podes crer.

JOÃO Como é que estão os tios e Mirela?

DINHO Tá todo mundo bem. Mirela está namorando com um caba' todo errado, mas fazer o quê? O gosto dela pra homem é todo troncho.

JOÃO E tu tem visto vovô?

DINHO Semana passada. O velho tá firme. Fica cobrando que a gente não vai no engenho.

JOÃO Carai', faz tempo que eu não vou no engenho.

DINHO Eu fui no início do ano.

JOÃO (*Pausa. Olha em volta.*) Cara, bateu um cagaço agora de vir aqui te acordar pra fazer essa pergunta que eu vou fazer.

DINHO Manda aí, cara.

JOÃO (*Pausa.*) Eu conheci ontem à noite uma menina, Sofia. Ela foi lá em casa com uns amigos... Foi muito bom.

DINHO Êê... olha os olhinhos brilhando!

JOÃO Aí que... hoje de manhã, o carro dela amanheceu com o vidro quebrado, lá na frente de casa. Levaram o CD dela... Tu não saberia se alguém que tu conhece... fez isso?

DINHO (*Pausa.*) Não.

JOÃO Nenhuma ideia, Dinho?

DINHO Porra, véi... Tu vem aqui me acordar pra perguntar

se eu arrombei o carro da menina. O que é que amanheceu arrombado, o carro dela ou o cu dela?

JOÃO (*Com raiva.*) Dinho, porra, não vem pra cima de mim desse jeito.

DINHO João, tu vem me acordar na minha casa pra me chamar de ladrão, véi!

JOÃO Cara, não ponha a culpa em mim. Eu tô vindo aqui pra falar com você é porque tu criou já um monte de 'doidera desse tipo. Eu gosto de Sofia, gosto de você, tu é' meu primo, e quero resolver isso. Só me diga se foi você ou se não foi você, e a gente encerra essa conversa.

DINHO Tô fora, João! Eu não faço mais isso, não. Vai te fuder, escroto. Tu é meu primo, a gente não se vê há não sei quanto tempo, e quando vem aqui é pra perguntar se eu roubei som de carro. Tô fora, valeu aí, 'vô nessa...

119. INT. SALA PARA – INSERT

VEMOS ao longe, na porta da cozinha, a cabeça de Cleide observando o confronto secretamente. A cabeça some.
Dinho se levanta e sai, deixando João sozinho na sala.
Pausa.

CORTA PARA:

120. INT. COZINHA AP. DINHO – DIA

Cleide está na área de serviço passando roupa.

JOÃO Tô indo, Cleide.
CLEIDE (*Com cara séria.*) Tá certo, João. É danado, né?
JOÃO É. É foda.

CORTA PARA:

121. INT. ELEVADOR CENTRAL PARK

João desce. Uma mensagem chega ao seu celular. Ele sorri.

CORTA PARA:

122. EXT. ÁREA INTERNA DO PRÉDIO CENTRAL PARK – TRAVELLING – DIA

João anda enquanto digita mensagem. Antes de chegar à guarita, o seguran-ça avisa a João:

SEGURANÇA Dona Cleide disse que está descendo, pediu pra esperar.

João olha para cima, o edifício alto acima da sua cabeça. Instintivamente, e contra o sol, João procura Dinho nas janelas mais altas e pensa que talvez tenha visto uma cabeça ao longe, tentando não ser vista.
Ao olhar para trás, João é chamado por Cleide, que vem correndo em sua direção com um saco plástico.

CLEIDE João... Dinho mandou entregar isso.

PLANO DETALHE INTERIOR DO SACO PLÁSTICO
João vê dentro do saco um CD player preto de automóvel, fios coloridos cortados atrás.

JOÃO Obrigado, Cleide.

Cleide olha para baixo.

CORTA PARA

123. EXT. – CLÍNICA DE ACUPUNTURA – DIA
Pacote está dentro de um Hyundai passando a flanela no painel, onde está colado o adesivo GREETINGS FROM COLORADO. No porta-luvas, ele vê uma pistola escondida.

CORTA PARA:
Água com sabão jogada no vidro do lado de fora.
Pacote recua o Hyundai em marcha a ré. Estaciona o Palio Weekend na vaga antes ocupada pelo Hyundai. E tira o Palio Weekend para, agora, dar lugar a um Celta preto.

CORTA PARA:

124. EXT. GUARITA DO ISLAMORADA – DIA
Clodoaldo e Ronaldo vão falar com seu Francisco, o patriarca da rua.

CLODOALDO Seu Francisco está?

O PORTEIRO do prédio aciona o interfone e chama a cobertura.

PORTEIRO Luciene, seu Francisco 'tá aí? São dois homens, os novos seguranças da rua, querem falar com ele. (Para Clodoaldo.) Como é seu nome?

CLODOALDO Clodoaldo.

PORTEIRO Ela disse pra voltar de tarde, ele não vai atender agora.

CLODOALDO Que horas de tarde?

PORTEIRO (*No interfone.*) Que horas? Desligou. Ela falou pra voltar de tarde.

Clodoaldo e Ronaldo se olham. Na rua, o Fiesta preto de Bia passa.

125. EXT. RUA CRUZAMENTO – DIA
No cruzamento onde vimos anteriormente um choque entre dois carros, Bia cruza em velocidade razoável e sem olhar se vem carro do outro lado. Ela volta sozinha do curso de inglês.

126. EXT. GARAGEM PRÉDIO BIA – DIA
Bia estaciona o Fiesta preto.

CORTA PARA:

127. EXT. ÁREA EXTERNA – DIA
Bia negocia sua entrada no portão do prédio.

128. INT. ÁREA DE SERVIÇO AP. BIA – DIA
Abrindo a porta da cozinha, Bia avança rapidamente em direção à máquina de lavar, que continua trabalhando. Ela checa seu celular e vê que está tudo certo. Acende um cigarro, parece ansiosa. A campainha toca (off).

129. INT. JANELA – DIA
Bia põe a cabeça para fora. Olha o celular e rói as unhas.

130. EXT. PORTÃO DO ED. DE BIA – DIA
Romualdo, o entregador com sua bicicleta de carga, aguarda com um garrafão de água mineral.

131. INT. COZINHA AP. BIA – DIA
Ela aciona o portão elétrico.

132. INT. ESCADAS ED. BIA – DIA
Romualdo sobe as escadas. Bia o espera na entrada do apartamento.

133. INT. COPA-COZINHA AP. BIA – DIA
Romualdo entra e Bia fecha a porta da cozinha. Estão sozinhos no apartamento.

BIA Tudo bom, Romualdo? Pode deixar a água aqui?

Romualdo põe a água no chão. Bia parece querer falar alguma coisa, não sabe como entrar no assunto.

BIA Eu vou pegar o dinheiro e... eu preciso saber
se tu... trouxe a massa.
ROMUALDO Opa.
BIA Já tá quase faltando, me dê essas 30 e essa
semana vou querer mais.

Bia sai da copa-cozinha. Nesse tempo morto, Romualdo fica parado e observa a cozinha. A máquina de lavar chama a atenção dele com ruídos de botões de metal batendo no vidro. Um lento zoom em direção ao rosto intrigado de Romualdo. Bia volta.

BIA Quatro da água, 70 da massa.

Bia pega o fumo embrulhado em papel-alumínio.

ROMUALDO Eu posso, mas a senhora tem que sempre pedir
água, bom não dar bandeira.
BIA Eu ligo, não tem problema, não.
ROMUALDO Obrigado, depois eu trago mais. Bom dia.
CORTA PARA:

134. INT. SALA DE ESTAR AP. JOÃO – DIA
A pequena Rosane vaga pela sala e brinca perto do sofá onde dorme um homem, SIDICLEI.

135. INT. SALA DE ESTAR AP. JOÃO – DIA
PLANO GERAL da sala com Rosane e o homem no sofá.
Mariá entra no quadro.

MARIÁ (*Baixinho.*) Quer guaraná, menina?

Ouvimos o barulho da porta da cozinha se abrindo. Mariá se vira. João aparece de surpresa, saco plástico com CD player de Sofia dentro, chega e olha para Sidiclei dormindo no sofá. Mariá aproxima-se do homem no sofá, seu filho.

JOÃO Opa.

MARIÁ (*Constrangida.*) Sidiclei, acorda. João, ele veio me visitar cansado do serviço, eu botei ele pra dormir um pouco.

Sidiclei acorda e se levanta imediatamente.

SIDICLEI Seu João, tudo bem com o senhor?

JOÃO Tudo bem, Sidiclei. Mariá, eu vim pegar um boleto que esqueci.

MARIÁ Tu vai almoçar em casa?

JOÃO Não, mas deixa sopa pra hoje de noite.

Sidiclei passa para a cozinha, ainda zonzo. João passa para a área interna do apartamento.

136. INT. CORREDOR AP. JOÃO – DIA

João cruza com Rosiane no corredor, tocando carinhosamente na cabeça dela. Rosiane voltava do quarto de João.

137. INT. COZINHA AP. JOÃO – DIA

João sai pela porta da cozinha e cruza com Sidiclei, que está agora sentado na cozinha. Sem parar, João pergunta:

JOÃO Tás trabalhando onde?

SIDICLEI Tô de vigia numa firma, trabalho de noite.

JOÃO É tranquilo lá?

SIDICLEI É tranquilo.

JOÃO Té mais.

SIDICLEI O senhor não quer que eu lave o carro?

JOÃO Pode ser, a chave está na cozinha, tá precisando.

SIDICLEI Tá bom de trocar esse carro, né, seu João?

JOÃO Ano que vem!

CORTA PARA:

138. INT. COZINHA AP. BIA – DIA

Sozinha em casa, Bia está em pé diante de sua máquina de lavar roupas. Observa o seu celular, que chega à marca 0:00:00 rapidamente. A máquina para. Pausa. Começa a centrífuga, e a roupa gira violentamente dentro do tambor, fazendo a máquina vibrar. Bia desce a calcinha por baixo da saia e se masturba na quina da lataria, que vibra violentamente sob forte ruído eletromecânico. O rosto de Bia, olhos fechados, é de enorme prazer solitário.

CORTA PARA:

139. EXT. ÁREA EXTERNA DE PRÉDIO – ZOOM – DIA
Os dois adolescentes do início estão aos beijos novamente, num muro, o menino com a mão por dentro da blusa da menina. Um beijo de língua, molhado e chupado, em detalhe.

CORTA PARA:

140. EXT. CALÇADA DE CASA – RUA – DIA
Um grupo de garis da prefeitura de uniforme verde dorme sob a sombra de uma árvore. Carrinhos de lixo estacionados perto.

141. EXT. RUA – DIA
Clodoaldo e Fernando andam na frente da câmera a caminho do encontro marcado com Francisco.

142. EXT. GUARITA DO ED. ISLAMORADA – DIA
Portão elétrico acionado, Clodoaldo e Fernando passam para a área interna.

143. INT. ELEVADOR DE SERVIÇO
Clodoaldo e Fernando sobem de elevador.
DETALHE mostra Clodoaldo esfregando as próprias mãos.

144. INT. ENTRADA ÁREA DE SERVIÇO AP. FRANCISCO – DIA
Luciene, empregada jovem, abre a porta. Os dois entram.

LUCIENE Espera aqui enquanto ele vem? Eu vou avisar.

Clodoaldo e Fernando ficam em pé na área de serviço. Roupas penduradas, máquina de lavar, uma bicicleta infantil, caixas e estoques de bebida. Há ainda acesso ao pequeno quarto de empregada. Uma abertura oferece ampla vista para a região oeste do Recife. Na cozinha, a mesa do almoço. Luciene volta.

LUCIENE Ele tá vindo.
CLODOALDO Obrigado. E seu nome?
LUCIENE Luciene.

Clodoaldo e Fernando agradecem. Os dois mantêm o olhar em direção a Luciene e sua bunda quando ela dá as costas e volta para a cozinha. Clodoaldo permanece de costas para a vista do Recife. Fernando volta a atenção para a janela.

145. INT./ EXT. VISTA DA JANELA – VIGÉSIMO ANDAR – DIA
Fernando observa um avião decolando ao longe, na pista do aeroporto internacional dos Guararapes.

146. INT. PONTO DE VISTA ÁREA DE SERVIÇO/COZINHA – DIA
De onde está, Clodoaldo sente que Francisco está vindo pela sombra na parede da cozinha. Francisco surge.

    FRANCISCO Boa tarde.

Clodoaldo e Fernando, a palavra SEGURANÇA nas costas, viram-se em PLANO MÉDIO. Pulamos para um CLOSE-UP de Clodoaldo.

    CLODOALDO Boa, como vai o senhor? (*Estende a mão.*)
    FRANCISCO (*Aperta a mão, falando num tom que deve mais à comédia do que à seriedade.*) Chegou na minha rua sem pedir licença. Às suas ordens.
    CLODOALDO Eu 'tô vindo aqui justamente pra isso, pra falar com o senhor e pedir sua bênção pro trabalho que a gente veio fazer.
    FRANCISCO (*Interrompendo.*) Eu tenho mais da metade dos imóveis nessa rua.
    CLODOALDO Muito bem. Quando eu comecei a ouvir falar do senhor, ontem, eu achei que tinha que vir aqui dar uma palavrinha.
    FRANCISCO E quem falou de mim?
    CLODOALDO Seu Anco, outros moradores.
    FRANCISCO Escute aqui. Eu não mando mais em muita coisa, e meu trabalho é no engenho, em Bonito, minhas terras. Aqui eu só moro. Mas eu quero mesmo é dizer uma coisa.
    CLODOALDO Pode dizer, seu Francisco.
    FRANCISCO Eu tenho um neto, mora aqui na rua, Dinho. Ele tá dando desgosto pro pai dele, que é meu filho. Não quero saber de vocês mexendo com Dinho, ele não é pra vocês.
    CLODOALDO (*Pausa.*) Sim, senhor.

FRANCISCO (*Pausa, só olha para Clodoaldo. Pausa, olhando para Ronaldo.*) E esse aí? É mudo?

FERNANDO Não, senhor.

FRANCISCO Seu nome?

FERNANDO Fernando.

FRANCISCO De quê?

FERNANDO Gomes do Nascimento.

FRANCISCO E o do senhor?

CLODOALDO Clodoaldo... Pereira dos Anjos.

FRANCISCO Os dois têm nome de caboclo. Vocês são de onde?

CLODOALDO Eu sou de Limoeiro, Fernando é daqui.

FRANCISCO Daqui de onde?

FERNANDO Guabiraba.

FRANCISCO Bairro de ladrão. Vão s'imbora, bom trabalho.

Francisco deixa os homens na área de serviço e segue pela cozinha, falando para Luciene:

FRANCISCO Luciene, abra a porta pros moços.

147. INT. SALA DE ESTAR AP. FRANCISCO – DIA
Saindo da cozinha, Francisco anda pela enorme sala de estar do seu duplex, decorada com o que aparenta ser o espólio de uma casa-grande. Um carro de boi no canto não seria algo tão absurdo, dada a área disponível. Ele sobe as escadas para o nível superior, passando por um cercado de bebê com brinquedos espalhados no chão. Senta no sofá e retoma a leitura do jornal.

148. INT. ELEVADOR
(OBS.: RODAR VERSÃO SEM FALA DE CLODOALDO)
Clodoaldo e Fernando descem.

CLODOALDO Filho da puta.

149. INT. SALA DE ESTAR AP. FRANCISCO – DIA
Sentado no sofá, uma manchete no jornal parece chamar a atenção de Francisco: ESCOLARES LINCHAM CACHORRO NAS GRAÇAS. Ele põe o jornal de lado e pega o telefone, levantando-se.

150. INT. VARANDA AP. FRANCISCO – DIA
FRANCISCO João, é seu avô. Tá tudo em ordem?

151. INT. TELHADO APARTAMENTO – DIA

João está mostrando o telhado de um edifício para dois homens. Enquanto fala ao telefone, ele observa a favela lá longe, imprensada entre Boa Viagem e o mangue.

JOÃO Bênção, vovô. Tudo certo. (*Pausa.*)

FRANCISCO (Off) *Vocês estão sabendo dos seguranças?*

JOÃO A gente está sabendo, eles falaram comigo e com tio Anco. Eles foram aí?

FRANCISCO (Off) *Vieram aqui agora. Uns pé'-rapado'. Mas mostraram consideração.*

JOÃO Foram aí beijar a mão do vô... Acho que devem começar hoje à noite.

FRANCISCO (Off) *Eu falei pra eles não mexerem com Dinho.*

JOÃO (*Pausa, olha ao redor.*) Vô, tô preocupado com Dinho.

FRANCISCO (Off) *O que houve?*

JOÃO Problema que aconteceu hoje, não quero falar por telefone, não.

FRANCISCO (Off) *E quando é que você vai lá no engenho? Tu só fosse lá duas vezes desde que voltou.*

JOÃO Vô, o senhor ouviu o que eu disse?

FRANCISCO (Off) *Eu não quero saber, estou velho demais pra esse tipo de coisa. Mas me diga, quando é que você vai lá no engenho? A casa de vocês é lá, aqui é só cimento.*

JOÃO (*Olha ao redor.*) Qualquer dia desse. Eu quero ir.

152. EXT. TERRAÇO – TARDE

Uma mulher estende roupa numa área externa da vizinhança.

153. EXT. JARDIM – CASA – ANOITECE

Do alto, VEMOS um homem com notebook ligado/aberto perambulando por um jardim à procura de sinal wi-fi.

154. INT. SALA DE ESTAR AP. BIA – NOITE

A TV de 40 polegadas de Bia está ligada. Bia, Ricardo, Nelson e Fernanda jantam. Na mesa, sopa de feijão, cuscuz com leite de coco, torrada, suco de cajá, café e inhame. Ninguém fala, só comem. Ricardo finalmente quebra o gelo.

RICARDO   Os seguranças começam hoje?

BIA   É hoje.

RICARDO   Eles vão ficar apitando, feito lá no bairro de Moema, em São Paulo?

BIA   Apitando, deve ser. O chefe tem pinta de ex-policial. Eu acho ridículo, claro, mas pode ser bom. Pior que já estava é que não vai ficar.

RICARDO   Hoje de manhã dois carros arrombados.

BIA   Devem ter sido os seguranças pra dar um gás no marketing.

RICARDO   Estão dizendo que foi o neto do seu Francisco, de novo.

BIA   Que o diabo lhe carregue.

RICARDO   Vai ser quanto por mês, pra gente pagar?

BIA   R$ 20.

FERNANDA   Vocês pagam a escola da gente, e ainda pagam o curso de inglês por fora, mesmo que na escola a gente já aprende inglês...

Ricardo e Bia olham para Fernanda.

RICARDO   Menina, você é boa.

FERNANDA   Sei, sei.

NELSON   Metida...

FERNANDA   Metido é tu com esse óculos ridículo, tentando parecer mais inteligente.

RICARDO   Fernanda, amanhã te levo no oculista.

BIA   Boa, Ricardo, todo mundo de óculos, oito olhinhos olhando pra mim.

RICARDO   Eles parecem profissionais?

BIA   Os seguranças? Profissionais o quê, Ricardo? Bota uma jaqueta escrito "segurança" atrás e se aproveita do medo das pessoas, até eu.

CORTA PARA:

155. EXT. RUA – NOITE

Ao longe, no nível da rua, VEMOS Clodoaldo, Fernando e Ronaldo se posicionando para começar a primeira noite de vigia. Vestem jaqueta preta com "segurança" escrito nas costas, têm cassetetes, apitos e walkie-talkies. A base é o cruzamento entre as ruas Benício e Soares Júnior. A moto CG125 de Clodoaldo está estacionada.

Um carro espera que o portão automatizado do Montparnasse permita a passagem.

>   CLODOALDO Ronaldo, Fernando. Deixa eu mostrar uma coisa. (*Clodoaldo abre seu celular.*) São as imagens daquele colega que morreu mês passado em Casa Amarela. Eu quero mostrar pra vocês não entrarem numa dessa.

NÃO VEMOS as imagens, e sim as reações dos três homens, reunidos em torno do celular.

>   FERNANDO Câmera de segurança...
>   CLODOALDO É. O carro passa uma vez e ele nem percebe. Já passaram pra fazer um levantamento da situação.
>   RONALDO Ele não estava armado...
>   CLODOALDO Não, mas os caras pensavam que ele estava, ou fizeram pra queimar ele mesmo. Olha agora, eles voltam pra pegar ele...
>   RONALDO Tentou correr... Caralho...

CORTA PARA:

156. INT. SALA DE REUNIÕES – NOITE

Uma reunião de condomínio. ARMANDO, o síndico, medeia o encontro ao redor de uma mesa. À sua frente estão pastas organizadas e papéis, contas. João é um dos presentes.

ARMANDO A questão dos seguranças da rua foi aprovada por unanimidade, eles estão já começando hoje à noite. O tempo é curto, eu quero que a gente avance para o problema do seu Agenor. (*De repente, Armando baixa a voz.*) Seu Agenor (*voz baixa, olha em torno*), que trabalha à noite na portaria. Ele está lá fora, agora.

ARNALDO Deve estar dormindo.

ARMANDO Pois bem, como vocês sabem, seu Agenor está aqui no condomínio há 13 anos. Ele não estaria trabalhando há tanto tempo no edifício se não fosse um bom profissional, e por isso somos muito gratos a ele por todo esse tempo de serviço. Mas, de um tempo pra cá, é preciso que isso seja dito, seu Agenor tem mostrado sinais de cansaço, ele já está mais envelhecido, e tenho recebido reclamações de que seu Agenor tem dormido muito no serviço.

DILMA Eu já recebi minha *Veja* sem o plástico diversas vezes. Seu Agenor não dá mais.

ARNALDO Mas quanto custa pra demitir?

ARMANDO Pois é, eu fiz o levantamento e, juntando multa, indenização, mais FGTS, o condomínio teria que pagar R$ 14 456 para seu Agenor.

ARNALDO É muito dinheiro.

ARMANDO Atualmente temos em caixa R$ 8297, que estávamos economizando para a sala de ginástica, o vazamento na garagem e a ampliação do sistema de segurança. Portanto, essa é uma decisão que precisamos tomar, até porque o condomínio vai ficar no vermelho com essa indenização. E todo mundo vai ter que arcar.

DILMA Até agora eu não entendi por que tem que se pagar tanto só porque não se quer mais um

empregado. Será que é por isso que tem tanta
gente incompetente por aí afora?

CARLOS (*Com o verniz inconfundível de um advogado fora do
escritório.*) A questão da legislação trabalhista é que
ela protege o empregado, a parte hipossuficiente
da relação jurídica. Agora, como já foi dito aí, a
demissão pode ser feita por justa causa, o que,
como ele tem mais de 10 anos de serviço e é,
portanto, estável, fica mais difícil, dependendo do
cometimento de falta grave. Enfim, resumindo,
mesmo estável ele pode ser demitido por preguiça,
isso se a gente provar incompetência.

ARMANDO Pois bem, e é por isso que Carlos pediu hoje para
fazer uma colocação, não é, Carlos?

CARLOS É, eu vim aqui com meu filho, Diogo. Dê
boa-noite pros condôminos, Diogo...

DIOGO Boa noite.

TODOS Boa noite.

CARLOS Diogo tá trazendo um DVD com um material pra
mostrar pra vocês.

Diogo levanta um computador portátil em direção à roda de reunião e dá
PLAY em um vídeo. No monitor, imagens de um homem fardado, nos seus
60 anos, dormindo sentado numa cadeira de escritório no hall do prédio,
boca precariamente aberta. É seu Agenor.

CARLOS Diogo filmou essas imagens de seu Agenor
dormindo no serviço. As imagens foram feitas
com o telefone.

DIOGO Pai, eu usei também a câmera de vídeo.

DILMA (*Vendo as imagens.*) Ai, gente, que coisa horrível...
A gente paga pra ele ficar dormindo.

HOMEM Isso dá justa causa?

João observa e permanece calado.

GERALDO Eu não acho isso bom. Se o condomínio quer
demitir, demite com os direitos. Dessa forma, é
muito feio, isso não está certo.

MULHER Quanto custa pra cada apartamento se ele for
demitido?

CARLOS   Nosso caixa vai ficar zerado e essas imagens valem
justa causa. Tem esse outro flagrante agora,
vejam... Dormindo na horizontal.

No vídeo, seu Agenor agora é visto dormindo no sofá do hall de entrada.

ARMANDO   O caixa vai ficar negativo e não teremos capital
para fazer as reformas. Eu proponho uma
votação.

JOÃO   (*Olhando as imagens.*) Eu sou a favor de demitir
seu Agenor por achar que ele não funciona mais.
Mas sou contra demiti-lo dessa forma. Ele está
aqui há 13 anos e merece tudo o que tem direito.

CARLOS   (*Olhando as imagens, ignorando João.*) Eu vejo
isso na empresa. O funcionário enche o saco de
trabalhar e deixa de fazer o trabalho como
deveria, justamente pra ser demitido e ganhar
uma bolada.

GERALDO   R$ 13 mil para um homem de 60 anos não é
exatamente uma bolada. Ele não deve nem
arranjar mais emprego.

MULHER 2   O condomínio não é agência de emprego, gente!

ARMANDO   Vamos para a votação: João é contra. Geraldo?

GERALDO   Eu não entendo nem como isso está sendo
discutido. É absurdo. Eu sou contra.

ARMANDO   Contra. Carlos?

MULHER   R$ 13 mil não é uma bolada, e um homem nessa
idade não vai mais achar emprego.

CARLOS   A favor de demitir por justa causa. E ainda digo
uma: ele vai botar na Justiça e o condomínio vai
perder, a Justiça do Trabalho adora trabalhador,
e patrão nunca tem razão. A favor.

DILMA   Demitir por justa causa.

GERALDO   Quanto cada apartamento vai ter que pagar?

CARLOS   Eu não acho justo pagar mais do que já se paga
nesse edifício. O funcionário não está
trabalhando como devia. Tem que ser demitido,
é simples.

O celular de João começa a tocar. É Sofia. João levanta-se e pede licença.

157. INT/ EXT. RUA – CARRO DE SOFIA – NOITE

O carro de Sofia estacionado. O painel tem um buraco, sem o CD player.
Ela fala com João ao celular.

> SOFIA Tô na frente do teu prédio.

158. INT. SALA DE REUNIÕES – NOITE

> JOÃO Tô indo, em dois minutos chego aí. Beijo.

João desliga o telefone e anuncia que está de saída.

> JOÃO Preciso ir. Sou contra e acho tudo isso escroto,
> perdoem-me o termo. Quem mais aqui é contra?

Numa geral da sala, apenas Geraldo e a mulher se manifestam contra. João
olha ao redor da sala.

159. INT. DETALHE – RETROVISOR – NOITE

Sofia prepara-se para sair do carro quando VEMOS um vulto aproximando-se
por trás. Ela toma um susto, olhando pelo retrovisor. No escuro, ela vê que
um homem de bicicleta, uniformizado, com boné, parou a alguns metros do
carro. É Ronaldo.

160. EXT. RUA – NOITE

Sofia sai do carro e olha para o novo segurança da rua, que a cumprimenta.

> RONALDO Boa noite.
> SOFIA Que susto. Boa noite.
> RONALDO Desculpe, moça. O que a senhora precisar,
> estamos aqui.
> SOFIA Boa noite. Obrigada.

> CORTA PARA:

161. EXT. PORTÃO – GUARITA – NOITE

Da guarita de seu Agenor, VEMOS na calçada Sofia pedindo para entrar.

> SOFIA Boa noite, eu vou me encontrar com João, esqueci
> o número do apartamento dele.

Seu Agenor não diz nada, mas aciona a porta elétrica. Sofia sobe as escadas. João chega e corre até Sofia. Eles não se abraçam.

> JOÃO E aí?
> SOFIA E aí? Como estás?
> JOÃO Bem. Eu 'tava numa reunião absurda de
> condomínio.

João olha discretamente para Agenor, que está inerte vendo TV na guarita.

> JOÃO Vamo' subir?
> SOFIA Vamo' subir.

CORTA PARA:

Agenor na guarita, de costas, sentado. A porta está aberta. À sua frente, mesa com papéis e correspondências, garrafa térmica, TV portátil ligada. Uma outra TV maior apresenta a monitoração de segurança do prédio (garagem, escada, corredor etc.). Ele aciona o sistema e a imagem do elevador aparece. João e Sofia se beijam no elevador, em preto e branco. Agenor observa.

CORTA PARA:

162. INT. AP. JOÃO – NOITE
O apartamento deserto. A sala. O corredor.

CORTA PARA:

163. INT. QUARTO – AP. JOÃO – NOITE
João e Sofia estão na cama, nus.

> JOÃO (*Repentinamente.*) Putz, tenho uma coisa pra
> te mostrar.

João levanta-se e sai do quarto.

164. INT. CORREDOR AP. JOÃO – NOITE
Com o corredor escuro e a sala de estar nítida ao fundo, vemos a silhueta de João nu andando em direção à sala. Ele some por alguns segundos e volta com o saco plástico na mão. É o CD player de Sofia.

165. INT. QUARTO AP. JOÃO – NOITE
João entrega o saco e volta para a cama.

JOÃO Quis fazer surpresa.

Sofia enfia a mão no saco e tira o cd player de dentro.

SOFIA Acharam o CD?! (*Olha.*) João, não é esse! O meu
é Panasonic.
JOÃO (*Incrédulo.*) Putz.
SOFIA Como é isso? Onde tu pegou isso?
JOÃO Meu primo Dinho é o arrombador de carro na
rua.
SOFIA Teu primo arromba carro?
JOÃO É... Eu fui falar com ele... Enfim... Depois mandou
entregar esse saco. Deve ter pegado o primeiro
CD que viu embaixo da cama.
SOFIA Caralho... Será que esse funciona?

João tenta rir. Sofia deita de lado, na cama, João também. Ele acende um
baseado.

SOFIA Mas, e aí? E essa tua família? Que 'doidera é
essa?
JOÃO É... Família grande, cheia de problema. O de
sempre. Uma zorra.
SOFIA E, tirando o fato de que teu primo é um ladrão
safado, qual é a dele?
JOÃO Ele tá perdidão. Todo mundo protege e assovia,
como se nada tivesse acontecendo. Que... aliás, é
o sistema nessa família, o padrão. Eu passei um
tempo fora, estou retomando as coisas com a
morte de papai.

Pausa. Sofia olha para João.

SOFIA ... Pois é... É o laço que nos une, dois órfãos, eu e
tu.
JOÃO Ontem a noite rolou vibe "eu também sou órfão",
não foi? Diga lá...
SOFIA Foi. Os órfãos do câncer.

João baixa a cabeça.

SOFIA Que merda.

JOÃO Como é que tu tá se sentindo?

SOFIA (*Respira fundo e bate no peito.*) BEM!!

João ri, Sofia ri.

SOFIA (*Rindo, esfregando os olhos.*) Não, eu já te falei, eu estou instável, eu acho. (*Pausa.*) Tu me faz bem... Pelo menos, fez bem ontem e ainda está fazendo bem hoje.

JOÃO Quem não está instável?

SOFIA Eu estava pensando... Depois da morte do meu pai, além de você voltar a se sentir um pouco criança... tem isso de eu estar aqui de novo, nessa rua, que me lembra um outro período de perda, o de minha mãe. É louco mas, dois períodos de perda, dos meus dois pais, me trouxeram pro mesmo lugar, pra mesma rua.

JOÃO É um minicarma aí a ser investigado.

SOFIA Tu acredita em carma?

JOÃO Eu desconfio de tudo que bate matematicamente... (*Pausa.*)

SOFIA Eu acredito em carma.

João ri.

JOÃO (*Pausa.*) Eu falei hoje com meu tio sobre teu tio.

SOFIA Ele lembra dele?

JOÃO Lembra. Esse teu tio era irmão da tua mãe ou do teu pai?

SOFIA Da minha mãe.

JOÃO Eu perguntei sobre a casa onde você morou. A gente pode ir lá, se você quiser visitar.

SOFIA Eu quero. Faz 20 anos, e eu acho que consigo desenhar a casa todinha, do térreo ao primeiro andar.

JOÃO Essa casa é da minha família. Tem construtora querendo comprar pra demolir.

SOFIA Fazer outro prédio.

JOÃO Outro prédio.

SOFIA Tu gosta desse teu trabalho?

JOÃO   Odeio. Acho que perdidão estou eu. (*Pausa.*) Essa área era do meu avô, que virou um loteamento, que viraram casas, que agora estão quase todas derrubadas, e quase tudo é edifício. Muita coisa ainda é da família, que é do interior, de Bonito, de um engenho. Meu avô ganhou esses terrenos num jogo, nos anos 50, na época em que Setúbal era descampado, área de mangue. Ele mora na cobertura, na entrada da rua. Minha mãe nunca se deu bem com ele, e isso passou pra mim.

SOFIA   E a rua é cheia de parente.

JOÃO   O bairro. A rua tem uma parte pequena de parentes-parentes, parentes bastardos, ex-amantes, ex-filhos, ex-netos, é uma bagunça. Imagina a merda de herança quando meu avô morrer.

CORTA PARA:

166. EXT. RUA – ENTRADA DO ED. ISLAMORADA – NOITE
(NOTA: NESTA SEQ., CÂMERA SEMPRE DISTANTE DE FRANCISCO)
É madrugada. Francisco é visto saindo do seu prédio. Ele passa pela guarita e sai à rua, na direção oposta.

167. EXT. RUA – MADRUGADA
Ronaldo chama Clodoaldo, que cochila na cadeira, para que veja Francisco, ao longe, saindo da rua no sentido oposto.

RONALDO   Clodoaldo...

CLODOALDO   O quê?

RONALDO   Aquele não é o velho?

CLODOALDO   É... Deixa ele...

168. EXT. POSTO DE GASOLINA – NOITE
Num plano aberto, VEMOS Francisco cruzando o posto de gasolina onde jovens conversam numa loja de conveniência com as portas dos carros abertas.

169. EXT. RUA PL. FIXO – PL. ABERTO ALTO – NOITE
A rua deserta leva à beira-mar. Ao andar pelas calçadas de prédios altos, os sensores de movimento instalados nas entradas dos condomínios são acionados pela passagem de Francisco, criando um "caminho iluminado" de luzes que acendem automaticamente, e apagam ao ficarem para trás.

170. EXT. RUA – MADRUGADA

Francisco segue caminhando, chegando à beira-mar. Cruza a avenida deserta e chega à calçada da praia. Desce a escada das pedras que dá acesso ao mar, ao lado de uma das notórias placas de aviso para banhistas: ÁREA SUJEITA A ATAQUE DE TUBARÕES. Tira a camisa e deixa as sandálias na areia. Ele mergulha na água escura do mar.

CORTA PARA:

171. EXT. RUA – MADRUGADA

Num orelhão da rua, Clodoaldo disca um número, ouve o sinal tocar.

CORTA PARA:

172. INT. QUARTO DE DINHO – MADRUGADA

Dinho joga videogame enquanto o telefone toca. Ele pega o aparelho, olha o identificador de chamada e não atende. O telefone continua tocando. Alguém bate na porta, sua irmã mais nova, Mirela.

> MIRELA (Off da porta.) *Dinho, telefone.*
> DINHO *(Sem tirar os olhos do jogo.)* Quem é?

Mirela entra no quarto.

> DINHO Porra, e se eu estivesse nu?
> MIRELA *(Com roupa produzida e cansaço de farra.)* Eu já te vi nu, fala pra esse otário não ligar pra ninguém uma hora dessa. Eu só peguei porque acabei de chegar.

Joga o telefone sem fio na cama, junto de Dinho.

> DINHO Alô.
> VOZ (Off) *Dinho, seu ladrão fila' da puta. A rua agora tá com segurança, quero ver tu arrombar carro de trabalhador, seu escroto. Toma cuidado pra não morrer.* (Desliga.)

CORTA PARA:

173. EXT. RUA – CRUZAMENTO – NOITE

Clodoaldo põe o fone do orelhão no gancho.

174. INT. QUARTO DE DINHO – MADRUGADA

Por um momento, Dinho tenta se lembrar de alguém que possa ter feito isso. Ele pausa o jogo, veste uma camiseta e as sandálias. Antes de sair ele pega o celular, o handset do telefone fixo e programa alguns números. Sai.

175. EXT. RUA – CRUZAMENTO – NOITE

No início da rua, Clodoaldo vê Francisco que, ao longe, está voltando do seu banho noturno.

> CLODOALDO Ó o vei' voltando.

> CORTA PARA:

176. EXT. CLOSE-UP CLODOALDO – NOITE

Clodoaldo observa até Francisco entrar no seu prédio.

> FERNANDO (*Apontando para Ronaldo.*) Clodoaldo, como é que tu conheceu esse menino aí?

> CLODOALDO Pergunta a ele.

> RONALDO (*Baixa a cabeça antes de falar.*) A gente jogava bola em Gravatá.

> FERNANDO Clodoaldo jogava de quê?

> CLODOALDO Hehehe. Defesa... Mas... Ronaldo, tu não vai falar como é que a gente se conheceu de verdade não??

> RONALDO (*Olha para baixo, ergue a cabeça.*) Esse cara viu minha irmã morrendo. Quando eu cheguei, ele me ajudou.

> FERNANDO E como é que ela morreu?

> RONALDO Morreu atropelada na estrada. Passaram por cima tantas vezes que ninguém nem via mais o que era. Ela sumiu, virou asfalto. Ficou uma mancha encarnada. Depois, escureceu.

> FERNANDO (*Pausa.*) Caminhão, ônibus...

> CLODOALDO Caminhão, ônibus, carro, caminhão, carreta, carro, caminhonete, caminhão... Estrada movimentada de feriadão. Tu não gosta de falar disso, mas é bom se lembrar do que aconteceu. Isso não é coisa pra esquecer.

> FERNANDO Foi mal, véi.

> RONALDO É... foi assim que eu conheci esse cara... E depois a gente começou a bater bola. Perna de pau.

177. EXT. RUA – CRUZAMENTO – NOITE

Nesse momento, VEMOS ao longe alguém andando na rua, vindo na direção dos seguranças. Ele surge de um trecho escuro e entra em uma área iluminada por poste. É Dinho. Os seguranças estão atentos, pois Dinho parece vir em direção a eles. Ele vai direto para o orelhão.

DINHO	Boa noite.
SEGURANÇAS	Boa noite.
DINHO	Vocês viram alguém usando o orelhão? Ligaram pra mim agora há pouco... Eu tenho esse número registrado. Já fizeram isso antes, desse orelhão.
CLODOALDO	Ô Fernando, não passou um rapaz aqui e fez uma ligação, não foi?
FERNANDO	Foi, teve, ele ligou e foi embora...
DINHO	(*Pausa.*) Vocês ligaram pra mim?
CLODOALDO	Não, cidadão, ninguém aqui usou esse telefone. E eu não conheço o senhor.
DINHO	Ó... Eu soube que vocês estão começando hoje. Tenham cuidado. Essa rua é da minha família, gente grande. A gente não é macaco não. Tá entendendo? É gente rica, aqui não é favela não, e esse orelhão não é orelhão de favela, de gente pobre, pra mandar e deixar recado. Se foram vocês, tomem cuidado, na real, se cuidem.
FERNANDO	Precisa falar assim com a gente não, doutor.

Clodoaldo olha.

DINHO	Sou doutor não. Mas aqui a gente bota respeito. E se eu souber quem fez isso, 'tá fodido na minha mão. Desculpa qualquer coisa aí. BOA NOITE!

Dinho dá as costas e vai embora. Clodoaldo observa com ira controlada. Pulamos para CLOSE-UP. Nesse momento, o ruído inconfundível de um violento acidente de carro é ouvido. Clodoaldo desvia seu olhar de Dinho para o cruzamento da rua adjacente.

CORTA PARA:

178. EXT. RUA – NOITE

Um PLANO FIXO e único mostra o próximo cruzamento, a 60 metros de distância, onde um carro é visto terminando de capotar, surgindo no quadro da direita para a esquerda, estilhaços ainda rolando pelo asfalto. CORTAMOS laconicamente PARA:

179. TELA PRETA

180. CARTELA
Alguns meses depois...

181. EXT. PAISAGEM – DIA
Um GIGANTESCO PLANO GERAL de uma paisagem verde com colinas ao fundo, cortada por uma estrada lá longe. Sombras das nuvens movimentam-se na paisagem. Depois de alguns segundos, um pontinho entra em quadro: um carro. Seguramos o plano enquanto o carro atravessa o quadro da direita para a esquerda.

182. EXT. CASA-GRANDE – DIA
PLANO ALTO E ABERTO da casa-grande do engenho de Francisco. O carro se aproxima.

183. INT. VARANDA CASA-GRANDE – DIA
CLOSE-UP (SERGIO LEONE) no rosto enrugado de Francisco, esperando João e Sofia no topo da escada de acesso.

184. INT. SALA DE JANTAR CASA-GRANDE – DIA
Francisco, João e Sofia almoçam.

185. INT. VARANDA CASA-GRANDE – DIA
João e Sofia dormem numa rede, juntos.

186. EXT. ESCOLA – DIA
Andando juntos, João e Sofia chegam a uma escola primária pobre da localidade. Pela janela de uma sala de aula, eles espiam as 20 e tantas crianças que, juntas e em coro, pronunciam: "TRA...TRA...TRA...TRA...TRA...TRA... TRA...TRA...".

187. EXT. CINE SERRO AZUL – DIA
ACOMPANHAMOS EM TRAVELLING João e Sofia, andando na nossa frente, chegando às ruínas de um cinema tomado por mato. Eles entram no antigo auditório, hoje um matagal a céu aberto. Sofia faz-se de bilheteira na parte interna, passando uma nota de R$ 5 para João, que está conosco na parte externa.

188. EXT. BICA – DIA
CLOSE-UP Leone de Francisco embaixo de uma forte bica d'água. Francisco, João e Sofia compartilham a bica, recebendo na cabeça a água pesada que estronda na trilha como trovão. Percebemos que Sofia está completamente nua, a água encobrindo parcialmente sua nudez. CLOSE-UP fechado de João. De repente, e muito brevemente, a água que cai forte na sua cabeça vira sangue.

CORTA PARA:

189. INT. QUARTO AP. JOÃO – MANHÃZINHA
Com Sofia dormindo ao seu lado, João está na cama estático, apoiado no cotovelo, boca entreaberta, olhando fixamente para alguma coisa off camera: é Rosiane, a filha pequena de Maria, a diarista. Como se saindo de um transe/sonho, João olha para o despertador, que marca 6h20.

CORTA PARA:

190. EXT. CRUZAMENTO – MANHÃZINHA
As ruas ainda vazias.
No ponto de vigilância, Ronaldo observa um rapaz vestido com roupa de festa, andando com uma sacola de bebidas na mão. No cruzamento, o homem parece confuso. APROXIMA-SE.

RAPAZ (*Talvez chapado/bêbado, com sotaque estrangeiro.*)
Bom dia.

RONALDO B'dia.

Mantendo o mistério e tomando seu tempo, o rapaz vira a cabeça procurando um ponto de referência. CORTAMOS para 3 PONTOS DE VISTA que mostram o traçado confuso das ruas, todas parecidas.

RAPAZ Estoy perdido. Estava na casa de uns amigos, saí pra comprar cerveja, não sei voltar.

RONALDO Eles moram onde?

RAPAZ Não sei, fica num prédio alto, é por aqui... Eu não sou de Recife. Eu conheci uma menina na festa... ela é linda. Ela está lá com todo mundo.

RONALDO O senhor não tem o telefone dela?

RAPAZ (*Rindo nervoso.*) Eu deixei o celular... Não sei o número.

RONALDO Como é o nome dela?

RAPAZ (*Pausa.*) Ela deve estar dormindo.

RONALDO Fica perto do posto de gasolina aonde o cidadão foi?

RAPAZ Fica... quer dizer... não. Eu andei até a estação de gasolina.

RONALDO O posto é pra lá, e o senhor veio de cá.

RAPAZ ... Não sei...

Ronaldo pega o walkie-talkie.

RONALDO Artur, Luís, Ronaldo na escuta.

ARTUR (Off) *Na escuta.*

RONALDO Aparece aí na esquina.

A cerca de 200 metros, o vigia Artur aparece no outro quarteirão. No lado oposto, a cerca de 150 metros, Luís também aparece.

RONALDO Algum de vocês viu de onde saiu esse rapaz? Ô cidadão, dá pra se levantar e aparecer ali pros irmão' lhe verem?

Rapaz luta para se levantar do meio-fio.

RONALDO Dá pra ver o cidadão?

ARTUR (Off) *Eu tinha visto ele uns 20 minutos atrás, perdido, tá causando problema? Na escuta.*

LUÍS (Off) *Eu vi ele saindo daquele Edifício Camille Claudel, na Paraíso. Na escuta. É do Camille Claudel.*

Ronaldo vira-se para ver Luís lá longe.

RONALDO Vou mandar ele praí, tu leva ele até o prédio, pode ser? Na escuta.

LUÍS (Off) *Eu mostro onde é. Na escuta.*

Ronaldo vai até o rapaz, que está tentando se manter em pé, segurando-se no saco de pão.

RONALDO Olhe, ande até aquele rapaz de preto ali embaixo, ele sabe de onde o senhor saiu.

RAPAZ Como é que ele sabe?

RONALDO Não sei, mas ele sabe. Vá lá.

191. EXT. RUA – DIA
Nesse momento, Clodoaldo chega de moto.

CLODOALDO B'dia.

RONALDO Bróder.

CLODOALDO Noite tranquila?

RONALDO Tranquilo.

CLODOALDO E os outros?

RONALDO Tudo certo.

192. EXT. CRUZAMENTO – MANHÃ CEDINHO
Clodoaldo e Ronaldo veem um Nissan 4×4 passar.

CLODOALDO Ó o corno do seu Fernando...

Ronaldo e Clodoaldo acenam respeitosamente para o motorista, que também acena quando o carro passa.

RONALDO Vai chei' de gaia. Dez horas chega o urso pra fazer curetage' em dona Marta.

Clodoaldo vê agora Romualdo, na bicicleta de entrega de água mineral, parado, conversando com o motorista de um carro parado no meio da rua. VEMOS Romualdo passando alguma coisa para o motorista.

> CLODOALDO Ó praí, filadaputa, a boca de fumo já tá aberta.
> ROMUALDO!!!!!

Romualdo vira-se assustado.

> RONALDO Hehehehe. Se cagou todinho.

Clodoaldo faz sinal de que quer falar com ele. O carro arranca calma mas firmemente.

> CLODOALDO Vê, hoje à noite eu também não venho. Meu irmão chegou de São Paulo, tô com umas coisas pra resolver.
> RONALDO Tranquilo.
> CLODOALDO Agora de manhã vou fazer cobrança.
> RONALDO E eu vou é dormir.

193. INT. COZINHA AP. JOÃO – DIA
Maria passa roupa descalça. Café da manhã, João e Sofia à mesa com as duas filhas de Maria, Rosane e Rosiane.

> JOÃO Maria, tu estás passando roupa descalça. Podes botar as sandálias? É perigoso, eu já falei tantas vezes.
> MARIA Tá certo, é mesmo.
> JOÃO E veja, a gente não vai precisar semana que vem. Talvez a gente viaje.
> MARIA Então eu não venho.
> SOFIA (*Pausa.*) Tu faz faxina em quantas outras casas?
> MARIA Agora só com vocês e na casa de seu Arnaldo, no Espinheiro.
> JOÃO É difícil, mas não faz sentido de você vir, o apartamento vai estar fechado.
> SOFIA Vou perguntar no escritório se alguém quer faxina.
> MARIA (*Inquieta.*) Vocês querem que eu não venha mais?

JOÃO Não, não é isso. A gente vai viajar. Tá tudo certo, você continua depois.

MARIA Tá certo.

CORTA PARA:

194. INT. SALA DE JANTAR AP. BIA – DIA

Os filhos de Bia — Nelson e Fernanda — na mesa com o professor de chinês, sr. CHAO PING. O homem, 35 anos, tem dificuldades com o português. (Nota: improvisar cena com ator chinês para vocabulário mais rico.)
Na vizinhança, o barulho de gatos miando e gritando sugere alguma fêmea no cio.

PROF. CHAO PING Eu amo você. Bai mao. (*Legenda: gato.*)

NELSON Bai mao.

Fernanda, olhando para o leite com Nescau, não responde.
Bia está encostada na parede admirando os filhos na aula de chinês.

BIA Fernanda, minha filha, professor Chao Ping está falando.

FERNANDA (*Sem tirar os olhos do Nescau.*) Bai mao.

Bia leva algum tipo de fora do prof. Chao Ping, em chinês. Ela se retira, andando até a janela como um cão farejador. Quer saber de onde vêm os gatos.

195. INT. QUARTO AP. BIA – DIA

Bia faz a cama. O ruído de gatos/fêmea no cio na área externa torna-se mais presente. O miado longo e agudo oscila entre irritante e assustador. "Mmmmmmmiiiiiiaaaaaaaaaaaaaaaaaauuuuuuuuuuuuuuuuuuu..."

196. INT. CORREDOR AP. BIA – DIA

A silhueta de Bia no corredor avança e passa pela aula de chinês a caminho do primeiro andar.

197. EXT. TERRAÇO AP. BIA – MADRUGADA

Bia anda pelo terraço externo na luz matinal. Dali observa a ciranda sexual dos gatos na área externa imediatamente abaixo. Dois felinos vira-latas encurralam uma gata, que grita, mia e dá patada. Na pia da churrasqueira, Bia enche um balde de água. De volta à mureta, ela cuidadosamente vira o balde nos gatos, que se dispersam em pânico.

CORTA PARA:

198. INT. SALA AP. FRANCISCO – DIA

Francisco vê TV na sua grande sala inferior. Uma faxineira trabalha na sala. Vindo do primeiro andar, Luciene surge carregando uma sacola de roupa. Ela passa em direção à cozinha.

199. INT. COZINHA/ ÁREA DE SERVIÇO AP. FRANCISCO – DIA

Luciene, de uniforme, abre a porta de serviço para sair do apartamento. Ao cruzar a porta, ela para e desiste. Ao fechar a porta atrás de si, põe no chão a sacola e sobe para seu quarto de empregada.

200. INT. ESCADA/ QUARTO DE EMPREGADA AP. FRANCISCO – DIA

Luciene tira o seu uniforme e fica de calcinha e sutiã.

201. EXT. RUA – DIA

Luciene, vestindo sua própria roupa, chega com a sacola. Clodoaldo observa dois motoristas, em seus celulares, tentando resolver mais um pequeno acidente no cruzamento (um Celta e um Renault). Falando baixo, ele diz:

CLODOALDO Num' dá nem bom-dia?

LUCIENE Tô ocupada.

CLODOALDO Seu Antônio da 213 tá viajando, deixou a chave pra eu aguar as plantas. Não quer ir comigo lá não?

LUCIENE Agora?

CLODOALDO Agora.

LUCIENE Eu não quero entrar na casa dos outros.

CLODOALDO A gente fica no jardim, eu posso pegar umas flores pra tu.

LUCIENE Seu Francisco não facilita. A gente tem que ir rápido.

CORTA PARA:

202. EXT. JARDIM DA CASA 213 – DIA

Clodoaldo e Luciene passam pelo portão e pelo muro alto coberto de cacos de vidro. Ele fecha o portão à chave. Clodoaldo tenta beijar Luciene.

LUCIENE Ôxe... Sai!

Luciene toma a dianteira e sai explorando a área externa, Clodoaldo atrás. Tomam a lateral esquerda da casa, protegida pela sombra de uma mangueira. Uma porta de vidro gradeada oferece vista para a sala de estar fechada.

Clodoaldo agarra Luciene por trás, enquanto ela olha para dentro da sala, pelo vidro.

> LUCIENE Aqui não. Tu tá com a chave da casa?
> CLODOALDO A da área de serviço.
> LUCIENE Me mostra a casa por dentro.

203. EXT. ÁREA EXTERNA CASA 213 – DIA

Eles dão a volta na casa e chegam na área de serviço. Uma chave abre a porta da cozinha.

> LUCIENE Eu quero água.
> CLODOALDO É melhor não mexer em nada.
> LUCIENE Eu quero água.

Clodoaldo abre a geladeira e pega uma garrafa d'água.

> CLODOALDO Vai na boca mesmo.

Luciene bebe da boca da garrafa.

204. INT. SALA DE ESTAR CASA 213 – DIA

Estão na sala deserta, móveis obesos, sem livros, TV grande e pesada, fotos de família na estante que só guarda artesanatos.
Clodoaldo tenta pegar no braço de Luciene, mas ela se desvencilha.

> LUCIENE Eu quero ver a cama de casal.
> CLODOALDO Eu não quero tocar em nada.
> LUCIENE Bora lá ver.

Luciene e Clodoaldo ganham o corredor escuro, olhando para os quartos de porta aberta e janelas fechadas, cortinas cerradas. Chegam ao quarto de casal.

205. INT. QUARTO DE CASAL CASA 213 – DIA

A cama está desfeita.

> CLODOALDO Tu estás menstruada?
> LUCIENE Tô não... Bora.

Luciene levanta a minissaia e baixa a calcinha. Eles transam na cama de casal da casa 213, com a porta do quarto aberta.

206. INT. CORREDOR CASA 213 – DIA

Nós nos AFASTAMOS do quarto. VEMOS O CORREDOR em toda a sua extensão. Da porta mais próxima do primeiro quarto, uma cabeça desponta cuidadosamente. É um menino. Descalço, de calção e sem camisa, sai sem fazer barulho e entra na cozinha enquanto Clodoaldo e Luciene estão trepando.

CORTA PARA:

207. INT. SALA DE JANTAR AP. BIA – DIA

A aula de chinês é atrapalhada pelo uivar incessante de Nico.

FERNANDA Quan. (*Legenda: cachorro.*)
PROF. CHAO PING Quan!
NELSON Quan.
PROF. CHAO PING Non, "QuAAnn"!

CORTA PARA:

208. INT. QUARTO – AP. BIA – DIA

Bia tem agora uma unidade importada chamada BARK BUSTER instalada na parede, apontada para a área vizinha mais frequentada pelo dogue alemão.

209. INT. JANELA DO QUARTO AP. BIA – DIA

Acionando o botão POWER, Bia tem o prazer de ver o efeito instantâneo do dispositivo sobre o cão, do outro lado do muro, que imediatamente levanta as orelhas e desenvolve uma expressão de dor e paralisia, parando de latir e uivar.

210. EXT. CASA DE ANCO – DIA

Anco sai de casa com seu gato Grafite numa sacola, rumo ao veterinário. Ao fechar o portão, ele olha a rua e tem uma visão: Anco vê a mesma rua no passado, em algum momento dos anos 1970. Predominam casas, muros baixos, barro e alguns carros da época.

211. EXT. RUA – DIA

Sofia e João andam na calçada abraçados. Um Corolla com vidro escuro passa e dá duas buzinadas amigas. João e Sofia olham, Sofia sem ter a menor ideia de quem seria.

SOFIA Quem era?
JOÃO Sei lá.

Eles chegam à banca de jornal de seu Roberto, decorada com as tragédias coloridas do dia.

JOÃO Opa, um *Jornal* e um *Diário*, por favor.

ROBERTO Vai levar a *Folha* não?

JOÃO Deixa ver a capa.

Seu Roberto pega o jornal e mostra a capa.

CAPA — DETALHE: SPORT ESPANCADO PELO NÁUTICO POR 4×0.

JOÃO É, essa eu vou levar. Os três, então.

ROBERTO Alvirrubro safado.

Nesse momento, Anco chega com a sacola. Com a cabeça para fora dela, o gato Grafite.

ANCO Tudo bom?

JOÃO Tio.

SOFIA Anco! Que é isso aí na sacola?

ANCO Estou levando aqui do lado na veterinária, pra castrar.

JOÃO Eita, vai perder as bolinhas.

SOFIA Que horror! Mas é pro teu bem, gatinho!

ANCO Vocês querem ir?

JOÃO Tô fora.

SOFIA (*Fazendo voz de 'cutchi'cutchi'.*) A gente não vai não, tio Anco, a gente não quer ver gatinho perder o saquinho... Mas vai ser pro seu bem!

ANCO Amanhã, tudo certo pra festa de Ana Lúcia?

JOÃO Tudo certo, a gente vai, né?

SOFIA Sim.

ANCO Levem bebida. Beijo em vocês.

Anco dá as costas e VEMOS (PLANO FIXO — FOCO AJUSTADO) a cabeça inocente de Grafite tranquila fora da sacola, indo embora, nos últimos minutos antes da sua castração.

213. INT. SALA DE ESTAR CASA 213 – DIA

Antes de fechar a porta principal de vidro, Clodoaldo dá uma última olhada para ver se está tudo como ele e Luciene encontraram. Luciene espera no lado de fora. Clodoaldo fecha a porta da área de serviço.

CORTA PARA:

214. EXT. PORTÃO CASA 213 – DIA
De dentro da área da casa, VEMOS Clodoaldo fechando o portão.

215. EXT. CRUZAMENTO – NOITE
Um portão mecanizado abre lentamente para um carro de vidro escuro sair. Fernando e Ronaldo observam o carro passar, sentados na calçada do cruzamento. Nada acontece. O som da noite.
Um carro se aproxima, passa pelos dois e para uns 30 metros adiante, no trecho escuro da rua. Os seguranças observam. Vemos o carro AO LONGE, sem sabermos quem está no interior. Motor permanece ligado.

> FERNANDO Pega a bicicleta e dá uma passada lá, Ronaldo.

Fernando pega o walkie-talkie.

> FERNANDO (*No walkie-talkie.*) Valdomiro, um carro suspeito parou aqui, podes mandar um dos meninos pra reforço? Na escuta.
> VALDOMIRO (Off) *Vai agora. Na escuta.*
> FERNANDO Valeu.

Ronaldo, algo relutante, pega a bicicleta e pedala até ultrapassar o carro, dá meia-volta e...
AINDA AO LONGE, o carro liga o motor e sai com as luzes apagadas. Depois de alguns metros, volta a parar, agora em uma área iluminada. A porta do passageiro se abre e dela sai uma mulher com vestido vermelho longo, salto alto, cabelo empetecado. Ela dobra o corpo e vomita um jato de líquido no asfalto, criando uma generosa poça no chão. Sentindo-se um pouco melhor, vira-se para o carro e usa a mão direita para não cair. Ela se vira e vomita uma segunda vez. Ronaldo sobe na bicicleta e volta para seu posto.

CORTA PARA:

Fernando e Ronaldo sentados na calçada do cruzamento. Nada acontece. O som da noite.
O ruído ameaçador de uma manga caindo do topo de uma árvore, batendo em galhos e folhas ao longo da sua queda.

CORTA PARA:

DO PONTO DE VISTA DE FERNANDO, um Fiat Weekend aproxima-se e para na frente do Ed. Boulevard Carnot. O motorista desce e vai até o bagageiro, de onde tira uma lata de tinta e um pincel. Começa a pintar uma mensagem no asfalto. Termina, examina o trabalho e vai embora.

Fernando levanta-se e começa a andar em direção à pichação. Ao passar por uma árvore, ele ouve um barulho. Vira-se e vê um vulto escondendo-se entre os galhos. Tira o apito e sopra.

Há movimentos na árvore. Fernando olha para Ronaldo na esquina e aponta para a árvore. Ronaldo chega.

FERNANDO Tem alguém trepado na árvore.

Fernando guarda o rádio.

RONALDO Vamos descer?

O vulto está lá, mas não desce e não fala nada. Trata-se de uma pessoa pequena, que se mexe nervosa por entre os galhos. Ronaldo chega de bicicleta. Nesse momento, vai descendo da árvore rapidamente, com a intenção de fugir, um garoto moreno, não mais do que 12 anos (o mesmo que temos visto ao longo do filme), sem camisa e descalço, que termina caindo na calçada como uma jaca mole. Uma ferramenta de ferro que estava com ele bate no cimento e faz um barulho metálico, é um pé de cabra. Ronaldo e Fernando correm e pegam o menino.

FERNANDO Caiu de maduro, foi?
RONALDO Mas, olha... Vai roubar quem a essa hora?

O menino está desesperado e não diz nada, mas tenta se soltar. Ronaldo acerta-lhe um tapa pesado no rosto.

FERNANDO Eita, essa pegou.

O menino abre o choro.

RONALDO Isso é ladrão, bicho, não estás vendo, não?
FERNANDO Dá mais uma e deixa ele ir embora.
RONALDO Só uma bolachinha pra ele não voltar mais aqui.

Fernando intimida o garoto ainda com falsas rasteiras que não derrubam.

FERNANDO Vai pra casa.

Ronaldo dá mais uma bofetada na cara do menino, segura o pé de cabra com uma mão e o braço do garoto com a outra.

FERNANDO Vai-te embora.

O menino sai correndo aos prantos pela rua Benício Moura do Nascimento, sem o pé de cabra.

CORTA PARA:

Do alto de um prédio de 15 andares, em um PLONGÉE de 90 graus, vemos o garoto correndo lá embaixo na rua e cruzando a mensagem pintada no asfalto poucos minutos antes: LU, A GENTE SE AMAVA TANTO. QUE TRISTE. SEGURAMOS O PLANO até que a noite vira manhã.

216. INT. AP. JOÃO – DIA
Sofia está na janela, olhando para baixo. João, deitado na cama.

SOFIA Xi... alguém de coração partido pintou uma
mensagem no asfalto pra alguém aqui do prédio.

João levanta-se e vai até a janela.

JOÃO (*Olhando para baixo.*) A casa onde tu morou vai
ser demolida.

217. INT. QUARTO AP. BIA – DIA
Bia enlouquece com Nico uivando outra vez. O aparelho importado anti-latido de alta frequência, com a tampa lateral aberta, não funciona mais. A diarista de Bia, FRANCISCA, ligou a tomada do aparelho importado de 110 volts na tomada 220 volts do Recife. Bia solta os cachorros em cima da mulher.

BIA PUTA... QUE... PARIU... FRANCISCA! COMO
É QUE VOCÊ FAZ UMA MERDA DESSA?...
HEIN?... VOCÊ NÃO VIU QUE AQUI NO
FIO TEM ESCRITO "ATENÇÃO! 110 VOLTS"
E QUE ERA PRA LIGAR NO
TRANSFORMADOR???!!

Bia mostra fio com papel e durex escrito à mão ATENÇÃO! 110 VOLTS!. Francisca olha assustada, talvez humilhada.

FRANCISCA A senhora não devia falar assim comigo, eu não sabia que esse aparelho era assim.

Bia pega o celular e acha um número na agenda. Liga.

OPERADORA (Off) *O número desejado encontra-se desligado ou fora da área de cobertura. Deixe seu recado após o sinal...*

BIA Seu Cipriano, é sua vizinha Bia. Seu cachorro continua infernizando a minha vida. Isso não é justo.

Bia leva o celular até a janela para que capte o som dos latidos do dogue alemão.

CORTA PARA:

218. EXT. RUA – DIA

Sofia e João andam na rua, à frente da câmera, acompanhados por Anco, que tem uma chave na mão. À frente deles, a casa número 109, isolada por tapumes e uma placa que anuncia: EM BREVE, MAIS UM GRANDE EMPREENDIMENTO PINTO ENGENHARIA. Uma placa de CUIDADO COM O CÃO também entra em destaque.

Anco bate no tapume e o vigia abre o portão de madeira.

ANCO Boa, vim dar uma olhada na casa, lhe avisaram?
VIGIA Avisaram.
ANCO O cachorro tá preso?
VIGIA De dia, ele fica preso.

219. EXT. CASA 109 – DIA

Anco, Sofia e João entram pelo portão para o jardim. A casa é um fantasma. Está pronta para a demolição.

220. INT. SALA CASA 109 – DIA

Um PLANO GERAL preciso da sala e de onde Sofia, Anco e João estão. João parece mais interessado do que Anco.

221. INT. QUARTO CASA 109 – DIA

Sofia e João entram em um quarto e ela olha imediatamente para o teto. Podemos ver os relevos de estrelas, planetas e cometas quase neutralizados sob camadas de tinta branca.

SOFIA Me levanta.

João levanta Sofia, abraçando-a nos quadris. Ela passa o dedo nos relevos do teto.

CORTA PARA:

222. EXT. ÁREA DA PISCINA CASA 109 – DIA
Eles dão a volta na casa, pelo corredor lateral, chegando à área da piscina, onde Anco foi fazer hora. OUVIMOS o som abafado de um cachorro latindo agressivamente. João observa que o latido vem da casa de uma porta fechada, o antigo bar da piscina.

SOFIA Quantos andares o prédio vai ter?
ANCO Vinte e quatro.

Pausa. O cachorro continua latindo.

CORTA PARA:

223. INT. SALA AP. BIA – FINAL DE TARDE
Ricardo dorme vendo TV e Bia pega sua bolsa para sair. Nico continua uivando. Ela pega uma das bicicletas da casa.

224. EXT. ÁREA EXTERNA – PRÉDIO IRMÃ DE BIA

Nelson bate bola com o vizinho. Nico continua uivando.

> BIA Nelson! Podes dar água às plantas? Eu volto em
> meia hora.

225. EXT. RUA – FINAL DE TARDE

VEMOS Bia saindo de bicicleta. PAN mostra ao longe Clodoaldo chegando com um homem na garupa da moto, seu irmão Cláudio. ATENÇÃO: Nesse plano, há uma árvore. Eles conversam com Luciene, na esquina, e Cláudio está ligeiramente encoberto pela árvore. Cláudio veste o colete de segurança.

226. EXT. AV. MOVIMENTADA – BARRACA DE FOGOS – ANOITECENDO

Bia se aproxima da superiluminada barraca de fogos e dirige-se ao atendente no balcão.

> BIA Boa tarde, eu queria dois vulcões e um saco de
> bomba.

CORTA PARA:

227. EXT./INT. SALA DE ESTAR CASA DE ANCO – NOITE

Uma festa de aniversário reúne toda a família na casa aberta de Anco. Da rua, VEMOS toda a atividade interna pelos janelões de vidro sem grade da casa. Estão lá João e Sofia, tios, tias, irmãos, Mirela e Dinho. Francisco bebe cerveja com um bebê no colo.

Um conjunto de chorinho toca a um canto da sala. Anco leva bandeja com refrigerante, cerveja e caipirinha para o jardim, onde Clodoaldo, Fernando e Cláudio esperam na calçada. Observam a festa com os pés na calçada, encostados na cerca.

> ANCO Olha a bebida.

Fernando pega a coca, Clodoaldo e Cláudio, a caipirinha.

> CLODOALDO Esse aqui é meu irmão, seu Anco.
> ANCO Opa, caba' bom esse teu irmão, viu? Como é seu
> nome?
> HOMEM Cláudio.
> ANCO Prazer, Anco. Se quiserem entrar, são
> bem-vindos.

CLODOALDO Obrigado, seu Anco.

No canto do jardim, Clodoaldo vê Dinho aproximando-se de João e Sofia.

DINHO E aê?
JOÃO Dinho.

Dinho dá dois beijos em Sofia. Sofia está desconfortável.

DINHO Bom sair pra fumar um cigarro.

João não fala nada.

DINHO Vão cantar "Saudamos" daqui a pouco.
JOÃO A gente já vai entrar.

Sofia olha ao redor.

DINHO Estou aí, trabalhando numa butique, no shopping.
Muita mulher, é foda.
SOFIA E ainda tá roubando som de carro?
DINHO Ihhh... Abusada, a menina. Qual é, Sofia? Eu já
pedi desculpas, tá tudo certo!
JOÃO Dinho, tu nunca pediu desculpas.
DINHO Pedi, primo! Mandei o CD, depois troquei o CD...
Ih... vou nessa. Daqui a pouco a gente se fala.
Bebam uma cervejinha, relax!

Dinho sai. Do jardim, SEGUIMOS um garçom que pega o beco lateral da casa
para chegar até a cozinha, que está movimentada com todos os criados preparando comida e bebida. Continuamos por dentro da casa, até sair na sala.

CORTA PARA:

Francisco, sentado, conversa com Mirela, sua neta.

FRANCISCO Eu acabei de lembrar uma coisa, minha filha. Que
eu não tenho mais nenhuma paciência para festa
de aniversário. Você envelhece, para de beber e
fica assim.
MIRELA Oxe, vô, está tão bonita a festa. Quer que eu vá
pegar um suco ou guaraná?
FRANCISCO Não, minha filha.

Francisco observa Clodoaldo lá fora da casa, na calçada.
João beija Sofia. A festa prossegue, e Francisco se levanta.
Francisco se aproxima de João e Sofia.

FRANCISCO Que menina bonita da porra.

JOÃO Já tem dono.

FRANCISCO Como anda a vida pra vocês? João, Sofia? Quando é o casório? Quando vão no engenho?

JOÃO Sem casório. Engenho, qualquer dia desses, vô. Sem promessas, a gente tá tranquilo.

FRANCISCO O que vocês precisarem, venham falar comigo. Só sei que nunca mais ninguém foi no engenho, é uma falta de interesse, ninguém quer mais saber de nada...

JOÃO Tempo, vô.

Uma mulher com bebê no colo pega na mão da criança e a faz acenar...

MULHER Dá tchau pro seu bisavô, "tchau, bisavô!".

CORTA PARA:

228. EXT. RUA – TRAVELLING LATERAL – NOITE
Francisco sai na calçada e encontra Clodoaldo.

FRANCISCO Eu queria dar uma palavrinha com o senhor, seu Clodoaldo. Eu até tentei lhe telefonar hoje, deixei recado.

CLODOALDO Seu Francisco, eu ouvi, e eu também queria falar com o senhor. Esse aqui é meu irmão, Cláudio.

FRANCISCO Apareçam lá em casa daqui a meia hora, quando a festa esfriar. Eu preciso ir no banheiro, não tô mais me aguentando em pé.

CORTA PARA:

229. INT. TERRAÇO SUPERIOR AP. BIA – NOITE
Acompanhada por Fernanda, Nelson e o uivar incessante do dogue alemão vizinho, Bia sobe no terraço externo e organiza no parapeito de cimento uma sequência de rojões de São João em formação circular, unidos pelos pavios. Eles serão acendidos ao mesmo tempo. Fernanda e Nelson observam com medo e fascinação. Ricardo chega.

BIA Atenção! Todo mundo se afasta que eu vou acender.

Bia acende e corre. Protegem-se do som assustador das bombas. BANG! BANG! BANG! Cada explosão nos dá um FREEZE FRAME de Bia, Nelson, Ricardo e Fernanda; no momento exato de cada explosão, o pânico feliz de cada um. INSERTS de Nico aterrorizado no seu quintal com os estouros. Os rojões explodem, exceto um, que continua no chão, com o pavio aceso CHIANDO. O som do CHIADO do pavio continua, continua, continua. Bia abre os olhos, mãos nos ouvidos, e vê que o rojão ainda não explodiu... Shhhhhhh...

CORTA PARA:

230. EXT. RUA – GUARITA – NOITE

NOTA: A partir de agora, Clodoaldo e Cláudio são sempre vistos por trás, suas nucas e costas. Passam pela guarita.

VIGIA Ele avisou, mas o elevador de serviço só tá indo até o 12º. Tem que descer no 12 e subir de escada. É o 1402.

CLODOALDO Tá novo.

231. INT. ELEVADOR – ED. FRANCISCO

Cláudio e Clodoaldo sobem.

232. INT. 12º ANDAR – ED. FRANCISCO – NOITE

Os dois homens descem no andar escuro. A luz se acende automaticamente devido aos sensores. ACOMPANHAMOS os homens subindo as escadas, a palavra SEGURANÇA nas costas. Chegando ao 13º andar, a luz se acende, e a do 12º apaga. O mesmo ocorre ao chegarem ao 14º. Cláudio e Clodoaldo param diante da porta da cozinha do 14º andar. Eles dão as mãos e se abraçam forte e rapidamente. Continuam parados diante da porta. Nada acontece. A luz se apaga com a falta de movimento. Cláudio levanta a mão, a luz se acende. Depois de um tempo, eles ouvem ruídos do outro lado da porta, e a porta se abre. É Francisco.

FRANCISCO E veio o outro também? Eu só chamei um.

CLODOALDO Meu irmão está já trabalhando com a gente, seu Francisco.

FRANCISCO A empregada era pra estar aqui, e não está. Não sei onde diacho ela se meteu. Entrem. Vamos lá na sala, é melhor.

233. INT. COZINHA AP. FRANCISCO – NOITE

Os homens passam pela cozinha.

234. INT. SALA DE ESTAR AP. FRANCISCO – NOITE

Ele anda até o sofá e senta.

FRANCISCO (*Sentando.*) Eu não tenho mais paciência pra essas festas, menino chorando, musiquinha. (*Pausa.*) Mas deixe eu dizer uma coisa, vamos fazer isso aqui vapt-vupt. Ontem eu recebi a notícia de que um homem que trabalhou comigo durante muitos anos foi morto em Bonito, pras bandas de onde eu tenho minhas terras. Reginaldo, o nome dele; já estava aposentado e tinha virado crente pra mais de dez anos. Era um homem bom, que trabalhou pra mim durante muito tempo. Isso tem a maior cara de ser vingança. O que eu quero é que eu pague alguma coisa pra você dar uma reforçada na minha segurança. Eu nem acho que isso seja nada, nem que vá dar em nada, mas é melhor prevenir do que tentar remediar.

CLODOALDO (*Pausa.*) Mas o senhor acha que a morte desse homem, Reginaldo, tem alguma coisa a ver com o senhor?

FRANCISCO Eu não quero falar sobre isso, até porque não vem ao caso. Eu só quero saber como é que vocês podem trabalhar. Me acompanhar quando eu sair, ficar de olho, por um tempo limitado. Eu quero alguém armado.

CLÁUDIO Seu Francisco, eu não sei de muita coisa sobre Reginaldo, esse homem que morreu ontem, ou sobre outras coisas que ele fez trabalhando com o senhor, ou sozinho, nas coisas dele. Mas uma coisa eu sei, e meu irmão caçula aqui também sabe.

Francisco observa atento.

CLÁUDIO Eu vou lhe dizer uma data:

Francisco observa.

CLÁUDIO 27 de abril de 1984.

FRANCISCO 27 de abril de 1984... Eu não estou entendendo.

CLÁUDIO Foi nesse dia que Reginaldo matou nosso pai e o irmão dele, a mando do senhor.

CLODOALDO Por causa de uma cerca. Eu tinha 6 anos na época. Cláudio tinha 13.

FRANCISCO O pai de vocês era Antônio?

CLODOALDO Antônio José da Silva. O irmão dele, Everaldo José da Silva.

Francisco, nervoso e contrariado. Pausa.

FRANCISCO Isso é um acerto de contas.

235. INT. SALA DE ESTAR AP. FRANCISCO – ZOOM – NOITE
PLANO ABERTO da sala. Clodoaldo e Cláudio se levantam do sofá, um ZOOM IN acompanha o movimento de ambos, aumentando naturalmente o valor da palavra SEGURANÇA nas costas dos dois homens. Francisco levanta-se e vê as facas.

FRANCISCO Faca, não...

Francisco fica mudo e faz um leve movimento de defesa enquanto Clodoaldo se aproxima com uma faca de médio porte. Cláudio enfia uma almofada de couro na cara de Francisco, que grita como um porco, enquanto os dois desferem uma dezena de golpes rápidos em seu tórax, dois deles no pescoço. Agonizando, VEMOS aos poucos manchas de sangue formando-se na camisa de Francisco, seu pescoço e sua boca abertos.

CORTA PARA:

236. INT. SALA CASA DE ANCO – NOITE
O clima de festa, balbúrdia e chorinho desfaz-se rapidamente com Anco batendo um garfo numa garrafa de vinho. Chega o silêncio, e todos parecem saber o que se passa. Há um estranho tempo de inércia.

ANCO "Saudamos."

A atenção é direcionada a Ana Lúcia, a jovem aniversariante. Ela é a garota vista duas vezes antes beijando o namorado nos muros.

TODOS ("*Saudamos*", *de Heitor Villa-Lobos e Manuel Bandeira.*) "Saudamos o grande dia/ Em que hoje comemoras/ Seja a casa onde moras/ A morada da alegria/ O refúgio da ventura/ Feliz aniversário!"

O rosto de Ana Lúcia sorridente.

FIM

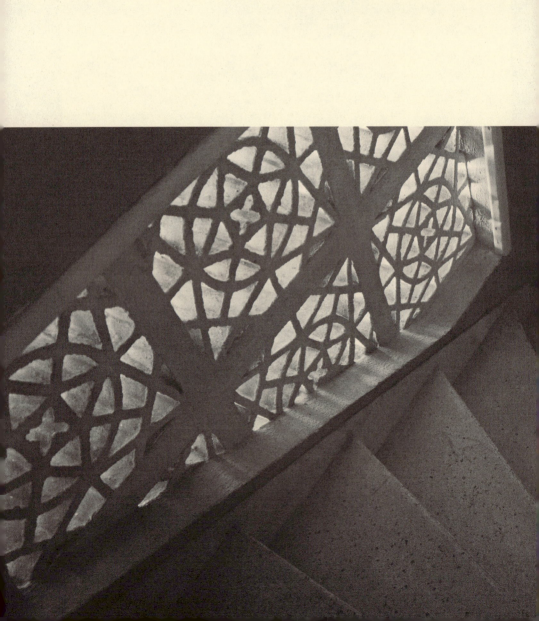

AQUARIUS

Roteiro escrito em: **2013-5**
Filmagem: **julho/ agosto/ setembro de 2015**

Première mundial: **Festival de Cannes (Seleção Oficial — Competição), França, 16 de maio de 2016**

Estreia nos cinemas brasileiros: **31 de agosto de 2016**

Roteiro e direção: **Kleber Mendonça Filho**
Produção: **Emilie Lesclaux, Saïd Ben Saïd e Michel Merkt**
Fotografia e câmera: **Pedro Sotero e Fabricio Tadeu**
Montagem: **Eduardo Serrano**
Diretor de arte: **Juliano Dornelles e Thales Junqueira**
Som: **Nicolas Hallet e Ricardo Cutz**
Assistente de direção: **Milena Times**

Elenco

Clara	...	**Sonia Braga**
Ana Paula	...	**Maeve Jinkings**
Roberval	...	**Irandhir Santos**
Diego	...	**Humberto Carrão**
Ladjane	...	**Zoraide Coleto**
Cleide	...	**Carla Ribas**
Geraldo	...	**Fernando Teixeira**
Antônio	...	**Buda Lira**
Fátima	...	**Paula De Renor**
Clara em 1980	...	**Bárbara Colen**
Adalberto / Rodrigo	...	**Daniel Porpino**
Tomás	...	**Pedro Queiroz**
Martin	...	**Germano Melo**
Julia	...	**Julia Bernat**
Tia Lucia	...	**Thaia Perez**
Letícia	...	**Arly Arnaud**
Ronaldo	...	**Lula Terra**
Rivanildo	...	**Rubens Santos**

Rodado em 3.4K com câmeras Arri Alexa xt, Arri Alexa Plus e Red Epic. Em locações no Recife, Praia dos Carneiros e Tamandaré (Pernambuco).

1. EXT. PRAIA DE BOA VIAGEM – DIA

CLARA, mulher de 60-70 anos (maiô, saída de banho, cabelo molhado), olha atenta para o mar. Ela está em pé na areia junto da água, e algo está acontecendo. Ao lado dela, ROBERVAL, um salva-vidas (camiseta vermelha, sunga preta), olha também atentamente, braços cruzados, e logo depois CLEIDE, 55-60 anos, amiga de Clara. Cinco outros curiosos olham sérios e atentos na mesma direção. A 30 metros da praia, VEMOS um pequeno barco além da arrebentação com um homem em pé olhando para a água, tenso. REPENTINAMENTE, algo vem à superfície perto do barco, o homem aponta. Clara reage, ela viu algo. Partes de um tubarão aparecem momentaneamente na superfície agitada. Os curiosos apontam, Clara também viu. CLOSE-UPS, corpos se contraem, a barbatana emerge e submerge. O rabo espana a água. Roberval reage à imagem, os curiosos também. No barco, o homem mantém seu equilíbrio com os braços e o jogar da pequena embarcação. Clara murmura para si mesma: "Cuidado...". Roberval reage com os braços, tenso, como um torcedor de futebol acompanhando um jogo. O homem cai na água. Clara dá um leve grito, com a mão fechada na boca. Os curiosos reagem apreensivos. O mar lava violentamente os pés e as pernas de Clara na areia, que olha para Roberval enquanto tenta recuar. Ele também está recuando e olha assustado para Clara. Clara olha para Roberval assustada, sem entender, ele aponta para baixo em direção à perna dela. Clara VÊ uma quantidade bem grande de sangue vivo ao seu redor, misturando-se à agua de espuma branca que volta para o mar com o puxar da correnteza. Da água de espuma branca ensanguentada, CORRIGIMOS para o horizonte e um plano fixo do mar, com ondas da arrebentação em primeiro plano e o barco vazio acima. Este será o nosso fundo para os CRÉDITOS DE ABERTURA ao som do main title "Say One for Me" (instrumental, Sammy Chan e James Van Heusen, trilha sonora de *Say One for Me*). Esse plano será composto de várias versões da mesma imagem (ATENÇÃO: todas alinhadas pelo horizonte), em diferentes estilos de imagem e fotografia. O barco some, o horizonte fica limpo, uma jangada distante aparece, um navio no horizonte, o mar em diferentes momentos via delicadas FUSÕES sob CRÉDITOS. A última delas será uma versão noturna do mesmo plano.

2. EXT. PRAIA DESERTA DO PINA – NOITE

Agora é NOITE e o plano antes fixo do mar começa a MOVER-SE À ESQUERDA, mas com uma PAN DIREITA para revelar em PRIMEIRO PLANO: um Opala Chevrolet 1979 com placa RECIFE — PE — AA 1279, faróis acesos, parado na areia dura e molhada. No Opala, ANTÔNIO apresenta seu carro novo à irmã, CLARA, com a namorada dele, GENI, e sobrinhos pequenos também no veículo. Clara tem cerca de 30 anos, uma mulher bela, com cabelo muito curto, estilo Elis Regina. Estamos em 1980.

> ANTÔNIO (Off) *Deixa eu botar essa aqui pra vocês ouvirem.*
> CLARA O que é?
> ANTÔNIO Deixa eu botar pra vocês ouvirem...
> GENI Eu já sei qual é...

O ruído plástico da fita sendo empurrada no toca-fitas.

> GENI Bota alto.

OUVE-SE o ruído de fita e EXPLODE a percussão que abre a música "Aquarius", versão do filme *Hair* (1979), de Milos Forman. Todos calados ouvem a música balançando a cabeça discretamente no ritmo da percussão, dentro do carro. Antônio tem o prazer imenso de tocar a música no seu carro novo, com sistema de som de boa qualidade. Clara e Geni ouvem, os meninos tapam os ouvidos, um parece mexer em alguma coisa. SEQUÊNCIA CONTÍNUA com planos do carro deslizando lentamente na areia da praia do Pina, deserta e escura. De repente o Opala tritura a areia em arrancadas ferozes. E para. E arranca. E para. VEMOS outros carros estacionados na areia, uma Brasília, um Chevette, uma Kombi, dois Fuscas, casais namorando dentro deles. Três jangadas com as velas ao vento (*A Primavera, Casas Zé Araújo, Cid Sampaio Senador ARENA*), estacionadas na areia fofa.

3. EXT. AV. BOA VIAGEM – OPALA – NOITE
("Aquarius" continua.) CORTAMOS para o Opala estacionando na av. Boa Viagem, numa fileira de carros da época. Clara olha pelo para-brisa e vê, do outro lado da avenida, na janela do apartamento do seu prédio, ADALBERTO, seu marido. O prédio é um dois andares branco com vistosas janelas de sala, das quais a mais iluminada é a do apartamento deles. Adalberto gesticula e CORTA A LUZ do apartamento com um abajur para chamar a atenção. Há uma festa acontecendo lá dentro.

> CLARA ... Adalberto é agoniado.

4. EXT. AV. BOA VIAGEM – PLANO GERAL – NOITE
Do apartamento de Clara e Adalberto, VEMOS o Opala devolvendo sinais de luz e buzina. Ao fundo, o calçadão de pedras portuguesas, um posto salva-vidas clássico e a praia. A av. Boa Viagem com mão dupla.

CORTA PARA:

5. INT. ESCADAS EDIFÍCIO

Clara, Antônio, Geni e crianças atravessam a av. Boa Viagem, esperam uma Belina passar e chegam ao prédio. Sobem as escadas, passam por portas abertas de outros apartamentos e chegam ao seu.

6. INT. AP. CLARA – NOITE

No apartamento de Clara e Adalberto. Música: Altemar Dutra ou Nelson Gonçalves, com casais mais velhos dançando colados. A balbúrdia da festa. Amigos e família, adultos e crianças.

7. INT. SALA AP. CLARA – NOITE

Adalberto, marido de Clara, bigodudo, óculos, vira-se para Clara, que está entrando.

ADALBERTO Demoraram, hein? Foi bom?

Clara dá um beijinho.

CLARA O carro é luxo, muito legal.
ADALBERTO A hora é agora. Já tem gente querendo ir embora.
CLARA Vou chamar os meninos.

8. INT. COZINHA AP. CLARA – NOITE

Na cozinha calorenta, Clara supervisiona três empregadas suadas, duas delas certamente emprestadas para a festa das casas de parentes e amigos, todas de costas, cozinhando, lavando, preparando. Uma delas usa uma camiseta desbotada com A MODINHA DISCOS & FITAS escrito nas costas. Bandejas, panelas e travessas de comida, garrafas de refrigerante — Coca-Cola e Fanta de vidro de 1 litro, cerveja e latas à vista. Um filtro de barro para água potável, uma geladeira anos 1960-70.

9. INT. ÁREA DE SERVIÇO AP. CLARA – ESCADA – NOITE

Clara passa pela área de serviço e porta dos fundos do apartamento, saindo para a escada, e encontra MARTIN, seu filho de 12 anos, num sarro com ROBERTA, 14. Os dois se separam imediatamente com o flagra. Ela passa por eles e desce as escadas de serviço.

CLARA Opa... Podem continuar enquanto vou lá embaixo. Daqui a pouco eu volto...

10. EXT. TÉRREO – ÁREA DE GARAGEM – NOITE
Na área externa, Clara vê meninos e meninas brincando, jogando futebol.
Ao fundo oito garagens com carros de época, Chevettes, Variants, Gols. Boa
iluminação noturna em focos de luz.

> CLARA Luís! Roberta! Todo mundo aí, subam! Agora!
> Vamo' cantar parabéns!

As crianças ouvem e vêm.

11. JANELA DA FRENTE AP. CLARA – NOITE
Adalberto põe a cabeça para fora e chama as crianças que estão brincando
no jardim.

> ADALBERTO Opa! Vamo' subir, vamo' cantar parabéns!

12. INT. SALA DE ESTAR AP. CLARA – NOITE
Uma COLAGEM de rostos da família. Todos olham na mesma direção, na
festa, que vai ficando mais silenciosa. Clara de mãos dadas com Adalberto
e os filhos Martin, Rodrigo e Ana Paula. Ela eleva a voz:

> CLARA Atenção, todo mundo, Atenção, macacada! Em
> primeiro lugar, eu quero dizer que é muito bom
> ter tanta gente aqui reunida, nesse sábado feliz,
> na nossa família, com nossos amigos, nossos
> namorados e namoradas que vêm junto (*Clara dá
> uma piscada de olho para Martin e Roberta*), nessa
> casa, para festejar os 70 anos de tia Lúcia.

Aplausos. TIA LÚCIA é uma senhora impecavelmente vestida num tailleur ro-
sa-choque, com um broche de ouro no peito esquerdo, batom vermelho. Mantém-se calada, aflita e discreta. Ela se encontra sentada numa cadeira de jantar
de madeira. (ATENÇÃO: Apresentamos tia Lúcia com um PLANO MÉDIO.)

> CLARA Eu queria chamar aqui agora Izabella e Martin,
> para a gente ouvir uma coisa que eles prepararam.
> Bom, eu também ajudei!

Aplausos.
Adalberto cochicha algo para Clara.

CLARA ... Prepararam também com a ajuda de Alexandrina e de Beth. Muita gente escreveu esse texto!

IZABELLA, 16 anos, com cara de boa aluna, tem um papel datilografado na mão e aproxima-se. Martin, seu primo, vem junto.

IZABELLA A gente preparou uma pequena homenagem pra tia Lúcia. A gente vai ler pra vocês.

Pausa. Todos olham atentos.

IZABELLA Ahem... Tia Lúcia, não é todo dia que alguém faz 70 anos. Eu não sei se a senhora sente a idade, ou se a senhora é como a gente acha que a senhora é: uma menina de 70 anos. Eu tenho 16 e lembro de a senhora levar a gente, os sobrinhos-netos, ainda pequenos, para a FECIM, no Parque da Jaqueira, para tomar sorvete na Fri-Sabor do Salesiano e no cinema São Luiz. A senhora foi e é a melhor tia que a gente poderia ter...

Aplausos tímidos que não sabem que ainda tem mais texto.

CLARA Tem mais!

Izabella para. Martin se oferece para continuar, Izabella mostra onde estava no texto.

MARTIN (*Recomeçando a leitura.*) Tia Lúcia foi uma danada. (*Aplausos. Martin acrescenta:*) É uma danada. (*Voz mais alta.*) Foi campeã de pingue-pongue e voleibol no Clube Português. Ela tocou violão, piano e violino na juventude, tendo participado de várias apresentações no teatro de Santa Izabel. (*Pausa.*) Inicia sua vida universitária aos 18 anos, onde foi aprovada em segundo lugar no vestibular de Direito da Universidade Federal de Pernambuco, no ano de 1931, dando início a uma carreira vitoriosa, que fez do seu nome sinônimo da dedicação na área, no nosso estado, numa época com poucas mulheres ingressando no ensino superior, e onde poucas trabalharam no campo do direito e das letras...

Izabella volta a ler a homenagem, enquanto isso Lúcia olha fixamente para uma cômoda de madeira de lei à sua direita, coberta de copos e taças da festa. O discurso continua off, mas CORTAMOS para um flashback íntimo:

13. INT. SALA AP. CLARA – FLASHBACK – DIA
A mesma cômoda, no mesmo ângulo, num quarto de décadas atrás. Uma PAN à esquerda <=== revela Lúcia mais jovem fodendo com um homem, numa cama de madeira, ela de quatro, ele atrás, como cachorros.
OBS.: O som da festa permanece inalterado durante o insert.

CORTA PARA:

A jovem Lúcia agora está deitada na cama com o mesmo homem, ela, nua da cintura para baixo e com uma blusa branca de linho. O homem está todo nu. Os dois dividem um charuto. Estão felizes.

CORTA PARA:

A jovem Lúcia nua recebe uma chupada, sentada na cômoda, o homem em pé aproveitando-se da altura do móvel.

CORTA PARA

A cômoda, na casa de Clara, na festa, e uma PAN ==>>, da esquerda para a direita, volta para Lúcia aos 70 anos.

> IZABELLA (Off) *Depois de estudar e morar em São Paulo nos anos 40, tia Lúcia voltou para Pernambuco. Foi trabalhar no interior, nos anos 60, momento difícil para ela, para a família e para o país... (Explosão de aplausos.) Sofreu... (Aplausos.) Sofreu perseguição, chegou a ser presa, mas nunca perdeu de vista o seu ideal diante da violência. Temos muito orgulho dessa sua trajetória, tia Lúcia. A vida de tia Lúcia daria um livro, uma música e um filme, e aqui nós desejamos saúde, felicidade e propomos um brinde à senhora, a nossa querida tia Lúcia.*

Aplausos. Clara puxa-os, Todos brindam, aplaudem.
Tia Lúcia levanta-se, sorri, pede para beijar os sobrinhos-netos, emoção contida.

TIA LÚCIA (*Gesticulando, ela solta beijos.*) Muito bonito o que
vocês escreveram. Muito obrigada. São todos
lindos. Amei. Eu só quero falar uma coisa...
(*silêncio*) ... Eu queria lembrar aqui de Augusto,
meu companheiro, que faleceu está fazendo 6
anos já. Augusto foi muito importante pra mim,
ele foi meu companheiro durante mais de 30
anos, era um homem muito bom. A gente nunca
casou porque, acho que alguns de vocês sabem,
ele já era casado. Mas, paciência, né? Ninguém
é perfeito. Obrigado.

Aplausos tímidos ganham força, PLANOS de reação impagáveis pela sala,
algumas pessoas atônitas, outras riem boquiabertas e aplaudem, Clara
aplaude com força e Adalberto aplaude. Uma energia boa toma conta do
ambiente. Aplausos. Clara abraça tia Lúcia, que ri e se abraça com a sobrinha. Tia Lúcia senta. Nesse momento, Adalberto toma a palavra, olhando
para Clara, interrompendo os aplausos.

ADALBERTO Hahaha. Muito bem, tia Lúcia! Que homenagem
bonita! Antes... Antes do "Feliz aniversário", eu
ainda quero falar uma coisa.

Adalberto bate um garfo em uma garrafa para o clima não dispersar. A família e os amigos reganham a atenção, os aplausos diminuem. Tim-tim-tim...

ADALBERTO Eu quero falar uma coisa pra vocês, e é sobre
minha mulher, Clara.

Clara parece mudar de cor.

ADALBERTO (*O tom NÃO é melodramático.*) Eu não sou
uma pessoa religiosa. Mesmo assim, eu quero
fazer um agradecimento. Como todos vocês
sabem, o ano de 1979 não foi um ano fácil aqui
em casa. A gente passou por momentos bem
difíceis com a doença de Clara, essa mulher
que eu amo tanto.

O tema parece trazer um silêncio pesado à casa.

ADALBERTO Vocês, todos nós, lidamos com isso de maneiras diferentes. Eu posso dizer agora que foram alguns dos meses mais difíceis da minha vida, acompanhar minha mulher em hospitais, o tratamento, muito duro, informar e não contar certas coisas a Rodrigo, a Ana Paula, a Martin, tentar viver a vida, trabalhar e manter algum tipo de paz, e sempre com muito amor. (*Pausa.*) Hoje, Clara está aqui com a gente, de cabelinho curto, estilo Elis Regina... que eu acho sexy... recuperada, com saúde. Sim, Clara está curada...

Uma explosão de aplausos. PLANO de reação de Clara chorando.

ADALBERTO ... Sim, curada! E estamos juntos, retomando nossa vida. E eu queria só agradecer o amor de vocês, dizer que... eu entendo a ausência de alguns durante esse processo, até porque a vida não te dá um manual de como enfrentar esse tipo de coisa. Dizer também que eu fiquei muito tocado com a presença de quem acompanhou tudo, mas acima de tudo agradecer por ter meu amor aqui comigo, nessa casa, com nossa família. Muito obrigado... Viva Clara! Viva Tia Lúcia!

Clara abraça Adalberto, emocionada, e não o larga. Ouvimos os primeiros acordes de "Saudamos/ Canções de cordialidade/ Feliz aniversário", de Villa-Lobos, no piano da sala.

FAMÍLIA (*Em peso.*) "*Saudamos o grande dia*
Em que hoje comemoras
Nessa casa onde moras
A morada da alegria
O refúgio da ventura
Feliz aniversário!"

CORTA PARA:

14. INT. SALA DE ESTAR AP. CLARA – NOITE
PLANO GERAL FIXO da sala repleta, cigarros são acesos em massa. Clara abraça e beija Adalberto e os filhos. Antônio pilota o sistema de som, põe a agulha no disco, aumenta o volume e apaga a luz. A música é "Toda menina baiana", de Gilberto Gil, tocando alto. Clara e Adalberto são vistos juntos

em primeiro plano, abraçados, dançando, beijando. Crianças dançam, uma garota mais velha estala os dedos e dança sozinha, a música toma conta da festa. O clima é do caralho.

15. INT. SALA DE ESTAR AP. CLARA – NOITE
PLANO FIXO da sala em polvorosa.
CORTA SECO PARA:

16. INT. SALA DE ESTAR AP. CLARA – DIA
Mesmo PLANO FIXO da sala, 35 anos depois, de dia. A sonoridade volumosa da festa com "Toda menina baiana" é alterada NO CORTE (sem câmbio de ritmo ou trecho) para a sonoridade natural da sala, volume "ambiente", de uma manhã tranquila de dia útil. Clara entra em quadro. Ela tem agora aproximadamente 65 anos. No toca-discos, toca "Toda menina baiana". O apartamento está diferente, provavelmente reformado. A TV agora é digital. Um berço de criança no canto. Há uma vasta coleção de discos de vinil em estantes, fitas cassete e CDs. Muitos livros. VEMOS a mesma cômoda das lembranças de tia Lúcia e da festa na sala.
MÚLTIPLOS CORTES mostram Clara (maiô, bermuda, descalça) fazendo ações com os braços e as mãos, jorrando energia. Um descarrego. HAAA! HMMM!! RRUUUHH! Ela é quase uma samurai de sala de estar.

17. INT. SALA/ COZINHA AP. CLARA – DIA

Clara exercita-se na sala. Na cozinha está LADJANE, uma senhora, a empregada.

> CLARA (*Exercitando-se.*) Ladjane, estou indo na praia. O que é que tem pro almoço?

18. INT. PORTA DA COZINHA AP. CLARA – DIA

Com o vento do mar soprando papéis e o cabelo de Clara, a porta da cozinha BATE violentamente, cortando o diálogo entre Clara e Ladjane. Ladjane reabre a porta e restabelece contato com Clara.

> LADJANE Eu estava fazendo frango.
> CLARA Tá bom. Tem uma verdurinha? Vou dar um mergulho. HA! HUH! RUH!

19. EXT. ACADEMIA DA CIDADE – PRAIA DE BOA VIAGEM – DIA

Um grupo de pessoas de classe média, com roupa de exercício físico, na Terapia do Riso da Academia da Cidade, perto da praia. Dão gargalhadas exageradas sob a orientação de um instrutor. Tocam nos ombros umas das outras. O par de Clara é ROBERVAL, moreno, salva-vidas. Eles trocam de par. Em meio às gargalhadas, Roberval pisca o olho para Clara, que pisca o olho para ele. Sem parar de rir exageradamente, ele aponta com a cabeça para o calçadão. Três garotos negros e voltando de alguma farra entram no grupo, desestabilizando o riso de algumas pessoas.

20. EXT. PRAIA DE BOA VIAGEM – DIA

Clara, de maiô, bolsa, chapéu e canga, negocia seu caminho pelas dunas ao lado de Roberval em direção à praia. Ao fundo, o grupo da Terapia do Riso. Eles passam pela placa de AVISO: TUBARÃO. Roberval usa sunga, camiseta vermelha, e está descalço.

> CLARA E o que é que tu acha dessa terapia do riso?
> ROBERVAL Eu acho engraçada, né? O cara disse que o corpo não sabe a diferença entre rir de verdade e rir de mentira. O que importa é rir alto, e chacolejar, uma coisa muscular. E isso parece que é o que faz bem.
> CLARA Uma idiotice, claro.
> ROBERVAL A senhora acha?
> CLARA Não há nada igual a rir de verdade. Ou chorar de verdade.

Pausa. Ambos andando na areia fofa.

ROBERVAL A senhora vai entrar?
CLARA Só um mergulhinho, Roberval.
ROBERVAL Tá certo. (*Pega seu walkie-talkie e olha para o sul.*)
Bezerra, na escuta?
BEZERRA (Off) ... *Na escuta.*
ROBERVAL Traz o barco aqui pro Aquarius pra dar uma vigiada?
BEZERRA (Off) *Dona Clara vai dar uma entrada, é? Positivo
e operante.*
ROBERVAL Beleza e operante.

Clara e Roberval vão chegando perto da praia. Clara acha lugar na areia para colocar sua canga e continua com seus HHUU! HHAA!, agora mais discretos. Do sul, VEMOS chegada de jet-ski com Bezerra. É uma pequena operação de guerra dos salva-vidas para que Clara dê seu mergulho de limpeza, na arrebentação.
ATENÇÃO: CÂMERA sempre na praia. Clara anda em direção à água. Roberval observa de braços cruzados.

CLARA (*Já vindo com água no joelho e tirando o cabelo da cara.*)
Ô Roberval, você não acha que isso é um exagero, não?
ROBERVAL Poxa, dona Clara, dê seu mergulho e saia. Olhe para a
praia. Tem alguém na água?
CLARA A gente já falou sobre isso.
ROBERVAL A senhora é importante. E na próxima vez, se
o helicóptero estiver aqui perto eu trago ele!
CLARA Tá danado. Meu anjo da guarda, eu só quero dar um
mergulho tranquilo.
ROBERVAL Tá boa a água, não tá não?

VEMOS Clara afundar a cabeça na água do mar, como um último mergulho antes de sair, entre relaxada e rápida.

CORTA PARA:

21. EXT. CALÇADA AV. BOA VIAGEM – CHUVEIRO – DIA

PLANO MÉDIO de Clara sob ducha pública, no calçadão de Boa Viagem, ela de olhos abertos, olhando para seu prédio, o Aquarius, do outro lado da avenida. PONTO DE VISTA de Clara com água lavando a lente, o edifício borrado pela água do chuveiro. Ela olha para o prédio de dois andares, de arquitetura dos anos 1940, boa aparência. Agora, 35 anos depois, o prédio está azul.

22. EXT. AV. BOA VIAGEM – FACHADA DO PRÉDIO – DIA

CLOSE-UPS EM STEADICAM de Clara atravessando a avenida com PONTOS DE VISTA em direção ao prédio. Cortes rápidos. A fachada, o jardim da frente, a porta principal onde VEMOS o nome do prédio: Aquarius.

23. INT. ENTRADA – AQUARIUS – DIA

Clara abre e fecha a porta pesada e branca de madeira. O prédio parece vazio.

24. EXT. ÁREA EXTERNA POSTERIOR – DIA

A área de estacionamento, com garagens antigas, todas fechadas, algumas portas ligeiramente caídas. Muitas folhas de árvore no chão. Clara pega um saco de comida de gato pendurado num gancho na parede e fechado com grampo. Ela balança o saco como um chamado de som e enche os quatro potes. Logo começam a chegar gatos vira-latas dos quatro cantos da área interna do prédio.

25. INT. ESCADAS AQUARIUS – DIA

Ela sobe as escadas, portas vizinhas fechadas e em silêncio.

ATENÇÃO: é importante que exista diferença entre uma certa decadência (inevitável) do Aquarius e o apartamento de Clara, que é aconchegante, de bom gosto e <u>nada</u> decadente. Uma ilha de conforto em um entorno desabitado.

26. INT. AP. CLARA – DIA

Clara entra pela porta da sala. Ladjane está na cozinha, no balcão, descalça, camiseta branca e rede na cabeça.

> CLARA Ladjane, depois tu dá uma varrida lá embaixo?
> LADJANE Lá atrás? Vou varrer.

27. INT. BANHEIRO AP. CLARA – DIA

Clara tira uma prótese estética do seio esquerdo. Ela baixa as alças do maiô e VEMOS que Clara tem apenas o seio direito, o esquerdo retirado na mastectomia. Veem-se cicatrizes profundas. Um mamilo ainda existe, mas no que parece ser o lugar errado.

28. INT. SALA DE ESTAR AP. CLARA – DIA

De cabelo molhado, Clara recebe na sala uma jovem jornalista e uma fotógrafa mais velha. As duas usam crachás de jornal.

JORNALISTA	Ana Paula Cavalcanti, muito prazer.
CLARA	Minha filha também se chama Ana Paula. Prazer. Podem sentar.
FOTÓGRAFA	Violeta, prazer.
CLARA	Tudo bem, Violeta? Querem um café, água, chá?
ANA PAULA	Uma água.
VIOLETA	Um café, sem açúcar.
CLARA	Ladjane!

Ladjane chega.

LADJANE	Sim.
CLARA	Traz uma aguinha e um café pras meninas.
VIOLETA	Sem açúcar, o meu.
LADJANE	Tá certo.
ANA PAULA	(*Olhando para a parede ao fundo.*) Então, essa é a sua coleção?

29. INT. SALA DE ESTAR AP. CLARA – COLEÇÃO DE DISCOS – DIA
Uma parede inteira com discos, CDs e fitas cassete.

CLARA	A maior parte, sim. Tem mais lá dentro.
ANA PAULA	Bom, obrigada por me receber. Eu estou fazendo uma matéria sobre cultura e tecnologia. E achei que sua experiência como jornalista na área de música poderia render uma boa conversa.
CLARA	O.k., pois não.

DETALHE. GRAVADOR DIGITAL DE VOZ NO CENTRO.

ANA PAULA	A senhora está escrevendo um livro novo, eu fiquei sabendo.
CLARA	Pode me chamar de você.
ANA PAULA	Desculpe, você.
CLARA	Sim, estou, é sobre cenas musicais em cidades periféricas, portuárias, como Recife ou Manchester.
ANA PAULA	Que bom, interessante... Pode falar mais sobre isso?
CLARA	Eu prefiro não falar ainda sobre esse livro, é muito cedo. Eu ainda não sei se vai dar num bom livro. Tenho muito material, vamos ver.

ANA PAULA A senhora... "você" — está escrevendo um livro e dá pra ver na sua casa muita "mídia física": discos, CDs, fitas. Numa época em que a mídia digital toma conta de tudo, você ouve música só no estilo antigo?

CLARA Não, eu ouço música do jeito antigo e do jeito novo. Eu tinha um iPod e agora eu uso mais o meu telefone. Meu sobrinho enche meu telefone e me entrega.

ANA PAULA Mas música digital diminuiu a importância dos seus discos?

CLARA Não. A minha geração ouvia discos e fitas. Hoje, para um adolescente, a relação é outra, pois há novas técnicas, novos meios. Eu não sou xiita de achar que a única forma de ouvir música é em vinil. Isso não existe.

ANA PAULA Você não é contra o mp3?

CLARA Não, não sou contra o mp3. Por que seria? Mp3 funciona. Talvez eu ache uma pena que a única maneira que as pessoas têm acesso à música hoje é em caixinhas de som de computador ou headphones vagabundos. Mas isso é um detalhe.

ANA PAULA Mas a senhora prefere o vinil.

Clara faz cara de quem já entendeu que Ana Paula veio com a matéria pronta, e joga o jogo. Ela se levanta.

CLARA Aqui na minha sala, eu prefiro vinil. Se eu estou em casa, tranquila, eu gosto de tocar meus discos em vinil. (*Ela procura e acha um disco, tira-o do plástico, posiciona no tambor.*) Uma coisa que nunca mudou aqui em casa é ouvir música em discos de vinil.

Clara liga o toca-discos, põe a agulha no lugar e aumenta o volume. LEVE CHIADO. A voz de Marco Polo do Ave Sangria, em "Dois navegantes", toma a sala. Ana Paula e Violeta ouvem. "*Aqui estamos juntos no pôr do sol dos navegantes...*"

ANA PAULA O que é?

VIOLETA Ave Sangria.

CLARA (*De olho em Violeta.*) ... Ave Sangria, gravação de 1974. Esse disco tem 41 anos e toca perfeito.

Violeta encosta-se no sofá, sua câmera, ociosa. Clara arranca um CD da sua coleção. Ela fica em pé ouvindo "Dois navegantes" e olha para as duas jornalistas. Clara baixa o volume para poder falar. Ela mostra o CD de Cornershop, *A Brimful of Asha*, abrindo a caixa e revelando um disco todo corroído pelo tempo.

CLARA Esse CD é de 1999. Tem 16 anos e não toca mais. Morreu.

VIOLETA Eu também tenho uns que não tocam mais.

Ana Paula tira e examina o disco, com superfície descascada.

ANA PAULA Por que o vinil perdeu espaço para o CD?

CLARA A indústria precisava lançar uma tecnologia nova, o CD, na década de 80, e pra dar certo eles tinham que matar o vinil. Armaram um complô, espalharam mentiras e mataram o vinil. Na verdade, *quase* mataram, o vinil está de volta, e aqui em casa ele nunca morreu, nem foi ameaçado.

ANA PAULA Que tipo de mentira?

CLARA Que a qualidade é inferior, por exemplo, que o CD dura mais.

ANA PAULA A qualidade não é inferior, então?

CLARA Vocês acham ruim o som desse disco de 40 anos de idade?

Clara aumenta o volume. Ana Paula abre leve sorriso.

ANA PAULA Não, é muito bom.

CLARA O CD também é excelente, mas são duas coisas diferentes, um é analógico, o outro digital. O CD foi vendido como "melhor", mais "duradouro", e duradouro e melhor é mentira.

ANA PAULA A sua relação com a música mudou com a passagem do tempo?

CLARA Acho que não... Para a minha geração, discos são objetos pessoais, feito livros. (*Clara levanta-se e*

vai em direção à sua coleção.) Deixa eu mostrar
uma coisa... Acho que hoje a música é mais
"desencarnada", ou desencanada! (*risos*), mais
abstrata. Hoje as pessoas baixam uma música, que
é um arquivo de computador, feito uma conta de
luz ou telefone. Isso é meio sem graça, né? (*Clara
arranca uma cópia LP de* Double Fantasy, *de John
Lennon & Yoko Ono. Vai em direção a Ana Paula
e Violeta.*) Eu comprei esse disco uns anos atrás,
num sebo em Porto Alegre. O meu da época eu
emprestei e nunca mais vi. Esse eu comprei
usado. Eu só fui ouvir meses depois de voltar pro
Recife. E cá estava eu, numa manhã de domingo,
e o que é que eu encontro dentro?

Clara tira cuidadosamente o disco, que vem com 3 recortes de jornal, ama-
relados pelo tempo.

VIOLETA Uau.
CLARA Esses recortes são do *Los Angeles Times*, de
dezembro de 1980, o que me leva a crer que o
disco foi comprado em Los Angeles. Esse disco
Double Fantasy foi lançado em dezembro de
1980 e foi nesse mês que John Lennon foi
assassinado, em Nova York, dia 7 de dezembro.
VIOLETA Eu sou de 21 de dezembro de 1980!
CLARA (*Encantada.*) Mas que coisa incrível! (*Clara pasma
olhando para Violeta.*) Incrível... E esse recorte
aqui, de novembro de 1980, semanas antes de
ele morrer, e de você nascer. A manchete diz:
LENNON'S PLANS FOR THE FUTURE.

DETALHE. JORNAL RECORTE.

CLARA O que eu quero dizer é que esse disco não é só um
ótimo disco de música pop, que é a música em si,
que você pode baixar agora, no seu telefone,
pagando ou pirata. Esse disco, este que está aqui
na minha mão, virou um objeto especial, ou no
mínimo com valor afetivo pra mim. É ou não
é melhor do que um arquivo mp3?

Violeta já está a postos e fotografa.

ANA PAULA E você não conhecia o dono desse disco.

CLARA Não tenho a menor ideia, nem sei como o disco saiu de Los Angeles, se é que ele foi comprado em Los Angeles, e foi parar em Porto Alegre.

ANA PAULA E agora veio parar no Recife.

CLARA Pois é, é quase uma mensagem na garrafa.

30. EXT. PRAIA – DIA / INT. SALA DE ESTAR AP. CLARA – DIA
ATENÇÃO: LENTE split-diopter/ TELA DIVIDIDA.
LADO ESQUERDO DO QUADRO: VEMOS PLANO GERAL do calçadão, areia da praia e mar ao fundo. Pessoas andam, carros passam. DIEGO, um homem jovem, bem-vestido, entra no quadro, fica olhando em nossa direção e usa celular para tirar fotografia. Ele fotografa o Aquarius e não parece estar fazendo isso discretamente. Quase como um agente da Polícia Científica. Ele atravessa a av. Boa Viagem aproximando-se do Aquarius.
LADO DIREITO DO QUADRO: Simultaneamente, o rosto de Clara em CLOSE tirando uma soneca na rede, de costas para a janela, PERFEITAMENTE EM FOCO. Esse quadro duplo tem o jeito de um sonho, mas não é.

31. EXT. JANELA DE CLARA – DIA
Da janela de Clara, VEMOS a entrada do Aquarius: entram os 3 homens, brancos, de camisa social, bem-vestidos. A câmera RECUA para dentro da sala quando os homens avançam no prédio e somem do quadro. VEMOS Clara DE CIMA, dormindo, e, como se fosse uma câmera de raio X, seguimos a progressão invisível dos homens por dentro do prédio, apontando o FOCO para o chão do apartamento, corrigindo para o pé da parede e subindo aos poucos para enquadrar a porta do apartamento, onde agora ouvimos a campainha: DRIM-DRIM.

32. INT. SALA DE ESTAR AP. CLARA – DIA
Clara acorda.

CLARA Ô Ladjane!

Clara se levanta, vai até a porta.

CLARA *(Sem abrir a porta.)* Quem é?

GERALDO *(Off da porta.) É Geraldo Oliveira Pinto, dona Clara. Geraldo, da Pinto Engenharia.*

Clara olha pelo olho mágico, ela abre a porta.

DETALHES. PÉS.

Os pés descalços e femininos de Clara são revelados pela porta que abre. CORTA PARA os pés com sapatos masculinos de couro dos três homens do outro lado da porta.

32A. INT. PORTA. AP. CLARA

É Clara contra três homens. GERALDO, cerca de 70 anos, DIEGO, aproximadamente 25, o terceiro homem um pouco gordo, 40 e poucos anos, que aqui ficará sem nome. ATENÇÃO: Clara está na sua área e os homens, fora da porta.

> CLARA Pois não, seu Geraldo.
>
> GERALDO Dona Clara, nós viemos conversar. Uma boa conversa olho no olho é a melhor coisa. Eu estou com uma contraproposta.
>
> CLARA Eu continuo sem querer vender, seu Geraldo. E o senhor não tem uma "contraproposta", ela continua sendo uma proposta. Seria uma "contraproposta" se eu tivesse entrado pra negociar, e eu não entrei. Portanto, é uma proposta.

Ladjane chega na cena e fica observando.

> CLARA (*Firme.*) Onde é que você 'tava?
>
> LADJANE 'Tava varrendo lá embaixo...
>
> GERALDO A senhora nos receberia?
>
> CLARA Seu Geraldo, eu prefiro não, espero que entenda.
>
> GERALDO Dona Clara, é uma proposta muito generosa, eu acho inclusive que ela está fora do padrão de mercado. Nós preparamos essa proposta para a senhora... É generosa mesmo.

Neste momento, Clara observa — ATENÇÃO: ZOOM DOWN — que o terceiro homem tem na mão um enorme anel de chaves, que produz o barulho discreto dos metais roçando entre si.

> CLARA (*Interrompendo.*) Seu Geraldo, "generosa" é uma palavra que não cabe aqui. Eu agradeço a visita, mas, mais uma vez, não estou interessada.

Nesse momento, o jovem Diego intervém, já puxando seu cartão de visitas do bolso.

DIEGO Dona Clara... Deixe eu lhe cumprimentar...
CLARA Não me chame de "dona", não...

Diego estende a mão para apertar a de Clara, que estende a dela. Nesse rápido momento, percebemos algo de estranho no aperto de mão através da reação de Clara e de três planos rápidos das duas mãos. Algo quase imperceptível.

DIEGO Me desculpe, dra. Clara.
CLARA Eu também não sou médica.
DIEGO Meu cartão.
CLARA Eu não vou ligar para vocês.
DIEGO Clara, aqui tem meu e-mail também...
CLARA Tá certo.
DIEGO Meu nome é Diego, eu estou agora à frente desse projeto na empresa. É o meu primeiro projeto, que também se chama Aquarius.
CLARA (*Olhando para Geraldo.*) Seu filho, enteado?
GERALDO Meu neto. Diego, pode deixar...
CLARA Você disse "Aquarius"?
DIEGO (*Vendo uma oportunidade.*) Isso, o "novo Aquarius". A ideia é deixar o nome do imóvel que existia antes no mesmo lote...
CLARA Existia...
DIEGO ... É uma maneira de preservar a memória da edificação. Isso não fazia parte do projeto inicial. Juntando com a nova oferta, é a outra boa novidade dessa proposta.
CLARA (*Risos.*) Bom, eu estava descansando depois do almoço.
GERALDO Nós estamos abertos ao diálogo.
CLARA Veja bem. Resumindo: o imóvel *existe*, "existia" não, ele existe e vai continuar existindo...
DIEGO Foi só maneira de falar, dona Clara... — "Clara".
CLARA ... Ele vai continuar existindo pelo menos até depois de eu morrer, e não sei se vocês sabem, mas a expectativa de vida do brasileiro aumentou nos últimos anos. Agora, antes de eu fechar a porta, eu queria saber, por curiosidade, qual era

o nome do projeto inicial, antes dessa ideia do "novo" Aquarius?

DIEGO   Nós já mudamos, Clara, não vai ser mais...

CLARA   Só por curiosidade.

DIEGO   O projeto inicial era Atlantic Plaza Residence, mas agora queremos que seja Aquarius, em respeito à senhora.

CLARA   Atlantic Plaza Residence. Muito bom. Bom, eu agradeço a visita, com licença...

Clara fecha a porta, leve BANG.

33. INT. SALA DE ESTAR AP. CLARA – DIA

Clara olha para Ladjane.

LADJANE   Vou pegar um copo d'água.

CLARA   (*Com raiva.*) Onde é que você 'tava? Sim, no pátio. Não me faça mais ter que abrir a porta pra essa gente. Terceira vez...

Por baixo da porta é empurrado um envelope lacrado com a marca Pinto Engenharia para a "Sra. Clara Marques, Aquarius". Clara empurra o envelope de volta. Ela observa sombras no chão. O envelope volta por baixo da porta. Clara vira a chave e abre a porta. VEMOS os dois homens mais velhos já descendo a escada, olhando para cima, e Diego junto à porta, surpreso com o flagra de Clara. Diego olha para ela com cara de bom moço. Ela devolve o envelope, ele pega e não fala nada. A porta bate. Clara vai até a sala. Ladjane entra na cozinha.

LADJANE   (*Da cozinha.*) *Como é que eles subiram?*

CLARA   Como eles subiram, Ladjane?? Er... é claro que eles têm a chave do prédio todo, né, Ladjane?

34. INT. JANELA AP. CLARA – DIA

Clara em PRIMEIRO PLANO observa abaixo os 3 homens saindo do prédio. Eles olham para cima.

35. INT. ESCADAS AQUARIUS – DIA

Arrumada e com uma sacola contendo 6 discos de vinil, Clara abre a porta e no capacho está o envelope. Ela se abaixa para pegá-lo e desce as escadas do Aquarius. Clara para e percebe que as portas dos apartamentos vizinhos

estão abertas, escancaradas. VEMOS as salas vazias. Como quem fecha os olhos de um morto, ela encosta a porta de dois apartamentos. No térreo, as duas portas também escancaradas. Ela as fecha.

36. INT. ENTRADA DO AQUARIUS E AV. BOA VIAGEM – DIA
Um PLANO MÓVEL FECHADO da mão de Clara segurando o envelope da Pinto Engenharia enquanto sai do Aquarius. Clara rasga o envelope e deposita pedacinhos na mão fechada. Ela os sopra com o vento da praia; parecem abelhinhas brancas.

37. EXT. CALÇADA AV. BOA VIAGEM – DIA
TOMÁS, sobrinho de Clara, 20 anos, chega de carro para pegar a tia. Clara entra no carro.

> CLARA   Tomás, querido.
> TOMÁS   Tia.
> CLARA   Antes de seguir em frente, faz uma coisa. Pega aqui a esquerda e dá a volta no quarteirão.
> TOMÁS   Ah é? Pra quê?
> CLARA   Eu quero passar na frente do prédio de carro pra ver uma coisa.

TOMÁS Passar na frente do prédio?
CLARA É, como se eu não morasse aqui, passando de carro, quero só ver uma coisa.
TOMÁS Tá certo, dar a volta, então.

Numa SEQUÊNCIA DE PLANOS VERTICAIS E ALTOS — de cima para baixo, do topo de prédios altos adjacentes — ACOMPANHAMOS o trajeto do carro dando a volta no quarteirão. Há cortes para mudar os ângulos retos e acompanhar o progresso em U do carro, que volta para a av. Boa Viagem. O carro retoma o trânsito e vai passar pelo Aquarius.

38. INT. CARRO – PONTO DE VISTA CLARA-PASSAGEIRO – DIA
VEMOS o Aquarius, carro em movimento.

CLARA Olha ele...
TOMÁS (*Dirigindo.*) Hm. E qual a conclusão?
CLARA Acho que eu vou pintar o prédio.
TOMÁS A cidade inteira passa na frente dele. Boa ideia.
CLARA Você acha que ele está decadente?
TOMÁS Não... Quer dizer, ele precisa talvez de uma pintura, mesmo.

Pausa.

CLARA E as músicas?

TOMÁS Ah... no porta-luvas.

Clara tira um pen drive do porta-luvas.

CLARA Coube tudo o que eu pedi?

TOMÁS Coube, oxe, tem muito espaço ainda. Botei tudo da lista.

CLARA Mas depois você passa pro telefone.

TOMÁS Passo hoje.

Clara conecta o pen drive no som do carro. Tomás dirige. A voz de Maria Bethânia enche o carro, um monólogo.

MARIA BETHÂNIA (Off) *"Você não me conhece. Eu tenho que gritar isso, porque você está surdo e não me ouve.*
A sedução me escraviza a você. Ao fim de tudo você permanece comigo, mas preso ao que eu criei...
E quanto mais falo sobre a verdade inteira, um abismo maior nos separa..."

TOMÁS (*Por cima de Bethânia.*) Engraçado...

MARIA BETHÂNIA (Off) *"Você não tem um nome, eu tenho um nome..."*

CLARA O quê?

TOMÁS (*Falando mais alto para ser ouvido.*) Hoje eu tô animado.

Clara baixa o volume.

CLARA Ah é? Que houve?

TOMÁS Tá chegando na quinta uma menina aí, do Rio. Menina massa.

CLARA Ah, é? Chegando como?

TOMÁS Conheci pelo Facebook, amiga de amigos. Amiga de Marcelo, lembra de Marcelo?

CLARA Eita, sei. Vai ficar na tua casa?

TOMÁS É... hehehe.

CLARA Teus pais estão sabendo?

TOMÁS Estão.

CLARA Coisa boa, hein, Tomás? É tipo delivery, é?

TOMÁS Pô, tia... Vamo' ver, né. Ela é ótima.

CLARA   E tem nome a beldade?

TOMÁS   Tem nome, é Júlia.

CLARA   Ah, tá. Júlia. Se sobrar tempinho, quero conhecer. Toca isso pra ela, Maria Bethânia. Mostra que tu é intenso!

Clara aumenta. PLANO CLÁSSICO de automóvel, câmera no capô. Clara no passageiro, Tomás dirigindo. Eles ouvem Maria Bethânia falando de amor.

MARIA BETHÂNIA   (Off) *"Você é um rosto na multidão, eu sou o centro das atenções... Eu me delato, tu me relatas. Eu nos acuso e confesso por nós. Assim me livro das palavras com as quais você me veste..."*

"Jeito estúpido de te amar" começa: *"Eu sei que eu tenho um jeito meio estúpido de ser..."*. Música enche o carro mais ainda. Tomás abre um sorriso quase relutante de prazer, dirigindo. Clara abre um sorriso, olhando o trânsito de fim de tarde.

CORTA PARA:

39. INT. LIVRARIA – ENTARDECER

Uma livraria de rua. Livros tomando todo o quadro. Há algum movimento, um senhor mais velho e uma garota, em corredores distintos. Há várias crianças pequenas de uniforme escolar. Clara e Tomás entram. FÁTIMA, mãe de Tomás, 50 anos, atrás do balcão com um jovem atendente, FÁBIO. No balcão, Clara entrega uma sacola com discos a Fátima. Tomás observa.

FÁTIMA   A boa notícia é que teus discos continuam um sucesso aqui, não sei se te falei.

CLARA   Jazz e MPB?

FÁTIMA   Tudo vende bem, mas jazz e MPB são os preferidos.

CLARA   Que bom. Vou procurar mais em casa para trazer...

Aproxima-se uma mulher, vinda da rua, e dirige-se ao atendente, FÁBIO.

MULHER   (*Percebendo que a conversa parou.*) Com licença, vocês vendem cartolina e papel madeira?

FÁBIO   Não, tem uma papelaria do outro lado da praça, perto da esquina. Aqui é uma livraria.

MULHER   Humhum... O.k.

40. INT. CAFÉ DA LIVRARIA – NOITE

Fátima e o marido ANTÔNIO, irmão de Clara, pai de Tomás, recém-chegado do consultório médico. É a livraria da família. Sentados no pequeno café interno do lugar.

CLARA Bom encontrar vocês aqui.

FÁTIMA Clara, eu estava pra te ligar. Com o casamento de Felipe, a gente 'tá procurando fotos antigas pro pessoal do vídeo fazer uma edição. Deve ter muita coisa nos álbuns de Adalberto, não tem?

CLARA Tem muita coisa lá, apareçam no final de semana... E eu realmente prefiro que os álbuns não saiam lá de casa.

FÁTIMA Eu entendo. A gente marca.

Pausa.

CLARA Hoje eu tive uma visita do povo da construtora... Muito chato.

TOMÁS De novo?

CLARA Foram três lá, o dono, o tal do Geraldo Pinto Mole, que foi com o neto, Pintinho Mole, e um outro cupincha.

Tomás e Fátima riem.

ANTÔNIO O que é que eles falaram?

CLARA Disseram que tinham uma contraproposta, e eu lembrei a eles que era uma "proposta". Eu achei essa visita mais incisiva. Deram um envelope, que eu rasguei. Disseram que o novo prédio também vai se chamar Aquarius.

ANTÔNIO O novo prédio se chamar Aquarius é novo... E qual é a proposta, posso saber?

TOMÁS Derrubar pra continuar com o mesmo nome é escroto.

CLARA Eu rasguei sem abrir... A gente não tem nenhuma maneira judicial de mandar eles me deixarem em paz?

ANTÔNIO Eles bateram na tua porta? Pediram pra falar com você?

CLARA É. E eles, claro, têm a chave do portão de baixo.

ANTÔNIO Não fizeram nada de ilegal.

TOMÁS Não tem uma lei contra deixar tanto apartamento vazio com o déficit habitacional que existe no país?

FÁTIMA Os outros apartamentos estão vazios? Tem algum alugado?

CLARA Vazios.

Antônio está abrindo uma garrafa de vinho com saca-rolha.

ANTÔNIO Bom, eles compraram os outros apartamentos. A lei entende que eles têm dono, podem ficar anos fechados. Há uma lei de IPTU progressivo para imóveis vazios, mas não sei como ela tem sido aplicada.

TOMÁS Que merda.

CLARA Pois é, eu vou me informar sobre essa lei.

FÁTIMA E... nada de você mudar de ideia?

CLARA Até tu, Fátima? Já não basta a chateação que eu venho tendo com Ana Paula sobre esse assunto.

FÁTIMA Só estou perguntando.

CLARA Só saio dali morta.

TOMÁS Por que tu não escreve sobre isso? Tu escreve bem, tia. Tu é uma escritora.

CLARA Eu estou no meio de um livro, sobre música, Tomás.

ANTÔNIO Minha irmã... Eu não posso ficar calado. Eu sei que é chato, e eu te entendo. Mas do ponto de vista de qualidade de vida, de evitar tensões, de morar num prédio vazio...

CLARA Não vamo' discutir isso, não, Antônio. Por que você não pondera sobre essa construtora e o que eles fazem?

Pausa.

ANTÔNIO Porque minha irmã é você, mas tá certo. Vamos de um vinhozinho?

CLARA Quero. Português? Hoje eu quero dançar.

Antônio arranca a rolha com um POP!

41. INT. BAILE NOITE CUBANA

Clara está num baile de música cubana para a "melhor idade" com LUCRÉ-CIA, LETÍCIA, INALDA e CLEIDE, de mesma faixa etária. Uma mesa de mulheres nos seus 60-70 anos, animadas, na paquera. São viúvas, "desquitadas", pelo menos uma é casada.

ATENÇÃO: Toda esta sequência composta de comentários e intrigas filmadas em LONG SHOTS e PLANOS DE REAÇÃO de Clara e amigas. VEMOS a pessoa sobre quem elas comentam.

> LUCRÉCIA Não olhem, não, mas estão vendo Leandro, o advogado aposentado? Era da Chesf, foi casado com Ana Lúcia, que morreu há uns 10 anos, coisa horrorosa, "C.A." de útero.

Lucrécia sente que o comentário é inadequado e olha para Clara.

> CLARA Tu chama de "C.A." o que eu chamo de "câncer".
>
> LUCRÉCIA (Bate três vezes na madeira da mesa.) Leandro está de caso com Silvia, que está ali com o marido, dançando. Silvia e Leandro são escolados, aí são profissionais, viu? Nem se olham pra não dar bandeira. Mas eu tô de olho.
>
> CLARA Que conversa, Lucrécia.
>
> LUCRÉCIA Tu não sabe de nada.
>
> CLEIDE É essa Silvia que foi na livraria comprar três metros de livro pra estante nova que o decorador mandou ela ter?

Todas soltam uma sonora gargalhada.

> LUCRÉCIA Mulher burra...
>
> INALDA Tanta gente com caso de "C.A.", né? Minha vizinha descobriu mês passado uma plantação de nódulos no ovário, teve que tirar tudo...
>
> CLARA Eu conheço Armando, já namorei o irmão dele, Reginaldo. Como é que tu sabe dessas fofocas? E tu fala como se fosse tudo verdade.
>
> LUCRÉCIA A central pernambucana de fofoca é a piscina do Clube Alemão.
>
> CLARA Eu não vejo Reginaldo há mais de 20 anos. Mas a gente era criança, quase.

CLEIDE	Reginaldo foi morar em Belo Horizonte, com a terceira esposa. É consultor da Fiat.
CLARA	Tu já tivesse alguma coisa com ele?
CLEIDE	Reginaldo? Já, mas foi há muito tempo.
CLARA	Quem aqui foi pra cama com quem, nessa festa?
INALDA	Eu fui com um que dá pra ver daqui. Mas como está barrigudo...
CLARA	Quem?
INALDA	Ricardo, aposentado da Sudene, ali dançando com a morena.

VEMOS um senhor barrigudo dançando com uma senhora negra, melhor dançarina do que ele.

LUCRÉCIA	Vocês já notaram que esses homens só dançam com as morenas aqui, na Cubana, porque é a festa cubana? Algum deles já namorou uma dessas morenas fora daqui?
CLARA	Morenas? Ou negras?
INALDA	Negras, Lucrécia. Que eu saiba, não.
CLEIDE	Eu só tenho 10 anos de Recife, mas é engraçado ouvir as histórias de vocês. Essa festa não tem tanto homem assim.
CLARA	(Olhando.) Tem, sim.
LETÍCIA	Bateu o olho no carioca ali? O cara é simpático, eu vi que ele estava te paquerando.

VEMOS um senhor bonito, ALEXANDRE, conversando em pé com uma outra senhora, mas olhando às vezes para Clara por cima do ombro da pretendente.

INALDA	Eu não disse? Clara, antes de tu chegar estava tudo aqui espevitada falando desse homem. E eu disse: "Deixa só Clara chegar para vocês verem o que é bom pra tosse".
CLARA	A boa notícia é que minhas amigas ainda me acham poderosa.
LUCRÉCIA	Infelizmente, não há o que negar.
CLARA	Já vi, já entendi, é interessante. Alguém conhece?
LETÍCIA	Ouvi dizer que é viúvo. Deve ter o quê? 60, 65?
CLARA	Sei lá. Como é que vocês sabem que é carioca?
LUCRÉCIA	Estás vendo ali? Perto da caixa de som? Falou com

ele antes de tu chegar e disse que ele é carioca. Veio com um amigo daqui, que eu não sei o nome.

CLARA (*Olhando para Alexandre.*) Sou só eu ou vocês também percebem um aumento na libido quando a gente se junta?

INALDA Minha libido é alta.

CLARA Eu acho que a minha é baixa, mas é alta quando fica alta! E aí, dona Letícia? Como é que tem sido a "ajuda profissional"?

LETÍCIA Eu tenho apreciado com moderação. Quer o número?

LUCRÉCIA Eu não tenho coragem.

LETÍCIA Coragem de quê, mulher? É um homem pago pra mexer em você, e jovem, e profissional.

CLARA Quem sabe um dia? Eu achava que a que mais teria coragem seria Lucrécia.

LETÍCIA Pois vou lhe passar o número agora. Faça agora, enquanto você quer e tem saúde.

CLARA Não, obrigada. Quando for eu te ligo.

LETÍCIA Eu vou lhe passar o número é agora.

Enquanto Letícia envia o número para o celular de Clara, Alexandre surpreende e chega para tirar Clara para dançar. As amigas esticam seus braços para pegar suas bebidas, põem canudos na boca.

CORTA PARA:

MINUTOS DEPOIS...

Clara e Alexandre dançam música cubana mais lenta. Os dois são graciosos juntos.

CLARA Então, você é carioca?

ALEXANDRE Sou capixaba, mas vivo no Rio há muitos anos.

CLARA E você está de férias aqui?

ALEXANDRE Eu vim passar uns meses com minha filha, que mora aqui.

CLARA E sua esposa?

ALEXANDRE Eu sou viúvo. Está fazendo 5 anos já.

CLARA Eu também.

ALEXANDRE Há quanto tempo?

CLARA Já faz 17 anos.

42. DETALHE PLACA DO CARRO DE ALEXANDRE – NOITE
SQT 1678 – Rio de Janeiro

43. INT. CARRO – NOITE
Clara e Alexandre, dentro do carro dele, um 4×4 SUV. Motor ligado.

>ALEXANDRE Onde é que você mora?
>CLARA Av. Boa Viagem, perto do Pina.
>ALEXANDRE Posso lhe dar um beijo?
>CLARA Pode.

Alexandre desliga o motor e beija Clara. Ele, no motorista, ela, no passageiro. Ele solta seu cinto de segurança e o dela. Passa a mão nas coxas dela, os beijos se intensificam, também no pescoço dela. Ele sobe a mão para os seios, Clara assume ligeira posição de defesa e Alexandre para, respirando na boca dela.

>ALEXANDRE Estou exagerando?
>CLARA Não.

Alexandre volta a beijar Clara e lentamente sobe as mãos por baixo da blusa dela. Clara para.

>CLARA Eu tive... uma cirurgia...

Alexandre para. Olha para Clara, depois desvia o olhar...

>CLARA Algum problema com isso?

Alexandre para, olhando para Clara.

>ALEXANDRE Cirurgia de mama...?
>CLARA Sim, na direita.
>ALEXANDRE Não... nenhum problema, não.

Alexandre dá um beijo carinhoso no rosto de Clara, pega na mão dela e dá-lhe um beijo. Vira-se para o volante e liga o carro.

>ALEXANDRE Eu não quero falar nada. Você é ótima, mas
>eu preciso te deixar em casa.
>CLARA Eu posso pegar um táxi.
>ALEXANDRE Não, eu te levo em casa.

Vira a chave na ignição.

44. EXT. AV. BOA VIAGEM – NOITE

Clara chega em casa num táxi. O sensor de luz na frente do Aquarius acende. Clara desce e chega à área do Aquarius. O táxi arranca. A av. Boa Viagem está deserta, mar escuro ao fundo, areia, posto salva-vidas. Uma cidade fantasma.

45. EXT. ÁREA INTERNA AQUARIUS – NOITE.

Um barulho chama a atenção de Clara, ela olha para cima à esquerda e vê um prédio em construção com as lonas verdes de proteção soltas com o vento. Os véus, com mais de 80 metros de comprimento, sopram sem amarras. O prédio parece um boneco de braços soltos, soprando para cima e depois para baixo. Ao longe, a luz de um carro esportivo com poderoso som bate-estaca TUM-TUM-TUM passa em alta velocidade.

CORTA PARA:

46. INT. SALA DE ESTAR AP. CLARA – NOITE

POP! Clara abre garrafa de vinho tinto e enche a taça. Retira um disco da coleção, põe no tambor, pousa a agulha no sulco e aumenta o volume. LEVE CHIADO, começa "The Soul of Nigger Charlie", de Don Costa. Os indicadores de potência analógicos dançam no amplificador. Clara pega um caderno vermelho de anotações e uma caneta e refestela-se no sofá, taça na mão. Os bumbos das caixas originais Gradiente vibram poderosos com a percussão. Ela abre um sorriso e sente a música de olhos fechados.

47. EXT. PRAIA DE BOA VIAGEM – DIA

Um DETALHE da água agitada do mar em TELEOBJETIVA, antes da arrebentação. A cabeça de Clara emerge com força de um mergulho às 6h30 da manhã, sol ainda subindo. Roberval na areia a observa, braços cruzados.

48 EXT. BARRACA DE COCO – DIA

Roberval e Clara sentados na barraca, cada um com coco e canudo. Joggers e gente de bike passando ao fundo. Trânsito intenso na av. Boa Viagem.

ROBERVAL Depois do último ataque, no ano passado, a gente está só esperando o próximo, por mais que pouca gente entre na água, hoje em dia. Ou quase ninguém...

CLARA Mas, Roberval, comparado com antigamente, eu diminuí muito, hoje é só um mergulhinho, e você tá sempre por perto.

ROBERVAL Eu sei, mas é porque aqui é mar aberto, dona Clara. Se as pessoas soubessem o que a gente vê...

CLARA O que é que vocês veem?

ROBERVAL A gente vê o animal... O povo acha que eles só aparecem quando tem ataque. Aí sai na televisão, nos jornais, aquele estardalhaço todo. Mas a gente aqui sabe que não é assim, eles estão bem ali, basta ficar olhando, feito a gente fica. Meu serviço aqui é ficar olhando. Com o jet-ski, então, que chega perto... Eles chegam perto, dona Clara. Se alguém ficar na varanda de um desses prédios, num dia de sol e água limpa, procurando com um binóculo, vai dar pra ver o peixe chegando na praia. Às vezes dois, já teve três de uma vez só, tudo com fome.

CLARA Você tá me botando medo...

ROBERVAL É bom ter medo, mesmo. Quer dizer, eu não gosto desse negócio de medo, já tem medo demais em tudo, mas medo faz parte dessa minha profissão, né? E muitas vezes eu e os colega' salvamos quem não teve medo... Ou quem esqueceu de ter medo.

Enquanto diz isso, Roberval observa um rapaz de óculos numa bike cara, vindo devagar pela ciclovia. Cara de rapaz branco de classe média alta.

ROBERVAL Dona Clara, olhe discretamente. Esse aí de bicicleta é novidade. Traficante, todo com carinha de bom menino, bicicleta cara, capacete, biker... Segundas e quartas, trabalha de manhã, sexta-feira é de tarde.

CLARA Esse da bicicleta?

ROBERVAL Ele mesmo.

CLARA Vocês colaboram com a polícia?

ROBERVAL Eu, não. A gente se expõe demais aqui, essa praia tem de tudo. Agora, raça que eu não gosto é traficante... e sabe por quê?

CLARA Não...

Passando jogging e olhando para Clara como se a reconhecesse, DANIEL, 43 anos, com apetrecho digital de monitoração física num velcro no bíceps e sapato de corrida. Ele para sua corrida e vem em direção a Clara na barraca. Ele continua se movimentando, mesmo sem sair do canto.

DANIEL Bom dia.

ROBERVAL B'dia...

DANIEL Dona Clara... Eu sou Daniel, filho de Jorge, seus antigos vizinhos.

CLARA Daniel! Como é que você está, menino? Como é que está Jorge?

DANIEL Estou bem, obrigado. Meu pai faleceu está fazendo dois anos.

CLARA Oh, meu Deus. Eu não soube. Sinto muito.

DANIEL É, obrigado. Eu vi a senhora aqui e achei que devia vir lhe pedir, diretamente, pra senhora resolver logo o apartamento. Tem muita gente sendo prejudicada. Papai negociou a área construída seis anos atrás, ele já faleceu e até agora, nada.

CLARA Eu não entendi, Daniel.

DANIEL A senhora entendeu, sim. Todo mundo negociou, menos a senhora. Isso é de um egoísmo que eu não sei nem o que dizer.

Roberval observa, olhando para a cara de Daniel.

CLARA Daniel, eu acho que você não tem o direito de me pedir isso, nem dessa forma.

DANIEL Saia daquele apartamento, negocie, a senhora está prejudicando todo mundo.

CLARA Daniel, eu te vi crescer naquele prédio, eu vi você criança.

DANIEL A senhora me viu criança, mas a senhora não me conhece adulto. Bom dia.

Roberval olha para Daniel nos olhos. Daniel dá as costas e segue no seu jogging. Clara fica sem palavras.

49. INT. SALA DE ESTAR AP. CLARA – DIA
Clara de roupão, depois do banho, chega à sala saboreando uma xícara de café. Ela percebe Ladjane em pé na janela da sala, olhando para baixo.

JANELA. PONTO DE VISTA CLARA — DIA
ATENÇÃO: PONTO DE VISTA DA JANELA DE CLARA, SEM CONTRACAMPO.
Dois operários uniformizados descarregam boleia de caminhonete da construtora Pinto Engenharia estacionada na av. Boa Viagem. Trazem na cabeça colchões de solteiro e casal para o prédio. Imagem intrigante.

LADJANE Esses colchões são pra quê?
CLARA Não... sei.

Clara olha para Ladjane, abre um sorriso e estala os dedos.

CORTA PARA:

50. INT. SALA DE ESTAR AP. CLARA – PIANO – DIA
Ao piano, Clara toca (não muito bem...) a primeira parte de "Saudamos/ Canções de cordialidade/ Feliz aniversário", de Villa-Lobos, cantando e olhando para Ladjane.

CLARA "Saudamos o grande dia que tu hoje comemoras..." (*Clara levanta-se do piano.*) Menina, hoje é o teu aniversário! Deixa eu te dar um beijo, Ladjane!
LADJANE Ela lembrou!

As duas se abraçam.

CLARA Tudo de bom pra você, muita saúde, conte comigo pra tudo, você sabe disso, né?
LADJANE Eu sei. Eu sei.

51. INT. ESCADAS AQUARIUS – DIA
Ladjane abre a porta da cozinha e um dos homens vem subindo com dois colchões na cabeça. Ele passa.

HOMEM B'dia.
LADJANE Bom dia, moço. Só para saber, pra que são esses colchões?
HOMEM O pessoal da construtora mandou a gente entregar. Mandaram botar no 201.

Ladjane segue o homem até o andar seguinte e VÊ o ap. 201 vazio, porta aberta, com colchões amontoados, em plástico. PONTO DE VISTA de Ladjane.

52. INT. SALA AP. CLARA – DIA
Clara tenta dar uma arrumada no cesto de revistas para pô-las em ordem: *Down Beat, NME, Rolling Stone, Gramophone*, uma coluna "Toques", de José Teles, do *Jornal do Commercio*, marcada com caneta.

Ladjane volta, fecha a porta da frente e olha para Clara.

LADJANE Eu fui perguntar aos homens. Disseram que a construtora pediu pra trazer os colchões. Tem um monte no 201.

53. INT. BANHEIRO AP. CLARA – ESPELHO – DIA
Clara diante do espelho se maquia. Está linda, delicada e cheia de energia. Ela fala com o espelho.

CLARA Eu te amo! Você é bom! Eu te amo! Você me agrada! Você me agrada muito. Você é interessante... você chamou minha atenção... Você chamou minha atenção! Você é um chato, um nojento, eu gosto de você, seu idiota, seu imbecil, eu te odeio, crápula, eu gosto de você... Eu gosto de você! Eu te amo. EU TE AMO EU TE AMO EU TE AMO.

54. INT. CORREDOR/ QUARTO AP. CLARA – DIA
Em pé, parada, Ladjane ouve a voz de Clara na suíte, de porta trancada. Ligeiro sorriso.

55. EXT. PÁTIO EXTERNO POSTERIOR AQUARIUS – DIA
Clara dirige-se ao seu carro, um pequeno 4×4 importado, estacionado no pátio externo coberto de folhas, e vê 3 homens, os dois funcionários dos colchões e Diego. Há um 4×4 grande, estacionado na área interna. PI-PI, alarme do carro de Clara destravando portas. Diego a vê na distância. Ela muda de ideia e PI-PI, aciona alarme, indo sob o sol quente em direção a Diego.

CLARA Bom dia.
DIEGO Bom dia, dona Clara.
HOMEM 1/HOMEM 2 Bom dia.
CLARA Como é seu nome?
HOMEM 1 Eu?
CLARA Sim, o senhor.
JOSIMAR Josimar.
CLARA Tudo bom, Josimar? E o seu?
RIVANILDO Rivanildo.
CLARA Tudo bom, Rivanildo? E você é Diogo, não é?
DIEGO É Diego.

> CLARA Ah, Diego. Diego, eu posso saber por que
> vocês trouxeram colchões para o 201?

Josimar e Rivanildo olham cabisbaixos para Diego.

> DIEGO Dona Clara, o prédio pode estar vazio, mas
> aqueles apartamentos são propriedade da
> nossa construtora.
> CLARA Está certo. Bom dia. Rivanildo, Josimar.
> JOSIMAR & RIVANILDO Bom dia.

56. EXT. RUA – DIA
Em algum lugar da cidade, uma rua secundária engarrafada com entrada e
saída de outra rua em forma de T. Clara chega em seu carro e para de forma
que os carros possam entrar e sair na rua adjacente, deixando a passagem
livre. Um Fiat Punto atrás de Clara vê a oportunidade de levar vantagem, a
ultrapassa e ocupa a passagem antes livre. Um carro maior também vem de
trás, ultrapassa Clara e para atrás do Punto, tapando totalmente a entrada/
saída da rua. Clara balança a cabeça:

> CLARA Jumento. Dois jumentos.

Agora três outros carros, um tentando sair da rua e outro querendo entrar, param o trânsito na outra mão, pois não há passagem. Um impasse com
buzinas.

> CLARA Charles Darwin, cadê você?

57. EXT. CEMITÉRIO DE STO. AMARO – DIA
Clara anda pelo cemitério de Santo Amaro, a caminho do túmulo de Adalberto, seu marido, num mausoléu de família abastada. Faltam letras no
nome de Adalberto, no túmulo, mas as sombras de poeira e de marcas do
tempo das letras sumidas persistem:

AD B RTO H RIQUE MAR ES DE MELO 19*5*1940 – 12*7*1997
Ela põe uma rosa vermelha no túmulo. Olha ao redor para ver se há pessoas
por perto. Tira seu caderno de anotações vermelho da bolsa, uma carta escrita à mão para Adalberto.

> CLARA Por que que eu fico incomodada que tem letra
> faltando no teu nome...? Eu escrevi um negócio

pra ler em voz alta. Aham. "Eu não venho muito aqui, e quando venho nunca sei se devo te contar as coisas. Eu não sei se tu tá aí dentro trancado sem saber de nada, ou se tu já sabe de tudo por ser onipresente, por ser uma alma penada... Eu acho que essa é a grande dúvida de alguns ateus, mas, como você sabe bem, eu acho que minha falta de fé é só da boca pra fora. Mas é bom falar com você aqui. (*Pausa.*) Eu tentei sair com um homem, mas ele... ou brochou, ou achou melhor não... e eu acho que foi quando ele entendeu que eu não tenho uma mama... Pelo menos eu acho que é isso o que aconteceu. Eu não quis perguntar. Eu podia dizer que ele é um idiota, mas, cá entre nós, ele não parecia ser um idiota. Eu não fiquei com raiva, mas... fiquei triste. Eu 'tava bonita... Aliás, eu tenho pensado em sexo. Eu gosto de pensar em sexo."

Clara percebe a aproximação de dois funcionários do cemitério, empurrando um carro de mão e ferramentas. Ela baixa a carta, cala-se e os deixa passar.

CLARA "... Ontem à noite eu pensei em você. Na verdade, eu sempre penso. Eu lembrei de um período em que eu esqueci de pensar em você. Mas não tem sido assim, ultimamente. Acho que hoje, passado o tempo, só ficaram as coisas boas. Se eu tivesse raiva de você, eu teria raiva de você, e pronto. As poucas vezes que eu vim aqui, eu disse isso. Eu ainda tenho vontade de te contar coisas boas... Essa semana, os meninos vão lá em casa. Eu tenho umas brigas com Ana Paula, mas Martin e Rodrigo, não. Acho que eles saíram boas pessoas, mas você já sabia disso... Mas eu acho minha filha uma chata. Nossa filha. E isso não é culpa de ninguém."

Clara ouve um ruído não muito distante, os dois funcionários do cemitério trabalham a cerca de 20 metros.

CLARA Eu vou embora.

Clara olha para o túmulo e sai andando, encerrando a visita. Ao passar pelos funcionários, ela olha e vê — ZOOM IN — que eles estão colhendo ossadas de velhos caixões e enfiando os ossos em sacos pretos de lixo.

CORTA PARA:

58. EXT. PRAIA DE BOA VIAGEM – DIA

Planos firmes e bem-compostos da praia de Boa Viagem num sábado, aproximadamente 15h30. O vento sopra forte nesta ordem ==>> de MONTAGEM: o mar, a areia, a placa de AVISO: TUBARÃO, coqueiros, vidraças, plantas e um jornal já no apartamento de Clara. Na trilha sonora, ouvimos "O vento", de Vinicius de Moraes, faixa de *A arca de Noé*, tocando no sistema de som de Clara, a capa encostada na estante.

> VINICIUS (Voz.) *"Estou vivo mas não tenho corpo.*
> *Por isso é que não tenho forma.*
> *Peso eu também não tenho.*
> *Não tenho cor.*
> *Quando sou fraco, me chamo brisa.*
> *E se assobio, isso é comum.*
> *Quando sou forte, me chamo vento.*
> *Quando sou cheiro, me chamo pum!"*

59. INT. SALA AP. CLARA – DIA

Quando entra a música em si (após introdução de Vinicius), VEMOS crianças pequenas explorando a sala de Clara: são seus netos. Duas crianças de 2 anos andam escoradas investigando a sala, que tem brinquedos e tapete de borracha temporários para os pequenos. Há uma criança menor, de um ano, engatinhando. Aos poucos, VEMOS pernas e mãos de adultos por perto, os filhos de Clara.

60. INT. CORREDOR AP. CLARA – DIA

TRAVELLING PONTO DE VISTA no corredor que leva ao quarto de Clara. A mão de Clara empurra a porta encostada e ENTRAMOS no quarto. Na cama, um bebê de 5 meses, PEDRO, cercado de almofadas usadas como barreiras, está dormindo.

61. INT. SALA DE ESTAR CLARA – DIA

Os filhos de Clara, MARTIN, ANA PAULA E RODRIGO, e a esposa de Martin, TERESA, também estão na sala. Há as crianças MARIANA, 4 anos, e Mateus, 2 anos. Ana Paula trouxe CIDINHA, babá de Mateus, que não está de uniforme, mas de calça comprida, blusa e sandália. Clara chega do quarto com o bebê Pedro nos braços. Há vinho sendo servido nesta tarde de sábado.

CLARA (*Chegando com o bebê.*) Acorda, seu Pedro, que está na hora de comer.

Clara passa bebê para Teresa, que vai abrindo a blusa para amamentar.

TERESA Vem, menino. Pedrinho, venha pra cá...
CLARA É bom ter vocês aqui.
TERESA Fazia um tempo, né? O próximo encontro pode ser lá em casa...
CLARA Pode, mas vocês sabem que eu gosto de receber vocês aqui, na casa de vocês. Mas vamos lá, sim.
MARTIN (*Para Rodrigo.*) E Márcio?
RODRIGO Tá em Brasília.

Ana Paula olha para as crianças. Clara olha para Rodrigo.

CLARA Eu ainda nem fui apresentada...
RODRIGO Correria, mãe.
CLARA E existe algum registro fotográfico de Márcio?

Ana Paula ri. Teresa também, e Rodrigo.

RODRIGO Poxa, mãe...

Rodrigo tira o telefone do bolso.

CLARA Enquanto seu irmão encontra a melhor foto possível pra mostrar, me diz, Martin, como é que ele é? Márcio.
MARTIN Márcio é um cara legal, tranquilão, mineiro, eu aprovei. Tá dando certo, né, Rodrigo?
RODRIGO Tá.

Rodrigo estende o braço com o telefone.

RODRIGO Esse é Márcio. Márcio é de Belo Horizonte.

DETALHE. PONTO DE VISTA tela do celular.

VEMOS Rodrigo com Márcio, num abraço de amigos (braços sobre ombros).
Márcio é mulato. Talvez exista uma centelha de emotividade em Clara ao
ver a foto do companheiro do filho dela.

> CLARA Bom, obrigada por me mostrar, Rodrigo... Deixa
> eu emendar e te dizer uma coisa... Me visite
> mais... Venha mais aqui. Não me mande
> mensagem, me ligue. Me apresente Márcio
> pessoalmente. Eu estou viva.

Martin levanta-se em direção a Clara.

> RODRIGO Poxa, mãe, não apela. Você sabe que isso acaba
> comigo, não é? Lembrando que eu vivo entre
> Brasília e Recife, maior correria.

Martin senta-se no sofá agarrando a mãe com beijos no cangote e abraços
apertados, para os quais Clara fica inerte, saboreando-os, feito uma gata pa-
ralisada. Rodrigo fotografa a cena com o telefone. Teresa parece incomodada.

> CLARA Isso... Fotografa, pra eu ver que é verdade, pra ficar
> registrado. Se você não reclama do serviço, o
> serviço continua uma merda...

Clara olha para Ana Paula, desconcertada, que olha para Cidinha, Mateus
montado confortavelmente em cima da babá.

MAIS TARDE

62. INT. COZINHA AP. CLARA – DIA
Os filhos acabam de ouvir as últimas sobre Clara e a construtora. O café
está no fogo. Martin segura o bebê. Todos em silêncio. Teresa fica de olho
nos meninos, na sala.

> MARTIN E a senhora, como é que está lidando com essa
> situação?
> CLARA Eu tô tranquila...
> RODRIGO Isso tá te trazendo stress, que eu sei.
> MARTIN Eu também acho que isso tá te estressando.
> RODRIGO E esses adesivos nas portas?
> CLARA Que adesivos?

RODRIGO As portas dos apartamentos estão com adesivos da construtora.

CLARA Eu não vi isso...

63. INT. PORTA DA SALA AP. CLARA- DIA

Clara dirige-se à sala de estar, à porta da frente, abre e sai à área comum.

64. INT. ÁREA COMUM – DIA

Ela vê que a porta vizinha tem um adesivo PINTO ENGENHARIA. Ela sobe o lance de escadas e vê que no segundo andar as duas portas também estão adesivadas.

65. INT. COZINHA AP. CLARA – DIA

Clara volta. Fecha sua porta e dirige-se à cozinha.

MARTIN Foi hoje que botaram?

CLARA Eu não tinha visto. Deve ter sido hoje.

ANA PAULA Eu vou me repetir e falar o que ninguém quer falar pra mamãe. Eu acho que a senhora devia vender o apartamento e se livrar desse problema. Eu me preocupo com a senhora sozinha aqui.

CLARA Ana Paula, por favor. Qual a diferença entre eu morar sozinha aqui e morar sozinha num outro edifício?

ANA PAULA Estrutura, mãe. Segurança, conforto. Esse prédio ficou velho e não tem mais ninguém aqui. O prédio está vazio.

Clara sai para a sala com sua xícara. Os filhos vêm atrás. Rodrigo fica na cozinha pensativo.

66. INT. SALA DE ESTAR AP. CLARA – DIA

CLARA TEM EU MORANDO AQUI. Aninha, não vamos estragar uma tarde maravilhosa que juntou a gente, por favor.

ANA PAULA Eu não quero ficar de bruxa nessa história, mas a senhora já pensou na oferta da construtora? Eles querem pagar em dinheiro quando o normal é pagar em área construída no prédio novo. É irrecusável.

Clara olha para Ana Paula, para Martin e Rodrigo.

> CLARA   Como é que você sabe? (*Pausa.*) Eles procuraram vocês?
> MARTIN   Eu não.
> RODRIGO   Não.
> ANA PAULA   Eles me procuraram e eu falei pra Martin e Rodrigo.

Clara olha para os filhos.

> CLARA   Por que eles te procuraram? Você foi atrás deles?
> ANA PAULA   Fui. Eu estou preocupada com a senhora.

Rodrigo deita no tapete.

> CLARA   Como é que você faz isso?

Pausa.

> TERESA   Qual a oferta?
> ANA PAULA   Quase 2 milhões de reais... Por esse apartamento...
> CLARA   O que você quer dizer — com uma pausa — "... por esse apartamento"?
> ANA PAULA   Nada, mãe, eu quis dizer que é essa grana por esse apartamento...

Clara olha para a filha com lasers:

> CLARA   "Esse apartamento" é na av. Boa Viagem. "Esse apartamento" é onde vocês cresceram. "Esse apartamento" é lindo e é a minha casa.
> ANA PAULA   A senhora está paranoica.
> CLARA   Ana Paula, como é que você faz isso? Hein? Indo procurar eles você me desrespeita, você passa por cima de mim, você me põe na situação de velha doida, ranzinza. Indo atrás deles você dá a informação de que nós não estamos juntos nisso.
> ANA PAULA   A gente não está junto nessa não, mãe!
> CLARA   ... E você me deixa puta com você, que é a última coisa que eu quero. Como é que você foi falar

com essa gente? Inacreditável... Vocês vieram hoje aqui pra isso?

Pausa.

MARTIN Não.

RODRIGO Eu vim ver a senhora.

CLARA Vocês estão precisando de dinheiro, é isso? Ou é você quem tá precisando de dinheiro, Ana Paula?

ANA PAULA Mãe, minha vida não tem sido tão fácil depois da separação. Mas não é só dinheiro, eu me preocupo com a senhora.

CLARA Você quer que eu lhe pague em *cash* pra não encher mais meu saco? Eu tenho os quatro apartamentos alugados, e o quinto, inclusive, vazio, lembra?

ANA PAULA Nossa, como a senhora pode ser grossa.

CLARA Rodrigo, Martin, vocês também estão nessa?

MARTIN Minha questão não é dinheiro, é a senhora estar bem. E se a senhora quer ficar aqui, fique aqui, foda-se. Eu lhe apoio.

Ana Paula olha para Martin, como se ele tivesse saído do roteiro.

ANA PAULA Valeu mesmo, Martin...

Clara dirige-se a Ana Paula, que está com expressão corporal travada, de defesa. Ela abraça a filha.

CLARA Eu preciso do apoio de vocês, sem o apoio de vocês eu me sinto louca. Vocês sabem o que é se sentir louca, no mau sentido? Se sentir louca é quando você sabe que não endoidou e sabe que o problema está aí fora. É isso que eu estou sentindo agora, a doida do Aquarius. Por outro lado, conversar sobre dinheiro é outro tipo de loucura. Essa é a casa de vocês, é a minha casa. Eu tenho minha aposentadoria, tenho os cinco apartamentos, posso ajudar qualquer um de vocês, esse patrimônio foi construído por mim e por seu pai.

ANA PAULA Papai morreu, mamãe. E esse patrimônio não foi construído pela sua carreira como jornalista e escritora.

MARTIN Ana Paula, não diga isso nunca mais na minha frente.

RODRIGO Ana Paula, que idiotice... Você tá louca?

Clara olha firme para a filha.

CLARA Ana Paula. O pai de vocês morreu, mas eu estou viva. Sobre o que você falou do meu trabalho, você vai ter que lidar com isso. Eu sou quem eu sou e foi assim que eu eduquei vocês, com seu pai. Eu e ele juntos, e tirar meu crédito por questões de dinheiro é coisa de gente imbecil. E eu não quero ver você como uma imbecil.

MARTIN Para com isso, Ana Paula.

ANA PAULA Tá certo, ninguém lembra que durante quase dois anos foi papai quem criou a gente enquanto mamãe ia fazer o mestrado dela fora.

CLARA Minha filha, a viúva do seu pai sou eu, e não você. Eu sei que é difícil, a vida é difícil.

RODRIGO Eu apoio a senhora, vamo' aliviar essa conversa.

CLARA Minha filha, para o bem e para o mal, eu vou imitar seu pai e só sair daqui morta. E, Ana Paula, não toque mais nesse assunto comigo.

CORTA PARA:

67. ÁREA EXTERNA DE GARAGEM AQUARIUS – NOITE

Os filhos de Clara despedem-se da mãe, crianças instaladas nos carros. Ana Paula vem em direção a Clara e a abraça, ligeiramente artificial.

ANA PAULA Mamãe, me desculpe.

CLARA Está desculpada.

ANA PAULA Não é uma fase muito boa, essa minha. Mas pensa em algumas coisas que a gente falou.

CLARA Você vir falar comigo antes de ir embora vai me garantir um resto de final de semana um pouco mais feliz.

68. EXT. AV. BOA VIAGEM EM FRENTE AO AQUARIUS – NOITE

O plano noturno perfeito do Aquarius, bem iluminado, o apartamento de Clara é o único com luz interna. Clara, sentada no calçadão, toma água de coco olhando para o prédio. Ela põe o coco no banco de cimento e pega o celular na bolsa. Enquadra o prédio na tela trincada do seu iPhone, e antes de conseguir tirar a foto uma mensagem invade a tela: "LETÍCIA: mensagem".

DETALHE. PONTO DE VISTA MENSAGEM

"Clara, estive c rapaz" "Pro." "Sua amiga aqui acha MESMO q vc deve expmentar. CONFIE EM MIM. Falei de vc p ele. Se chama Paulo, fone 87889878, R$ 300, já está pago. Se vc n quiser, fico com crédito. Bjs, Letícia"

Clara ri e retoma a fotografia do seu prédio.

69. INT. SALA DE ESTAR AP. CLARA – NOITE

Clara está tranquila na sua sala à meia-luz escrevendo no laptop, com papéis, caderno e dois livros ao redor, na mesa. Música clássica toma a sala (Villa-Lobos). Pela janela ela ouve vozes embaixo do prédio. Levanta-se e vai ver o que é.

70. JANELA – PONTO DE VISTA CLARA NOITE

Um grupo de homens e mulheres está entrando no prédio. Clara VÊ que uma das pessoas é Diego, que olha para cima...

71. INT. SALA DE ESTAR AP. CLARA – NOITE

Clara baixa o som. Como uma injeção que vai tomando conta do corpo, a entrada de gente no Aquarius vai fazendo efeito. Os ruídos de gente tomam a área da escada, passam pela sua porta e sobem para o segundo andar. Os ruídos agora estão acima da sua cabeça, no teto. Uma pequena horda parece estar se instalando no 201. Clara abre uma garrafa de vinho, enche sua taça. Está em pé, com a taça de vinho na mão, olhando para o teto, onde há barulho de festa e de saltos altos no assoalho de cima, com gritaria e música.

        CLARA Filho da puta.

Clara termina a taça e põe mais vinho, ao mesmo tempo que tenta não se deixar abalar. A música eclética do 201 agora é axé. Ela vai até a estante de discos e põe-se a procurar um antídoto, embora não saiba o quê. Como uma bibliotecária incerta, ela procura. Arranca finalmente um disco da estante, a cópia do LP *Jazz*, do Queen, e põe no toca-discos. Aumenta o volume. "Fat

Bottomed Girls" explode na sala. Senta no sofá e bebe um pouco mais de vinho. Olha a hora no celular trincado, 21h48. Levanta-se e ganha o corredor em direção ao seu quarto.

72. INT. BANHEIRO AP. CLARA – NOITE
Clara na ducha tentando relaxar. O ruído do 201 a incomoda, especialmente por causa da gritaria que se destaca mesmo com a música alta.

73. INT. PORTA – ESCADA – NOITE
Clara abre sua porta. A escada está escura. A massa de som ecoa pelo prédio. Ela sobe a escada escura para o segundo andar. Esgueirando-se, ela vÊ que a porta do 201 está entreaberta. Aproximando-se discretamente, vê pela fresta o apartamento vazio e subiluminado (abajures no chão), colchões espalhados pela sala e neles uma orgia, uma massa de gente trepando, chupando ou sendo chupada. Um casal — ele descalço, de calça comprida aberta na frente e sem camisa, e ela de calcinha e topless, descalça — dança pulando e jogando bebida um no outro. É Diego.

74. INT. SALA DE ESTAR AP. CLARA – NOITE
Com a TV ligada em alto volume, Clara está com a taça de vinho na mão e o telefone na outra, procurando um número, quando percebe que pequenas

fagulhas caíram da janela dentro do seu apartamento. É uma ponta de cigarro acesa. Ela pega a ponta e joga pela janela, olha para cima e fecha a janela. Volta e faz a ligação em pé.

VOZ (Off) Alô.

CLARA Paulo?

PAULO (Off) Sim, é ele.

CLARA Paulo, você não me conhece. Letícia me passou teu número, meu nome é Clara.

PAULO (Off) Sim. Tudo bom, Clara? Ela me falou de você, ela inclusive acertou tudo já.

CLARA Você está disponível?

PAULO (Off) Pra agora?

CLARA Sim. Agora.

PAULO (Off) Por sorte, sim, eu posso agora. Mas só posso ficar até 1 da manhã. Onde você tá?

CLARA Av. Boa Viagem, 2225. Edifício Aquarius.

PAULO (Off) Eu estou em Boa Viagem, estou perto. Você deu sorte mesmo. Posso ir agora?

CLARA Pode. Mas, veja, tem uma festa no prédio. Não é na festa, é no apartamento debaixo, o 101.

PAULO (Off) 101. Eu ligo de volta quando chegar. Estou chegando.

Clara olha relaxadamente em volta da sala, faz o mínimo de arrumação. Dá um gole no vinho. Ligeira arrumada no cesto de revistas, onde troca uma *Down* Beat por uma *Rolling Stone*, que fica por cima.

MAIS TARDE

Ela anda em direção à janela, olha para a calçada e VEMOS um homem estacionando uma motocicleta 380CC. ATENÇÃO: Ação normal, sem os apelos sensuais de publicidade de motocicleta.

75. INT. PORTA DA FRENTE AP. CLARA
Toca a campainha. Clara aciona a porta elétrica e aguarda a subida de Paulo. Ela abre a porta e o ruído da festa acima toma o apartamento pelas escadas. PAULO chega, 1,80m, moreno mas não mulato, corpo malhado, feição tranquila, 25-28 anos de idade, boy-toy.

PAULO Clara?

CLARA Boa noite, Paulo. Entre.

PAULO A festa aí tá boa, hein?

Clara fecha a porta.

CLARA É...

PAULO Letícia já tinha me falado, mas você é mesmo muito bonita.

CLARA (*Quase cortando o fim da frase dele.*) ...Você quer beber alguma coisa? Eu estou tentando terminar essa garrafa.

PAULO Eu estou de moto, melhor não. (*Pausa.*) Tiro o sapato?

CLARA Pode tirar o sapato.

Clara olha para ele com a taça discretamente cobrindo parte da sua cara. Pausa.

CLARA Hm. Por que a gente não senta um pouco no sofá?

Clara anda na frente de Paulo e senta no sofá. Ele também senta, mais próximo dela do que seria socialmente estabelecido numa visita comum. Ele encosta a coxa levemente na dela. DETALHE: coxas se encostam. Paulo pega a garrafa de vinho e põe quatro dedos na taça vazia que está no centro. ATENÇÃO: articular CLOSE-UPS de Clara e Paulo e um PLANO MÉDIO MASTER dos dois no sofá.

CLARA Mudou de ideia...

PAULO É difícil resistir a um vinho, né? E eu sei que esse é bom. Português.

CLARA É, um bom vinho. Eu tenho mais.

PAULO Acho melhor não, mas se você quiser, por favor.

CLARA Então, Letícia já acertou com você.

PAULO Tudo pago já.

Tranquilamente, Paulo tira algo do bolso traseiro esquerdo da sua calça jeans. Preservativos.

PAULO Eu trouxe isso aqui, caso você não tenha. Pra gente usar.

CLARA   Ah sim? É, eu não tenho. Deveria ter... (*Pausa.*)
Eu tô meio assim, sem saber...

PAULO   Sem saber?

CLARA   É...

PAULO   Bom, esses preservativos, eu acho que a gente pode
usar.

CLARA   Certo... Então eu vou ser pragmática e respirar
fundo... (*Respira fundo.*) Você pode tirar um do
plástico.

PAULO   Você quer que eu tire? Eu tiro. Você pode botar
a camisinha em mim. Quer tirar minha roupa?

CLARA   Não, eu não sei se eu quero ficar nua.

PAULO   Eu não vou ver você nua? Eu quero ver você nua...
Mas eu posso ficar nu, se quiser.

CLARA   Abra sua calça, tire a cueca.

PAULO   Vou fazer.

Em closes, VEMOS Paulo olhando para o que está fazendo e Clara também, vista baixa. Ruído de cinto, zíper, roupa.

PAULO   Quer pegar?

Clara está de pé na frente do sofá, com Paulo nu da cintura para baixo, camisa de botão aberta. Ela olha para ele, pega um lenço de seda na cadeira e envolve seu torso sobre a sua blusa, uma proteção elegante para a parte superior do seu corpo. Ela então desce sua calcinha por baixo da saia e aproxima-se de Paulo, ajoelhando-se.

CLARA   O preservativo...

Paulo rasga cuidadosamente o plástico com o dente. E passa a camisinha para os dedos de Clara, que olha para baixo. Ela deve estar manuseando o pênis OFF CAMERA e olhando para Paulo. Paulo observa, olhos para baixo. Ouvimos a borracha do preservativo sendo colocado. Clara sobe em Paulo, joelhos no sofá, ele pega firme no pescoço dela, uma mão na cintura, Clara parece pôr o pênis na posição correta, até que ela sente a lenta penetração. Clara começa a movimentar-se lentamente, e a gostar muito. Ela estica o braço e pega a taça de vinho, toma um gole mais cheio.
Uma PAN COM DOLLY IN à direita nos levará em direção à cômoda de madeira que há anos faz parte da família.

76. INT. SALA DE ESTAR AP. CLARA – DIA

De maiô, Clara faz seu descarrego matinal, HUU!! HAAA!!! HHMM!!, seu exercício pessoal de alongamento em pé, pré-praia. Clara está com energia e sozinha. Ela pega suas coisas e abre a porta.

77. INT. HALL DE ENTRADA/ESCADA AQUARIUS – DIA

Ao fechar e trancar a porta do seu apartamento à chave, Clara sente um cheiro horrível. Ela congela, olhando para cima. Sobe o lance de escadas e, no hall do segundo andar, na frente das portas do 201 e 202 (OBS.: portas fechadas com os adesivos da Pinto Engenharia), o fedor é infernal e ela VÊ excrementos humanos no chão úmido/molhado. Sua expressão de nojo e raiva é forte.

CORTA PARA:

78. EXT. PRAIA DE BOA VIAGEM – DIA

De olhos fechados, Clara recebe vento do mar no rosto. Num domingo de praia cheia, o rosto de Roberval entra em foco mais à frente, com walkie-talkie, olhando um helicóptero vindo do sul em baixa altitude (e velocidade), observando a praia. Clara está de óculos Ray-Ban marrons, maiô com suas próteses mamárias discretas e chapéu. O jet-ski também está a caminho.

> CLARA Roberval... Você me mima demais.
> ROBERVAL Deixe disso, vá dar seu mergulho.
> CLARA Posso ir?
> ROBERVAL Pode, pode entrar.

Com o helicóptero dando um beija-flor a 150 metros da praia e um jet-ski depois da arrebentação, Clara deixa seu chapéu na areia, no montinho de saída de banho e sacola, e anda em direção à água, onde ninguém está se banhando. É uma operação de guerra barulhenta para Clara dar seu mergulho. Clara molha os pés e avança. Outras pessoas observam Clara, a presença do helicóptero e do jet-ski, entendem que é possível entrar e vão atrás. Roberval entende o problema e faz sinal mudo para si mesmo:

> ROBERVAL Fudeu...

Da praia, VEMOS Clara quebrando no peito uma onda média. SPLASH para todos os lados. Ela é forte.

CORTA PARA:

79. EXT. BARRACA DE COCO – DIA

Um coco verde sendo perfeitamente cortado por uma barraqueira (MULHER) com uma foice. Roberval está sentado ao lado de Clara, no balcão da barraca.

> CLARA Naquele dia, você ia me dizer uma coisa, aí aquela criatura interrompeu.
>
> ROBERVAL Foi? Não tô lembrando.
>
> CLARA Você tava falando do traficante e da praia aqui.
>
> ROBERVAL Ah! Sim... Deixa pra lá.
>
> CLARA Não quer falar...
>
> ROBERVAL Mais ou menos. Eu ia dizer que eu já trafiquei aqui na praia, mas consegui parar. Saí bem da história.
>
> CLARA Foi mesmo?
>
> ROBERVAL Foi mesmo.
>
> CLARA Que bom.
>
> ROBERVAL Entrei pra igreja, depois saí da igreja, mas não voltei a vender aqui na praia. Nem em canto nenhum.
>
> CLARA Nunca te pegaram?
>
> ROBERVAL Quase...

Pausa.

CLARA   Roberval... Se um dia eu precisar de ajuda, caso eu precise, teria um número que eu possa ligar, numa emergência? Pra você?

Roberval surpreso.

ROBERVAL   Sim, mas precisar de quê? Não entendi.
CLARA   De ajuda....
ROBERVAL   Meu telefone? Vou lhe dar. Mas a senhora tá com algum problema?
CLARA   Nada. Só precaução, é uma besteira.
ROBERVAL   Só precaução...? A senhora quer um segurança, tipo um guarda-costas?
CLARA   Não, não é nada disso. Eu nem sei por que eu falei isso. Acho que eu tenho uma visão meio "anjo da guarda" de você.

Roberval parece confuso, talvez um pouco constrangido.

CLARA   Não liga não, Roberval. Eu tô meio de ressaca. Teve uma festa ontem no prédio.
ROBERVAL   Foi? Festa boa?
CLARA   Foi. Foi uma festa boa.

Roberval olha para Clara com um sorriso, mas ainda sem entender muito a conversa dela.

TRANSIÇÃO/FUSÃO

80. EXT. PRAIA SENTIDO PINA – DIA

Do rosto masculino de Roberval, uma FUSÃO para o TRAVELLING frontal que acompanha Clara, seu sobrinho Tomás e a jovem amiga carioca dele, JÚLIA. A praia de Boa Viagem com milhares de pessoas, o skyline brutalista ao fundo, maré seca. LENTE ZOOM 130 mm achatando o fundo e o primeiro plano, câmera acompanha à distância com altura pouco elevada e gente passando na frente. Os três conversam depois em PLANOS MÉDIOS EM STEADICAM, sempre avançando:

CLARA   E você mora onde no Rio?
JÚLIA   Em Humaitá, Largo dos Leões.
CLARA   Conheço muito aquela área, Largo dos Leões. Uma grande amiga, já falecida, morava ali. Você sabe

que eu adoro o Rio de Janeiro. Nem os cariocas estragam meu amor pelo Rio de Janeiro...

Tomás ri, balançando a cabeça, do jeito de ser da tia.

JÚLIA Você não gosta de carioca?

CLARA Que é isso, Júlia? Isso é uma provocação boba. Eu fui pro Rio minha vida inteira, tenho tantos amigos lá, adoro o Rio, morei lá já... (*Muda de assunto.*) Mas... e aí? Como é que tá sendo aqui com vocês?

TOMÁS Com tia Clara é assim mesmo, Júlia, ela quer tudo.

CLARA Pois é, como é que tá sendo essa tua visita aqui, com Tomás? Falem!

JÚLIA Eu tô gostando... Tá sendo bom. Haha.

TOMÁS Tudo certo, tia...

CLARA Ele já tocou Maria Bethânia pra você?

JÚLIA Haha. Maria Bethânia? Não! Por que que você não tocou Maria Bethânia pra mim? Já era pra ter tocado?

CLARA Tu não disse que ia tocar Maria Bethânia pra ela?

TOMÁS Não, tu que disse que eu devia tocar. Essa ideia é tua. Tia, tudo certo, deixa comigo. Tá sendo massa. Escuta, dá o briefing aí pra Júlia sobre aonde a gente tá indo.

CLARA Júlia, eu tenho 64 anos de idade, vocês estão começando os 20. Eu acho a melhor coisa do mundo isso que vocês podem viver, seja agora, seja depois, sejam esses dias e acabou, ou pra depois e depois. Aproveitem, e desculpem essa conversa de gente velha, é porque eu amo muito esse menino.

JÚLIA Tomás já tinha me falado de você. Muito.

CLARA Ele falou o quê?

JÚLIA Que você é especial. Da sua força. Da sua casa e dos seus discos. Do seu livro sobre Villa-Lobos e sobre a cena musical dos anos 70 aqui. Eu gostava quando ele falava de você, parecia algo diferente. E é bom lhe conhecer ao vivo.

TOMÁS Brigado, tia, estás foda hoje. Dá o briefing aí pra turista.

JÚLIA Sim, e eu quero ver seus discos.

CLARA   Vou mostrar. É tudo recíproco, Tomás é sobrinho, mas podia ser filho, às vezes eu acho que engravidei dele e esqueci que isso aconteceu. Mas aí tem as malditas fotos da mãe dele na maternidade, com ele bebezinho. Haha.

JÚLIA   Hahaha...

Tomás ri, tentando achar novas maneiras de balançar a cabeça.

CLARA   Pois bem, a gente tá chegando mais pro final da praia de Boa Viagem, Zona Sul do Recife, que até os anos 60 era um lugar de veraneio e onde os prédios tinham nomes de coisas de mar, como Jangada, Oceania, Marlim e Samburá. Você sabe o que é samburá?

JÚLIA   Não.

TOMÁS   É a bolsa de palha do pescador, onde ele bota as coisas de pesca...

CLARA   "Bolsa de palha"! Cesto, Tomás.

TOMÁS   Isso.

JÚLIA   Acho que eu não conhecia.

CLARA   Bom, aqui agora é o Pina, um pouco como a divisão entre Copacabana e Leme, é parecido.

JÚLIA   Onde é a divisão?

CLARA   Boa pergunta. É exatamente ali, e isso são as pessoas que falam, não sou eu.

VEMOS um cano emissário que sai de debaixo da av. Boa Viagem e vem pela areia da praia, quase enterrado, mas visível, com esgoto preto marcando a areia.

CLARA   Aquele cano de esgoto, o emissário, dizem que antes do cano é a parte rica, depois, a parte pobre, ou seja, o Pina e Brasília Teimosa. Isso é sabedoria popular? Ou é só sacanagem? Um pouco dos dois. E a gente está indo cumprimentar Ladjane, que trabalha lá em casa há 19 anos. Ladjane é uma pessoa maravilhosa e muito importante pra mim, uma companheira, uma batalhadora. Ladjane, faz dois anos, perdeu o filho dela tragicamente, atropelado na moto dele por um motorista bêbado. E ficou por isso mesmo.

Um PLANO GERAL com a lente 180 mm dos três andando entre centenas de pessoas entra em lenta FUSÃO para o mesmo plano, só que já na área de Brasília Teimosa, skyline-referência ao fundo. Nota-se dramática mudança na cor dos banhistas: antes, predominantemente brancos, depois, predominantemente negros ou de pele escura.

81. EXT. CASA DE LADJANE – DIA
O rosto feliz em dia de festa de Ladjane no terraço superior aberto de uma casa de arquitetura popular em Brasília Teimosa, tijolos aparentes, chão de cimento batido. VEMOS quase em 360 graus o entorno (dezenas de telhados e lajes baixas, os prédios altos de Boa Viagem ao fundo), o mar não muito longe à frente. Há um almoço de domingo com música. Amigos de Ladjane numa roda, seu pai de bengala e óculos escuros, há muitos crentes e outros com bebida e cigarro. Ladjane é a dona da festa, está bonita. Letícia também está presente, destoando um pouco com seu estilo dondoca branca. De alguma maneira, Clara mescla bem, Tomás e Júlia também, talvez por terem a leveza dos jovens.

> LADJANE Tudo bom, Tomás?
> TOMÁS Tudo, Ladjane, feliz aniversário. Tudo de bom pra você.

Tomás beija Ladjane, com abraço.

> CLARA Essa é Júlia, uma amiga carioca que tá de visita.

Júlia avança para dar dois beijinhos em Ladjane. Ladjane retribui.

> JÚLIA Muito prazer, Ladjane, feliz aniversário.

Ladjane dá piscada de olho para Tomás, sugerindo um "tá bem de vida, hein?". Clara puxa Letícia, que está com cerveja na mão, pelo braço.

> CLARA E essa aqui é Letícia, grande amiga da época do colegial, ainda amiga, com uma ou outra briga no meio do caminho. Letícia, essa é Júlia, namor... er... amiga de Tomás. Haha.

Cumprimentam-se.

> CLARA Por último, deixa apresentar aqui Lala, irmã de Ladjane.

Lala está vindo com uma bandeja de copos de cerveja e refrigerante.

CLARA ... Todo mundo aqui é tão amigo que a irmã de
Ladjane, Lala, trabalha com Letícia na casa dela,
ou seja, se as duas são irmãs, eu e Letícia também
somos!

LALA Com certeza! Tudo bom com vocês?

TOMÁS Tudo bom, Lala?

LALA Tudo.

CLARA E essa é a amiga de Tomás do Rio, Júlia.

LALA Menina bonita. É carioca, é? Êta que essas
cariocas botam pra lascar!

JÚLIA Oi, Lala.

CLARA Vamos tirar uma foto das quatro? A gente nunca
tirou foto juntas, as quatro. Tomás, tira uma foto
aqui da gente, eu, Ladjane, Letícia e Lala.

Tomás pega o telefone de Clara e as quatro se posicionam, risonhas, paisagem ao fundo.

MAIS TARDE

Clara conversa com Letícia no parapeito do terraço, com Brasília Teimosa ao fundo.

CLARA O Paulo te falou de ontem?

Letícia mostra surpresa.

LETÍCIA "De ontem"? Não. Você ligou pra ele?

CLARA Ele foi lá em casa.

LETÍCIA Menina! Que coisa boa! Pera, foi coisa boa, não foi?

CLARA Foi, mas eu ainda estou processando.

LETÍCIA Menina! Foi tão bom assim?

CLARA Foi, mas a questão não é essa, eu ainda estou
pensando. Foi uma noite estranha pra mim, Letícia.

LETÍCIA O que houve? Ele não te tratou bem? Me conta...

CLARA Não foi nada relacionado a Paulo, ele fez a parte
dele, eu estou bem resolvida com isso. E se você
quiser saber, eu gostei, obrigada pelo presente,
foi bom. Vou lembrar desse presente cretino.

LETÍCIA Tá. Tu deu pra ele onde?

Clara ri com a fina grosseria.

CLARA Me ouça, isso é sério.
LETÍCIA O que é sério? Desembucha, Clara! Você tá me
deixando preocupada.
CLARA Bom. É bom eu poder te falar. Eu estou meio aérea
com isso tudo.
LETÍCIA Fala, Clara!
CLARA Você sabe que o Aquarius está vazio, não sabe?
LETÍCIA Claro.
CLARA Essa semana a construtora foi lá, rondaram
o prédio, tentaram falar comigo.
LETÍCIA Sobre você vender sua casa?

Nesse momento, Clara vê Tomás e Júlia do outro lado do terraço dando um
bom beijo de língua, mortos de desejo. ZOOM IN. Clara continua falando,
mas ainda de olho no beijo.

CLARA Sim. Eu não os recebi, e depois disso eu os vi no
prédio. (*Pausa.*) Pra encurtar a história, teve uma
festa lá, ontem à noite. No 201, em cima do meu
apartamento.
LETÍCIA Uma festa. Tinha muita gente? Foi barulhenta?
CLARA Tinha, eu fiquei incomodada com o barulho. Aí
eu subi, a porta do 201 estava aberta e... era... uma
orgia, uma suruba, umas 20 pessoas.

Letícia parece encantada.

LETÍCIA Clara de Deus!
CLARA Talvez seja engraçado contando, mas eu não achei
engraçado não, Letícia. Eu fiquei sem ação,
plantada na escada. (*Pausa.*) Aí eu desci. Paulo
chegou.
LETÍCIA Você já tinha chamado ele?

Clara pula a pergunta. Seu olhar agora é um olhar de lembrança, vago.

FLASHBACK/INSERT

Um flash rápido de Paulo chupando Clara no sofá.

ATENÇÃO: Os inserts não têm som, mantemos o som do aniversário no terraço.

CLARA A gente fez o que tinha que fazer...

FLASHBACK/INSERT

Flash rápido de Paulo abotoando a camisa. Lavando as mãos no lavabo e olhando para ela.

CLARA Depois ele não demorou muito e foi embora.

FLASHBACK/INSERT

Paulo dá um beijinho no rosto de Clara e sai pela porta da frente, um cavalheiro. Clara fecha a porta.

LETÍCIA E essa foi a noite de sábado?
CLARA Acho que foi...

FLASHBACK/INSERT

Clara fecha novamente a porta.

LETÍCIA Você *acha* que foi? Foi bom ou não foi? Eu sou parcialmente responsável por ter sido bom ou ruim.
CLARA Bom, foi bom. E eu bebi vinho e apaguei depois disso.

FLASHBACK/INSERT

Novamente a imagem de Clara fechando a porta.

LETÍCIA Então, tirando a festa, foi bom... Mas e essa suruba? Quem eram essas pessoas?
CLARA O cara da construtora.
LETÍCIA Não me diga... Que cretino.

OUVIMOS os preparativos para o parabéns e VEMOS Tomás e Júlia parando de beijar. Todos se levantam, Clara e Letícia se aproximam de Ladjane. Familiares de Ladjane se organizam e naturalmente começam: "*Parabéns para você nessa data querida, muitas felicidades...*". Embora Clara esteja batendo palma ao ritmo do parabéns, ela continua pensando na porta.

FLASHBACK/INSERT

Novamente a imagem de Clara fechando a porta.

Tomás comenta algo inaudível com Júlia e aponta com seus olhos, e Júlia VÊ um dos familiares de Ladjane segurando uma fotografia 20×10 cm de um rapaz, provavelmente o filho de Ladjane.

CORTAMOS BRUSCAMENTE PARA:

82. INT. QUARTO AP. CLARA – NOITE

Clara está na cama de camisola, luz do abajur, insone, no seu apartamento vazio. Lento ZOOM IN.

FLASHBACK/INSERT

Novamente a imagem de Clara fechando a porta. Agora há um detalhe em que fica mais claro que ela não trancou a porta. Depois de ela fechar a porta, um TRAVELLING em direção à maçaneta. Esse pensamento a inquieta.

FLASHBACK/INSERT

Após fechar a porta sem trancar, Clara pega uma garrafa de vinho já aberta na geladeira e serve uma taça. Ela deita no sofá, a segunda garrafa no centro. Clara pensativa na cama.

FLASHBACK/INSERT

Dormindo, uma PAN <==== à esquerda nos mostra a porta do apartamento. A maçaneta gira lentamente EM DETALHE. Num plano aberto, Clara dorme no sofá em primeiro plano e um vulto cujo rosto não VEMOS entra cuidadosamente no apartamento. Clara levanta-se da sua cama, perturbada com seus pensamentos. Ela ganha o corredor e acende a luz, chega à sala e vai até a porta, girando a chave mais uma vez e trancando a trava de segurança. Seguem três PLANOS FIXOS de espaços do apartamento: sala, corredor, cozinha, quarto.

83. INT. COZINHA AP. CLARA – DIA

Ladjane prepara café da manhã enquanto CLODOALDO, pintor, pega garrafa de água com copos virados no gargalo na cozinha. Clara chega de roupão e senta à mesa.

CLARA Bom dia, seu Clodoaldo. Bom dia, Ladjane.

CLODOALDO Bom dia, estamos começando lá na frente!

LADJANE Bom dia, dona Clara.

CLARA Clodoaldo, as tintas estão no carro, pega a chave. Eu comprei o que me pediu, veja aí se não vai faltar.

CLODOALDO Eu vou lá pegar, eu estou com um ajudante...

CLARA Bom trabalho, depois eu passo lá. (*Pausa.*) E aí,
Ladjane? A farra foi boa ontem?

Clara enche a xícara com café fresco.

LADJANE Oxe, foi boa! É bom, né, juntar todo mundo. Os
filhos, primos, amigos, comadres. A senhora foi...
Tomás foi...
CLARA Foi muito bom ir lá, uma andada boa.
LADJANE Dona Clara, eu ia lhe dizer que tem mais gente da
construtora no prédio, subiram uns quatro. Estão
lavando a escada.

Clara levanta-se e vai até a porta da frente. Ela abre e vê muita água descendo
a escada, e Josimar com uma vassoura e balde. Há vozes de homens na escada.

84. INT. ESCADAS AQUARIUS – DIA
Clara na porta, pés no seu apartamento.

CLARA Bom dia.
JOSIMAR Bom dia, senhora.
CLARA Esqueci seu nome.
JOSIMAR Josimar. O seu é dona Clara, né?
CLARA Sim, Clara. Bom dia, Josimar. Vocês limparam
a merda lá em cima?

Josimar não olha para Clara e mantém-se fixo na vassoura.

JOSIMAR Tá tudo limpo, sim senhora. Fique tranquila.
CLARA O patrão de vocês vem hoje aqui?
JOSIMAR Não sei dizer, não, senhora.

Clara poderia fazer outras perguntas, mas ela fecha a porta.

85. EXT. ÁREA EXTERNA POSTERIOR AQUARIUS – DIA
Clodoaldo abre o porta-malas do carro de Clara, onde temos seis galões
de tinta.

CORTA PARA:

Clodoaldo e ajudante andam apressadamente, cada um carregando dois galões em direção ao prédio. CÂMERA EM TRILHO PARALELO AOS HOMENS.

86. INT. SALA DE ESTAR AP. CLARA – DIA

Clara abre a porta da frente. Entra Ana Paula com o filho pequeno, vestida de tailleur com aparência de trabalho e bolsa com coisas de criança.

> ANA PAULA Oi, mãe, bom dia.
> CLARA Bom dia, filha, bom dia, meu neto lindo. Ana Paula, o que foi que houve?

Ana Paula passa Mateus para os braços de Clara.

> ANA PAULA Ai, mãe. Não estava dando mais. Cidinha é ótima, mas ela vivia chegando atrasada. Hoje foi a gota d'água, mandei ela embora. Simplesmente não dava mais... Cansei...
> CLARA Como assim, Ana? Cidinha é uma superbabá, adora Mateus. Você vai ficar sem babá agora?
> ANA PAULA Eu já tô de olho numa outra pessoa, já estava de olho, aliás. Vai ser melhor pra todo mundo. Semana que vem está resolvido.
> CLARA Você conversou com Armando sobre isso?
> ANA PAULA Armando não vive o dia a dia de Mateus. Eu preciso ir, muito obrigada por ficar com ele. Hoje é um dia bem complicado pra mim. Ladjane, obrigada também. Na bolsa tem papinha, livros, brinquedo e fraldas.
> LADJANE Tá certo.
> ANA PAULA Preciso ir, tchau.

Mateus agora passa para os braços de Ladjane. Ana Paula bate a porta.

87. EXT. CALÇADÃO AV. BOA VIAGEM – DIA

Clara passeia com Mateus no calçadão, em direção ao sul. Mateus gosta do carrinho e do vento no rosto.

88. INT. SALA DE ESTAR AP. CLARA – DIA

Clara observa Mateus dormindo no berço, no canto da sala. O carrinho de bebê ainda está no meio da sala. Ladjane chega.

> LADJANE Dona Clara.
> CLARA Sim.
> LADJANE Falar com a senhora.

Clara para.

> CLARA Que foi, Ladjane?
> LADJANE Uma coisa que aconteceu depois que a senhora saiu pra passear com Mateus.
> CLARA O que foi?
> LADJANE Eu estava na cozinha...
>
> FLASHBACK-LIGEIRA FUSÃO

89. INT. COZINHA AP. CLARA – DIA
Ladjane está sozinha na cozinha segurando o celular como um microfone, provavelmente no WhatsApp, janela ao fundo.

> LADJANE Luiz, tá na hora de aplicar a insulina.

Ruído de mensagem enviada. Na frente dela, a cabeça de um homem aparece na janela aberta, Ladjane grita.

> LADJANE Aaahhhhh!!!!

O homem da construtora tira a cabeça e fala alto fora da janela.

> HOMEM Desculpe, moça!
> TELEFONE-WHATSAPP (*Som de mensagem chegando.*) Tá bom, mãe, ele já tomou banho.

Ladjane vai até a janela aberta, segurando o coração.

> LADJANE Como é que o senhor faz um negócio desse?

VEMOS PONTO DE VISTA de Ladjane olhando para baixo, homem numa escada, seu rosto preocupantemente perto da janela.

> HOMEM É parte do trabalho aqui. Estou vendo a fachada, se tem rachadura. Desculpe de novo, moça.
>
> FIM DESSE FLASHBACK

90. INT. SALA DE ESTAR AP. CLARA – DIA
Ladjane continua contando o ocorrido a Clara, que ouve, preocupada.

LADJANE Aí eu ouvi falatório na escada e abri a porta.

FLASHBACK-CORTE SECO

91. INT. COZINHA AP. CLARA – DIA

De celular na mão, Ladjane está com a porta de serviço aberta. Dois homens uniformizados da Pinto Engenharia estão descendo colchões. Com seu celular na mão, Ladjane fecha a porta da cozinha e vai até a sala e janelão da frente. (ATENÇÃO: TRAVELLING LATERAL para a esquerda.)

92. INT. SALA AP. CLARA – DIA

PONTO DE VISTA. Ela observa homens carregando colchões na carroceria da caminhonete.

LADJANE (Off) *Quando eu voltei pra cozinha, tinha uma catinga de queimado.*

93. INT. COZINHA AP. CLARA – DIA

Ladjane volta para a cozinha e sente um cheiro (ATENÇÃO: TRAVELLING LATERAL para a direita). Ela esgueira-se na janela e primeiro olha para baixo. O homem não está mais, nem a escada. Ela tenta ver a área traseira do Aquarius e vê dois outros funcionários da construtora em pé, no pátio, observando alguma coisa, uma fumaça, FORA DO ÂNGULO de visão.

FIM DO FLASHBACK

94. INT. SALA AP. CLARA – DIA

Clara ouve atenta e pergunta:

CLARA Eles estavam queimando o quê?

FLASHBACK-CORTE SECO

95. INT./ EXT. ESCADA TÉRREO AQUARIUS – DIA

LADJANE (Off) *Eu fui ver o que era... Quando eu chego no pátio de trás, os dois homens estavam tocando fogo nuns colchões...*

Ladjane desce a escada e chega ao térreo, alcançando o pátio externo atrás do Aquarius. Um PONTO DE VISTA em TRAVELLING PARA A FRENTE vai revelando que no canto do terreno, junto ao muro vizinho, dois colchões grandes estão sendo queimados. A fumaça sobe. Os dois funcionários percebem a chegada de Ladjane.

FIM DO FLASHBACK

96. INT. SALA DE ESTAR AP. CLARA – DIA

> LADJANE Eu perguntei o que eles estavam fazendo e eles disseram que o patrão tinha mandado tocar fogo nos colchões.

CORTA PARA:

97. EXT. PÁTIO EXTERNO POSTERIOR AQUARIUS – DIA
Clara e Ladjane observam o rescaldo dos colchões IN LOCO com pequena fumaça e cinzas negras. Uma PAN ==> à direita revela o portão do pátio sendo aberto de fora e o SUV grande de Diego entrando no prédio. Clara começa a andar em direção ao carro, Ladjane vem junto. Diego estaciona e sai do carro.

> DIEGO Dona Clara, como vai a senhora?

ATENÇÃO: Diego força um aperto de mão. Clara atende relutante e, mais uma vez, reage, com um EFEITO DE MONTAGEM, com estranhamento ao aperto de mão do rapaz. Ele parece deixar seu dedo do meio estendido, ou dois dedos...

CLARA Precisando melhorar.

DIEGO O que houve?

CLARA Você mandou queimar colchões aqui no pátio, no meio de Boa Viagem?

DIEGO Queimar colchões? Não, dona Clara. O que houve?

CLARA Estão ali, fumegando.

DIEGO Eu vou saber quem fez isso e repreender. A senhora tem toda a razão, isso não está certo.

CLARA Você fez a festa do sábado, onde, eu imagino, os colchões ficaram sujos.

DIEGO Isso, foi... Quer dizer, teve a festa, mas eu não fiquei sabendo que nenhum colchão ficou sujo, não...

CLARA Devem ter ficado bem sujos, mas, tudo bem, eu não estou julgando. Agora, você tem outros apartamentos livres aqui para fazer festa, e me avisar, caso queira fazer uma festa. Além de não me comunicar, você fez a festa no apartamento que fica em cima do meu apartamento, o 201.

DIEGO Dona Clara, me desculpe, isso não vai se repetir. A partir de agora, toda festa que eu for dar, a senhora vai ficar sabendo com antecedência. Foi mesmo uma falha minha.

DOLLY IN no rosto de Clara.

DIEGO Mas eu vi que a senhora está pintando a fachada do prédio sem que isso fosse discutido com a construtora, né? Nós também somos parte do condomínio, eu acho que dá pra melhorar essa comunicação entre a gente, né?

Ladjane observa.

CLARA Você é passivo-agressivo, Diego?

DIEGO Passivo-agressivo? Dona Clara, eu só estou querendo tocar o meu projeto. Eu tenho 25 anos, minha formatura foi agora em dezembro, eu estudei nos Estados Unidos, quase três anos,

fui fazer Business, agora eu estou de volta
e querendo trabalhar. Isso aqui está sob minha
responsabilidade e eu vou fazer o que eu
puder pra atingir meus objetivos. Nós somos
uma empresa, trabalhamos com metas,
a senhora sabe.

CLARA Entendi.

DIEGO Aquela visita que a gente fez à senhora foi muito
social, aquela coisa, "Vamos chegar junto de dona
Clara", "Vamos fazer contato...". A senhora nem
recebeu a gente, ficamos ali na porta, não fomos
chamados para entrar, tomar um chá, nada,
nem uma aguinha. (*Pausa.*) Agora... eu preciso
lhe dar uma posição mais realista, a minha
opinião sobre isso aqui. Esse prédio está vazio,
não é, dona Clara?

CLARA Não, ele não está vazio. Eu moro nele.

DIEGO Sim, mas está vazio... Eu fico até preocupado com
a senhora sozinha aqui, porque hoje em dia, com
essa estrutura, a senhora está praticamente
desprotegida, dona Clara. Murinho baixo, janela
aberta, vidro... sem grade. É perigoso...

CLARA Eu espero que você não esteja me ameaçando.

DIEGO Como é que a senhora pode dizer uma
coisa dessa? Eu só quero lhe ajudar. De jeito
nenhum, eu só acho que a senhora, uma pessoa
preparada, deveria estar num edifício seguro,
protegido, de qualidade. O que eu estou
falando é de coração. Agora, só pra terminar,
eu não vou negar que quando eu entro
aqui, eu quase nem vejo mais esse prédio.
E eu não paro de pensar nos outros
proprietários, seus antigos vizinhos, dona
Clara, que estão todos em polvorosa
esperando a senhora fazer o certo e o justo
para eles receberem a parte deles.

CLARA Incrível. Você tem 25 anos de idade. Você já
parou para pensar que esse projeto, o Novo
Aquarius, pode só sair do papel quando você
estiver com uns 50 anos de idade? Quem sabe,
60... Quem sabe você não vai ver seu projeto de

formatura finalmente de pé quando tiver a minha idade? E pagando meia no cinema?

DIEGO Pode ser... Mas seus filhos talvez não pensem como a senhora.

CLARA Não fale dos meus filhos. Não fale dos meus filhos, tá certo? E vou te dizer, em pé aqui te escutando eu pensei numa coisa. Diego, a primeira vítima da falta de educação não é gente pobre, não, é gente rica e abastada, feito você.

Diego olha para Ladjane, que baixa o olhar.

CLARA É a chamada "elite" que se diz "elite", que se acha privilegiada, gente feito você, que teve formação de "Business", mas não teve formação humana, não construiu caráter. Seu caráter é o dinheiro, ou seja, você não tem caráter. Como falei antes, daqui eu só saio morta.

DIEGO Certo, eu prefiro lhe ouvir e lhe respeitar, dona Clara... Olhando pra senhora aqui dá pra ver que você é mesmo de uma família que deve ter dado muito duro ao longo dos anos, não é, dona Clara? Uma família de pele mais morena, dá pra ver que vocês trabalharam muito para chegar aonde estão. A senhora tem todo o meu respeito.

Clara fica olhando pra Diego, sem acreditar no que acabou de ouvir.
Clara retira-se, Ladjane olha para Diego e segue Clara.

98. INT. COZINHA AP. CLARA – DIA

Clara e Ladjane entram na cozinha nervosas. Ladjane vai encher um copo d'água para Clara.

CLARA Filho da puta, filho da puta.

Ladjane olha para Clara.

LADJANE Clara...

Clara interrompe goles de água fria.

CLARA Você devia sempre me chamar de Clara.

LADJANE Isso que a senhora falou lá embaixo, na cara dele, a maneira como a senhora enfrentou ele, gente rica brigando com gente rica, barão com barão, me deixou pensando como... como eu... não tive nem como brigar com ninguém quando meu filho morreu daquele jeito, feito um cachorro, por causa daquele triste...

Clara abraça Ladjane.

CORTA PARA:

99. EXT. FACHADA DO AQUARIUS – DIA

Os dois pintores. COM GRUA, mostramos um pintor raspando com uma espátula de metal a tinta azul do Aquarius. CÂMERA sobe na diagonal e agora VEMOS o segundo, raspando a tinta azul antiga, o ruído de raspa-raspa bem destacado.

100. INT. LOJA DE ELETRODOMÉSTICOS – DIA

Uma cacofonia infernal de música, filmes, games, televisão e outros eletrônicos. Clara está na porta de uma loja grande de eletrodomésticos na praça Joaquim Nabuco, no centro da cidade, olhando para dentro. Passando na calçada, RONALDO, 70 anos, bem-vestido, blazer, jornal dobrado na mão.

RONALDO Clara!

Ela vira-se.

CLARA Ronaldo. Eu estava a caminho. Tudo bom?

Cumprimentam-se com beijo no rosto e fraterno abraço.

RONALDO Tudo bom. (*Olhando para dentro da loja.*) ... Mas era um cinemão, né?

CLARA Sim, era um belo cinema. Vamos?

101. EXT. PRAÇA JOAQUIM NABUCO – DIA

Eles dão as costas para a loja onde foi o Cinema Moderno e começam a andar, atravessando a rua em direção ao Restaurante Leite, no centro da cidade. A fachada laranja da loja vai ganhando corpo atrás deles.

CLARA (*Pausa.*) Que bom que conseguiu vir.

RONALDO É claro que eu viria, faz tempo que não vejo Clara Marques. Aliás... Finalmente publicaram, você deve ter visto.

CLARA Não vi, não.

Ronaldo abre o caderno cultural, mostrando a capa com Clara, foto grande e a manchete: EU GOSTO DE MP3.

CLARA "Eu gosto de mp3"...??!! Haha. Ai ai ai...

RONALDO Você não disse isso?

102. INT. RESTAURANTE LEITE – DIA

Clara e Ronaldo almoçam no Leite, piano *muzak* ao fundo. Bebem vinho e comem. Ronaldo está pensando no que Clara acaba de lhe relatar. Pausa.

RONALDO O que você quer que eu diga?

CLARA Você não precisa dizer nada... Eu vim conversar, desabafar, com um amigo das antigas... Com um amigo das antigas que... é editor-chefe de um jornal importante.

Chega um homem de terno e cumprimenta Ronaldo, que responde sem se levantar.

RONALDO ... Grande! Como é que tá? Satisfação!

Retoma com Clara.

CLARA Viu? Importante.

RONALDO ... Você sabe o quanto eu quero bem a você, eu não preciso nem entrar em detalhes, não é? O que eu posso te dizer como amigo é... refaça sua casa em outro lugar. Você ainda é jovem, tem saúde, energia. Invista numa casa nova, pode ser um período prazeroso, mudar de lugar.

CLARA Eu não acho que isso seria muito prazeroso não, pra mim. Na verdade, essa coisa toda tem me dado muita energia, uma energia estranha talvez, mas uma energia... É minha casa, eu já tenho ela. Isso também acionou o que eu tenho de mais teimosa, de mais encrenqueira. Eu não vou sair dali... Você conhece essa gente? (*Pega a taça de vinho, um gole moral.*)

RONALDO Pouco... Eu conheço mais as contas de publicidade deles no jornal. (*Pausa.*) Em publicidade, eles ficam atrás do governo do estado, da prefeitura e do concorrente deles, a Construir.

CLARA Ahã... Eu imaginava... Me fale desse Diego, o neto do dono.

RONALDO Esse eu conheço mais, até porque ele gosta de aparecer, é vaidoso. Gosta da coluna social, tem assessor de imprensa...

CLARA Esse garoto tem assessor de imprensa?

RONALDO Sim, imprensa, redes sociais. Você não lê mais jornal, não? Ele sempre aparece.

CLARA Não leio mais.

RONALDO Você não lê mais o jornal?

CLARA Muito pouco, Ronaldo.

Ronaldo parece sentir ligeira ferroada de Clara.

RONALDO Não sei se você sabe, mas ele 'tá envolvido com uma igreja...

CLARA Uma igreja?

RONALDO É, uma igreja, ele parece que 'tá investindo nessa igreja, e isso não tem sido muito divulgado.

Clara tem reações de ligeiros risos.

CLARA Entendi... Investe numa igreja.

RONALDO A própria construtora fez o prédio dessa igreja, eles construíram "A" igreja... o prédio.

CLARA Isso é aquela igreja do shopping?

RONALDO É, a do shopping, a da escada rolante. E a Pinto Engenharia preferiu não associar o nome da empresa à igreja. Até me pediram pra brecar uma nota. Eu brequei.

CLARA Ambicioso, Diego... Que mais?

Ronaldo olha para Clara.

RONALDO Não sei se te interessa, mas Diego é afilhado do meu irmão, Ricardo, que, você sabe, é arquiteto.

CLARA Ah... Diego é da família, então...

RONALDO Você está sendo sarcástica. Ricardo fez muitos projetos para a construtora ao longo dos anos.

Clara olha para Ronaldo.

CLARA Faz sentido... A extensão de vínculos familiares aos círculos de amizade e vice-versa, uma coisa bem brasileira, e bem pernambucana, não é, Ronaldo Cavalcanti? Tem aquela sabedoria popular local, "Quem não é Cavalcanti é cavalgado...". (*Pausa.*) Aliás, uma curiosidade: a garota que me entrevistou é da família?

RONALDO Ana Paula? Minha sobrinha... E, Clara, não vamos falar em família... Seu irmão caçula tem tido problemas na política, não é mesmo?

CLARA Se um dia provarem as acusações, será um problema, sim.

RONALDO Me desculpe, eu não devia ter tocado nisso. Não é justo.

CLARA Sim, é injusto.

RONALDO Me desculpe, não vamos falar de família.

Pausa.

CLARA Eu lembrei de uma coisa, não sei se tu sabe... Existe um aperto de mão associado às lojas maçônicas, não existe?

RONALDO Existe...

Ronaldo deixa a sua resposta no ar. Clara olha para Ronaldo, ri, e não continua a indagação.

CLARA Ronaldo, eu sei que a gente é diferente, mas como é que tu aguenta? Há quantos anos tu 'tás de redator-chefe?

RONALDO 26 anos esse ano. Mas eu estou escrevendo outro livro, um negócio que me estimula muito...

CLARA É sobre o quê?

RONALDO É sobre o cenário político em Pernambuco na década de 70...

CLARA Uma década especialmente nojenta na política local.

RONALDO Se você enxerga assim...

Pausa.

CLARA Escrever dá uma sensação geral de limpeza...

RONALDO Eu acho que eu ainda 'tou na imprensa porque muita gente sabe que eu sei de muita coisa. Eu vejo coisas, ouço coisas, filtro coisas...

CLARA Feito hoje... essa minha história, dessa sua amiga...

RONALDO É... Feito hoje.

CLARA Eu achei por um instante que você poderia me ajudar...

Pausa.

RONALDO Talvez eu possa... Discretamente...

Ronaldo toma mais um gole de vinho, baixa a voz e olha para o lado.

RONALDO Sobre a Pinto Engenharia: são empresários, eles têm metas a cumprir. Eles vendem a mãe e as irmãs para cumprir metas, você sabe disso. Mas talvez eu tenha uma ou duas informações pra você que seriam ruins pra eles, caso fossem divulgadas. Agora, eu te pergunto: você tem um advogado que possa me ajudar a te ajudar?

CLARA Uma advogada. Pra quê?

RONALDO Pra achar uns papéis guardados que talvez sejam úteis...

CORTA PARA:

103. EXT. PÁTIO DE ARMAZÉM – DIA
Um táxi chega com Clara e Cleide, sua advogada e amiga da festa cubana, à entrada de um grande armazém.

104. INT. ARMAZÉM – DIA
Elas são recebidas por BENEDITO, funcionário público, que já as esperava. O armazém guarda um dos arquivos da cidade, com dezenas de corredores

de estantes altas, abarrotadas de caixas. Benedito sugere que Clara e Cleide coloquem máscaras contra a poeira. Cleide consulta seu smartphone.

CLEIDE   Obrigada por receber a gente, seu Benedito. Meu nome é Cleide, essa é minha cliente, Clara.

BENEDITO   Prazer. Benedito.

CLARA   Obrigada, Benedito.

CLEIDE   A informação que me passaram é que fica no lote 307-D.

BENEDITO   Tá certo. Agora, vejam bem, eu só tô aqui há duas semanas. Seu Francisco faleceu mês passado e ele era o bambambã aqui de saber onde estava tudo. Mas eu tenho o mapa e acho que dá pra encontrar os documentos. Vamos ver...

Clara e Cleide põem suas máscaras.

CLARA   O senhor não vai usar máscara?

BENEDITO   Eu já tô acostumado.

CLEIDE   Mas não é só por espirrar não, isso faz mal.

BENEDITO   Quem trabalha aqui não usa, não. Passar o dia todo de máscara? Passo não.

Os três andam por esse espaço meio impressionante, a casa de Kafka. Benedito as conduz por fileiras de longas estantes.

BENEDITO   Aqui é 245... mais pra lá. Se tivessem mandado com antecedência, eu tinha adiantado, mas não quiseram mandar...

CLEIDE   São documentos pessoais, espero que o senhor entenda.

BENEDITO   Por mim, tudo bem. Mas a gente acha.

Eles andam. Com suas máscaras, Clara e Cleide parecem estar visitando uma zona de perigo.

BENEDITO   289... Mais pra lá um pouco.

Eles passam por um cemitério de aparelhos institucionais, impressoras a jato de tinta, ar-condicionado, ventiladores, estabilizadores de voltagem, bebedouros, todos sucateados, dezenas deles.

CLEIDE É um cemitério, né?

BENEDITO É material de repartição. Virando a esquina aqui. Pelo menos eu acho que é...

TRAVELLING PONTO DE VISTA num corredor opressivo, viramos a esquina e REVELAMOS uma montanha de arquivos, caixas, pastas, papéis, impressos, sacolas plásticas, livros, apostilas, um arquivo morto totalmente espalhado num raio de uns 30 metros.

BENEDITO Eita... Deu azar. Deve estar nessa bagunça aí.

Clara e Cleide olham a escala do caos.

CLEIDE Eu estava achando fácil demais.

CORTA PARA:

105. INT. AP. CLARA – DIA
Como um espião num thriller da Guerra Fria, FELIPE, 26 anos, sobrinho de Clara, irmão mais velho de Tomás, esgueira-se sobre uma fotografia e a captura com um smartphone. É uma foto em um álbum de família aberto na mesa de jantar de Clara. Antônio, Fátima e Felipe estão reunidos ao redor da mesa. GABRIELA, noiva de Felipe, também está. Ladjane está trabalhando, alheia à reunião. De fundo, está tocando Attila Zoller, *Original Music from the Arthouse Films of Hans Jürgen Pohland* (ou seja, jazz). Clara vem pelo corredor com uma caixa de fotografias e passa pelo quarto de hóspedes, a porta entreaberta. Ela naturalmente olha para dentro e VEMOS Tomás e Júlia, embaixo de lençóis, mas nus, dormindo na cama. Clara encosta a porta. Clara vai até a sala e põe a caixa na mesa.

CLARA Tomás e Júlia ainda estão dormindo.

ANTÔNIO Deu saudade do meu filho caçula, agora, abduzido pela carioca.

DETALHE DE FOTO: festa infantil nos anos 1970, colorida. Um homem de bigode e óculos (Adalberto) segura uma criança e, atrás dele, meio desfocada como uma alma penada que não era para ter saído na foto, há uma empregada, vestida de branco, saia no joelho, cara de índia, segurando outra criança. O dedo indicador de Clara bate na cara da empregada como um gato torturando um camundongo.

CLARA Essa empregada...

106. INT. SALA DE ESTAR/ CORREDOR AP. CLARA – DIA

A conversa continua, e longe, no corredor, VEMOS Júlia passando discretamente do quarto para o banheiro, seguida por Tomás. Os dois levam toalhas.

> CLARA ... essa empregada trabalhou uns dois anos aqui em casa. Veio do interior, a gente gostava muito dela, cozinhava bem, era de confiança. Mas terminou que era uma ladra nojenta, roubou joias daqui de casa, joias da minha avó e da minha mãe, sumiu...
>
> FÁTIMA Que horror.
>
> ANTÔNIO Eu lembro disso...
>
> CLARA Se escafedeu, parece que foi pro interior do Ceará, sumiu com minhas joias... Como era o nome dela?
>
> ANTÔNIO Eu não lembro...

Tomás e Júlia chegam.

> TOMÁS Aê! Feriadão!
>
> CLARA Dormiram bem?
>
> JÚLIA Muito bem, obrigado.
>
> CLARA Volta pro Rio amanhã?
>
> JÚLIA Amanhã. Tenho que voltar, já.

Júlia dá um oi geral para a família de Tomás, já os conhece. Gabriela gosta de Júlia, mas talvez a ache gata demais. Júlia encontra Ladjane na cozinha.

> JÚLIA Ladjane! Tudo bom?

Lá da cozinha:

> LADJANE Opa, menina!

Clara oferece opções para Júlia.

> CLARA Aqui está todo mundo vendo foto, e aqui tem os discos, que vocês não viram ontem.
>
> JÚLIA (*Para Tomás.*) Vamo' dar uma olhada nos discos?
>
> TOMÁS Vamo', eu sou o herdeiro.
>
> CLARA Sim, espere sentado.

TOMÁS Oxe, tia, tô brincando.

CLARA Eu não. Tem disco nessa estante e tem mais lá dentro. Querem café, uma cervejinha, vinho verde, água?

TOMÁS Vinho verde.

JÚLIA Eu vou de café, depois vinho verde.

Júlia vai com Tomás até a estante de discos.
Na mesa:

FÁTIMA São muito boas as fotos da família de vocês.

CLARA Adalberto fotografava bem. Ele tinha uma Nikon, mecânica, pesada... (*Pausa.*) Mas que coisa, como era o nome daquela empregada?

De frente para Fátima, que está olhando para as fotos na mesa, Clara tenta lembrar do nome da empregada.
ATENÇÃO: Por trás de Fátima, desfocado e lá no final do corredor, Clara acha que vê um vulto de branco passando e entrando no seu quarto, uma fração de segundo que o espectador não sabe o que foi. Ninguém percebe, mas Clara acha que viu algo e sai em direção ao corredor. Diálogos continuam normalmente.

107. INT. CORREDOR AP. CLARA – DIA
Da sala, VEMOS Clara andando em direção ao final do corredor. Ela chega à entrada do quarto, para, fica olhando e entra, sumindo do quadro.

108. INT. SALA DE ESTAR AP. CLARA – DIA

FELIPE E essa mania que as famílias tinham de tirar foto com carro?

ANTÔNIO O carro perdeu o encanto... Hoje é só um carro.

GABRIELA Eu já vi fotos de carro no Facebook...

ANTÔNIO Mas dessa maneira, com as pessoas posando e o carro atrás, como se fosse da família?

GABRIELA É... é diferente.

109. INT. CORREDOR AP. CLARA – DIA
Clara sai do seu quarto e volta pelo corredor com mais três álbuns. Ela vem com expressão de alívio no rosto.

CLARA JUVENITA. Juvenita era o nome da empregada que roubou a gente. Se eu não lembrasse, ia passar o dia me coçando.

VEMOS a foto de um homem de bigode em uma festa de formatura, preto e branco, beca de advogado, com outros formandos, roupas e cabelos do final dos anos 1960.

ANTÔNIO Esse aqui não é Arnaldo, o primo de Adalberto?
CLARA É ele mesmo. Talvez a pessoa mais engraçada que eu já conheci em toda minha vida.
GABRIELA Aqui ele está sério...
CLARA Pois é, mas ele é engraçado. E convenhamos, nesse dia ele estava se formando em direito...
FÁTIMA Essa foi pra você, Felipe.
GABRIELA Por que a piada com advogado?
CLARA Deixa pra lá, Gabriela. A gente perde o sobrinho, mas não perde a piada. Advogados são importantes...
FELIPE Também te amo, tia.

CORTA PARA:

Tomás coloca um disco no tambor, rindo controladamente: ele ouviu a piada com o irmão.

CLARA Tá vivo, Arnaldo. Mora na rua das Ninfas, eu vi ele outro dia no shopping...

VEMOS fotos de tia Lúcia.

ANTÔNIO Tia Lúcia... Taí outra figura sensacional...
CLARA Dessa quebraram a fôrma... Felipe e Gabriela, se vocês tiverem filhos, essas fotos vão ter ooooutro sabor... Vocês vão ver que a gente está sempre tirando as mesmas fotos...
FÁTIMA Eu estava pensando nisso, Clara...

Tomás, de frente para o toca-discos, chama Clara.

TOMÁS Tia, Júlia quer tocar uma música.
JÚLIA É muito linda, talvez vocês conheçam. Clara deve conhecer...
CLARA Não sei, vamos ouvir...

Todos param, exceto Gabriela, que continua olhando um álbum. A introdução de "Pai e mãe", de Gilberto Gil, toma a sala. *"Eu passei muito tempo/ aprendendo a beijar outros homens/ como beijo o meu pai..."* Antônio estala os dedos, como se estivesse no *Qual é a Música?*:

ANTÔNIO Gilberto Gil.

Clara completa:

CLARA "Pai e mãe."

Júlia se abaixa para ver discos encostados no chão, tentando minimizar seu momento DJ. Clara olha para Júlia e Júlia olha para Clara. Ela sorri quando vê que a faixa foi aprovada. Com a faixa tocando, Antônio mostra para Clara a foto antiga de uma mulher jovem, mas querendo que Fátima ouça o que ele vai dizer.

ANTÔNIO Tu lembra quem é essa?
CLARA Nossa avó, mãe de papai.
ANTÔNIO Isso. Maria. Ela morreu em 1913, com 22 anos de idade. Papai tinha 2 anos quando ela morreu.

DETALHE. PONTO DE VISTA tela do celular de Felipe.
Usando um aplicativo de imagem no seu celular, Felipe faz uma edição ali na hora de uma foto dele criança, reproduzida do álbum, cortando os lados. ATENÇÃO: música continua com próximo plano.

110. EXT. FACHADA DO AQUARIUS – DIA
Um PLANO GERAL do Aquarius. Os dois pintores estão no processo de mudar o edifício de azul para branco, da esquerda para a direita. Numa FUSÃO/DISSOLVE, mudamos do dia para a noite, e agora o Aquarius está branco. Prédio parece estar dormindo à noite, exceto o apartamento de Clara, com luz. MÚSICA FADE.

111. INT. SALA DE ESTAR AP. CLARA – NOITE
Clara está sozinha, no seu laptop, na mesa da sua sala parcialmente iluminada. Ela vê fotos enviadas por Júlia, com Tomás, Júlia e ela própria, tiradas há poucos dias em algum passeio que fizeram pelo bairro do Recife, no Cinema São Luiz e num shopping.

DETALHE MONITOR: fotos.
Clara abre aba de e-mail.

DETALHE MONITOR

PARA: juribeirocheio@gmail.com

ASSUNTO: RE: Obrigada!

"Júlia, obrigada eu pelas fotos! Foi muito bom te conhecer. Espero revê-la em breve no Recife ou onde for. Clara"

Ela minimiza a tela e por trás aparece uma foto de Diego em sites na internet. Numa coluna social local, Diego está com uma garota branca, cabelo chapinha, tubinho, e outro rapaz com camisa justa, o trio com bebidas nas mãos. Foto profissional de Diego, sozinho, camisa social, ponta de óculos escuros na boca. Uma terceira aba mostra Diego em mesa de reunião. NOVAS TECNOLOGIAS MUDAM A CONSTRUÇÃO CIVIL.

A última aba: página de web intitulada APOCALINK — SINAIS E SÍMBOLOS GOVERNAM O MUNDO, NEM PALAVRAS, NEM LEIS. O tema em questão é: os secretos sinais e apertos de mão dos Illuminati. Uma ilustração/desenho mostra diferentes maneiras de apertar as mãos.

Clara fecha o computador.

112. INT. QUARTO AP. CLARA – NOITE

Clara dorme. Penumbra, luz da cabeceira.

113. INT. CORREDOR AP. CLARA – NOITE

O corredor de madrugada. Há barulho na cozinha.

114. INT. SALA DE ESTAR AP. CLARA – NOITE

Sala de madrugada. De um PLANO MASTER da sala, VEMOS que há uma mulher mexendo na cozinha naturalmente, enxugando pratos. É Juvenita, a empregada ladra, com a mesma roupa da foto de décadas atrás. Ela sai da cozinha e vem em direção à câmera, como se ainda trabalhasse na casa de Clara.

115. INT. CORREDOR AP. CLARA – NOITE

Ela entra no corredor e segue em frente até o quarto de Clara, onde entra. ATENÇÃO: repetir mesmo plano do corredor/Clara/Tomás/Júlia da sequência de álbuns.

116. INT. QUARTO AP. CLARA – NOITE

Juvenita entra no quarto, vê Clara dormindo, abre tranquilamente as duas portas do guarda-roupa e uma gaveta onde há porta-joias. Ela põe os porta-joias na cama de Clara para examiná-los. Do porta-joias na cama, CORRIGIMOS para Clara, que está acordada inerte vendo Juvenita mexer nas suas coisas.

Enquanto Clara observa Juvenita, VEMOS uma pequena mancha crescente de sangue na camisola, provavelmente da mama doente que Clara uma vez teve.

CORTA PARA:

117. INT. QUARTO AP. CLARA – DIA
Clara acorda.

118. INT. PORTA DO QUARTO ADJACENTE/ CORREDOR AP. CLARA – DIA
De dia, uma porta do ap. fecha-se sozinha violentamente com o vento da praia. BANG!

119. AP. JANELA DA FRENTE AP. CLARA – DIA
Com roupão e xícara de café na mão, Clara observa a chegada da chuva vindo do mar, céu cinza.

120. INT. JANELA DA COZINHA AP. CLARA – DIA
Ladjane fecha a janela da cozinha com a forte chuva.

121. EXT. ÁREA POSTERIOR/ GARAGENS AQUARIUS – DIA
Chuva forte.

122. INT. ESCADAS DO AQUARIUS – DIA
Uma invasão de gatos nas escadas do prédio, provavelmente fugindo da chuva.

123. INT. SALA DE ESTAR AP. CLARA – DIA
Clara abre a porta da frente. Entra Ana Paula com Mateus, ligeiramente molhados, outra vez vestida de tailleur de trabalho e bolsa com coisas de criança. DETALHE: câmera rente ao chão revela gatos na porta de Clara, um deles considerando entrar no apartamento. Ana Paula tem guarda-chuvas, bolsa do bebê e um envelope na mão.

> ANA PAULA ... Quase que eu caio com esses gatos, ssshhhhh...
> Oi, mãe, bom dia. Só mais uns dias e tudo volta
> ao normal.
> CLARA Não tem problema, Ana Paula.

Clara, antes de fechar a porta, fala com os gatos:

> CLARA Não, não, não. O acordo é claro, eu cuido de
> vocês fora da minha casa.

Clara fecha a porta. Ana Paula passa Mateus para os braços de Clara.

CLARA Tudo bem, meu Mateus? Como é que está essa sua mãe?

ANA PAULA Tá tudo bem, mãe. E com a ajuda da senhora, melhorando. Um mensageiro me entregou isso aqui, eu tive que assinar.

CLARA Ah é?

Segurando Mateus, ela abre o envelope e começa a ler.

ANA PAULA O que é que diz?

CLARA "Notificação condomínio Ed. Aquarius"... Hm, estão me notificando por eu ter pintado o prédio...

ANA PAULA Quem?

CLARA Adivinha...

ANA PAULA Você pintou o prédio?

Clara olha para Ana Paula.

CLARA Você nem percebeu?

ANA PAULA Não, mãe, eu estava cheia de coisa nas mãos, eu vou ver agora quando sair...

CLARA "... requerendo a citação do requerido para comparecer em audiência que for designada por V. Exa., sob pena de revelia, cominando-lhe ainda multa diária..."

ANA PAULA Mãe, liga pra Cleide, ela ainda é tua advogada? Isso não deve dar em nada... Eu preciso sair, vai dar tudo certo...

Ana Paula dá um beijo na mãe e em Mateus, que agora passa para os braços de Ladjane. Ana Paula bate a porta. Clara esmaga o papel, fazendo uma bolinha.

124. EXT. FACHADA DO AQUARIUS – DIA

Em PLANO GERAL VEMOS Ana Paula saindo do Aquarius sob chuva leve. Ao chegar na calçada, ela vira-se e olha a fachada branca do prédio durante dois segundos, vira-se e entra no seu carro. Quem olhar com atenção o quadro verá Clara chegando na janela no momento em que Ana Paula bate a porta, já dentro do carro.

125. INT. CORREDOR AP. CLARA – DIA
O pequeno Mateus, filmado da sua altura, corre no corredor de Clara. Ladjane o supervisiona ao fundo.

126. INT. SALA AP. CLARA- DIA
Clara está tendo certa dificuldade de escanear o papel amassado com seu telefone, papel na mão.

127. DETALHE: TELA TRINCADA DO CELULAR – DIA
"CLEIDE ALVES, advogada." Clara envia foto via WhatsApp.
Clara pega Mateus nos braços, abraçando-o como um boneco.

> CLARA Ladjane, eu preciso viajar e dar um tempo, ou eu vou começar a matar gente.

Clara descarrega beijos no menino, como um boneco.

CORTA PARA:

128. INT. DELICATESSEN – DIA
Uma reprodução fotográfica de parede inteira do papa João Paulo II aceitando um bolo de rolo na Casa dos Frios. A foto tem a data "julho 1980". Clara empurra um carrinho de compras com legumes e quatro garrafas de vinho.

129. EXT. RUA – DIA
Um PLANO DE GRUA revela Clara trazendo as compras em duas sacolas. Ela dobra a esquina em direção à praia. Ao fundo, uma parede de prédios altos e tempo nublado.

130. EXT. AV. BOA VIAGEM – DIA
Quando Clara vai chegando perto do Aquarius, VEMOS um homem atravessar a avenida e vir em sua direção, na entrada do prédio. É Josimar, que não está vestindo o uniforme da construtora.

> JOSIMAR Dona Clara!

Clara vira-se.

> CLARA Bom dia.
> JOSIMAR Bom dia. Dona Clara, não sei se a senhora lembra de mim.
> CLARA Lembro, mas não lembro do seu nome.
> JOSIMAR É Josimar.

CLARA   Sim, Josimar, da construtora.

JOSIMAR   Da construtora, não... Eu saí da construtora, não estou trabalhando mais lá não. Pois é, eu achei que devia vir aqui falar com a senhora.

CLARA   Sim, pode falar.

JOSIMAR   Dona Clara, eu preciso lhe dizer que... só pra lhe dizer que eu tenho muito respeito pela senhora.

Clara olha para Josimar, mais com medo dele do que lisonjeada. Ela suspeita que ele esteja bêbado.

CLARA   Certo... muito obrigada. Mas você veio aqui só me dizer isso?

JOSIMAR   Eu estava passando, de passagem... e eu vi a senhora chegando... Eu queria lhe dizer isso, que eu respeito a senhora, que a senhora é muito correta e muito, muito bonita. Tá certo?

Pausa.

CLARA   Tá certo, Josimar, muito obrigada. Eu vou entrar agora, bom dia pra você.

Clara vira-se e pega a sua chave. Josimar parece incerto do que vai fazer.

JOSIMAR   Dona Clara... Eu tô entendendo... Mas, dona Clara, eu preciso falar de um negócio que aconteceu...

Clara vira-se.

CLARA   O que foi que houve, Josimar?

JOSIMAR   É o seguinte (*suspira, toma fôlego*): uns três, quatro meses atrás, a senhora estava viajando... (*Josimar está bêbado*) ... a senhora estava viajando... e mandaram a gente fazer um serviço aqui, no seu prédio, mandaram a gente trazer um material. Eu estava nessa equipe que trouxe esse material. Eu achei que tinha que vir aqui e falar isso pra senhora, até pra eu dormir melhor, às vezes eu fico pensando nisso...

CLARA Você tá bêbado, Josimar?

JOSIMAR Eu bebi um pouco, só um pouquinho... mas o que eu estou lhe falando é certo, é de verdade. A senhora tem que ver nos apartamentos de cima, aquele 203 e o 204, do outro bloco, e esse outro. Tem que abrir os apartamentos. Eu ajudei a fazer esse negócio e isso tá me incomodando. Eu tenho que ir, dona Clara.

CLARA O que é que vocês trouxeram para os apartamentos?

JOSIMAR Dona Clara, eu não estou mais nessa construtora não, eles me botaram pra fora, e o bom é que eu já ia sair mesmo. Eu tô fora... Eu tenho que ir, dona Clara. Me desculpe, viu? Mas foi ordem do Diego lá, o rapaz.

CLARA Me diga qual é o problema!

JOSIMAR Me desculpe, eu tenho que ir. Eu não quero confusão, só quero ajudar. Abra os apartamentos, dona Clara.

Clara observa assustada Josimar ir embora.

131. INT. SALA AP. CLARA – DIA

Clara põe as compras em cima da mesa, ouvimos barulho de criança e um som de chuveiro. Clara vai até a cozinha e põe um copo de água. Ela vira o copo. Ladjane vem do banheiro com Mateus enrolado numa toalha.

LADJANE Um dos homens da construtora, Josimar, veio falar com a senhora.

CLARA Eu falei com ele. Deixa Mateus pronto, Ana Paula deve estar chegando.

Clara vai até a coleção de discos e põe o CD de Villa-Lobos por Sonia Rubinsky: *Canções de cordialidade/ Feliz Natal.*
Clara anda na sala e para, olhando para cima, tentando decifrar o que teria de errado com o seu prédio. Clara está muito triste.

132. INT. ESCADAS AQUARIUS – DIA

Clara sobe para o segundo andar e encontra as duas portas dos apartamentos fechadas. Ela checa se estão trancadas, e estão.

133. EXT. FACHADA AQUARIUS – DIA

TRAVELLING PONTO DE VISTA LATERAL de Clara, braços cruzados, estudando a fachada e os apartamentos mais altos a partir da calçada, na av. Boa Viagem. O CONTRACAMPO do prédio, PLANOS ALTOS em movimento que fazem Clara parecer pequena, lá embaixo, olhando para cima e andando devagar.

134. EXT. PÁTIO DAS GARAGENS AQUARIUS – DIA

O pátio posterior das garagens após uma chuva forte, árvores pingando, o som de água escorrendo. Uma caminhonete dos Bombeiros entra na área em baixa velocidade com luz vermelha rodopiando lentamente. Clara está pensando, aérea, mas sai do transe ao ver Roberval e dois colegas, vestidos de uniforme da corporação, saindo do carro. Ao lado de Clara, Cleide, advogada e amiga.

> CLARA Obrigada por vir, Roberval.
> ROBERVAL Eu só quero ajudar. Esses aqui são Bezerra e Carlos.
> BEZERRA Boa tarde.
> CARLOS Como vai a senhora?
> CLARA Obrigada por virem. Por aqui, é lá em cima.
> ROBERVAL Dona Clara, a senhora tem um mandado? Algum documento?
> CLEIDE Eu sou advogada de Clara, eu me responsabilizo. Tá tudo certo.
> CLARA Roberval, você precisa me ajudar a fazer isso.
>
> CORTA PARA:

135. INT. ESCADAS AQUARIUS – DIA

Acompanhamos os homens subindo as escadas até o último piso. Eles carregam apetrechos de bombeiros: Roberval, um machado, Carlos, uma alavanca para arrombamento. As duas portas fechadas do 203 e 204. Clara e Ladjane estão mais atrás, na escada. Cleide observa e prepara seu celular para filmar.

> CARLOS 'Bora?
> BEZERRA Só se for agora. Vai fazer barulho.

A alavanca de arrombamento começa a comer as laterais da porta de madeira via força. O ruído revela que ela está abrindo. Um ESTRONDO de madeira estourada, seguido de um coice de Roberval, e a porta do 203 está escancarada.

A sala está tomada de detritos escuros de construção, pedaços grandes de madeira negra ou coberta de uma substância negra. Do chão e subindo pelas paredes, "listras" escura serpenteiam rumo ao forro do apartamento, nas paredes do corredor e entrando pelos quartos. Clara avança e entra no apartamento tomado, Cleide filma.

ROBERVAL Isso é cupim.

Roberval vai até a parede e raspa uma das listras, revelando dezenas de cupins saindo da sua proteção.

DETALHE: Parede. Cupins em movimento.

BEZERRA Trouxeram cupim de demolição. Eu nunca vi um negócio desse.
CARLOS Instalaram cupim no prédio.
CLEIDE É muita gente ruim.
BEZERRA De propósito, eu nunca vi.

Cleide grava vídeo com celular. Clara não fala nada.

136. DETALHE PORTA – DIA
Novo ESTRONDO violento. Os bombeiros destroem a porta do 204.

137. INT. AP. 204 – DIA
A mesma situação, paredes, chão, forro, só que pior. Clara entra e olha ao redor. Ouvimos passos subindo a escada, é Tomás.

CLARA Ladjane...

Ladjane no hall de entrada.

LADJANE Sim, Clara.
CLARA Separa a minha mala de viagem, a grande, preta, a mais velha.
ROBERVAL Dona Clara, aqui trouxeram uma colônia inteira.

Um TRAVELLING em direção ao que lembra uma miniatura de montanha, marrom e seca, provavelmente arrancada de algum terreno ou mata, e colocada no meio da sala. ATENÇÃO: esta sequência tem um clima de ficção científica e horror, uma colônia alienígena.

138. INT. QUARTO AP. CLARA – DIA

Clara veste-se e põe maquiagem. Planos múltiplos de uma mulher ficando ainda mais bonita. Clara está tranquila, mas parece estar se vestindo para matar. Um dos planos inclui vestir sutiã e prótese com seu seio esquerdo à mostra e a cavidade da mastectomia também.

139. EXT. CARRO – DIA

PLANO LARGO do vidro dianteiro no carro de Clara. Tomás dirige, Clara no passageiro, está muda, mas com olhar fixo. Cleide no banco traseiro. Uma FUSÃO entra aos poucos e Clara lembra da imagem microscópica de cupins, como um pesadelo à sua frente. A certa altura, Cleide passa papéis para Clara.

140. INT. HALL DE ENTRADA DE PRÉDIO EMPRESARIAL – DIA

Clara, Tomás e Cleide andam na recepção de um moderno prédio empresarial, onde encontram Antônio, vestido de roupa de médico. Um TILT nos mostra que Clara arrasta uma mala grande e preta, de rodinhas.

> RECEPCIONISTA Boa tarde.
> CLARA Boa tarde. Clara Marques, eu preciso falar com Geraldo Pinto, ou Diego Pinto, ou os dois. Eles estão me esperando.
>
> CORTA PARA:

141. INT. ELEVADOR.

Clara, Tomás, Antônio e Cleide no elevador moderno e panorâmico do empresarial. Cleide ajeita uma caneta no bolso do seu tailleur. Um ZOOM IN na caneta, que parece ser uma câmera.

> CLEIDE Tomás, vê se está apontando para a frente e fora do bolso...

Tomás entende imediatamente e dá um sorriso nervoso.

> TOMÁS Tá bom.

Tomás tira seu telefone do bolso. Antônio também tira o seu. Um DETALHE revela um cupim solitário na mão de Clara, que segura a mala em pé.

142. INT. ANDAR DA CONTRUTORA PINTO ENGENHARIA – DIA

A porta do elevador abre e saem Clara e sua trupe mais a mala preta. São recebidos por um funcionário da construtora, que os esperava.

FUNCIONÁRIO Boa tarde, dona Clara. Boa tarde. Por aqui, por favor, eles estão lhe aguardando.

143. INT. ESCRITÓRIOS DA CONSTRUTORA – DIA
Eles passam por um amplo espaço de trabalho, dezenas de divisórias e janelões de vidro ao fundo revelam a cidade vista do 23º andar. O funcionário os leva para uma sala de reuniões, clara e limpa, com mesa de vidro transparente. Eles entram, mas não se sentam. Geraldo Pinto e Diego entram logo depois, seguidos de uma funcionária assistente.

GERALDO Bom dia a todos. Dona Clara, a que devo a honra da sua visita?

DIEGO Dona Clara, como vai a senhora? Vai viajar? Sentem, por favor.

Geraldo estende sua mão, Clara atende e a aperta. Geraldo e Diego fazem menção de que vão se sentar, mas são cortados por Clara.

CLARA Eu vou ficar em pé, vai ser rápido.

Geraldo, que estava se sentando, levanta-se.

CLARA Este aqui é meu irmão, Antônio. Este é meu sobrinho, Tomás. E minha advogada, Cleide.
GERALDO Pois não.
CLARA São três coisas: a primeira, eu estou trazendo esses papéis aqui, que podem ser do interesse de vocês. Difíceis de achar, mas nós achamos.

Cleide passa para Clara três papéis, que ela põe na mesa de vidro e os empurra em direção a Geraldo Pinto.
ATENÇÃO: câmera por baixo da mesa, papéis em PRIMEIRO PLANO, o rosto de Geraldo e depois o de Diego, eles fitam os papéis.

CLARA Eu tenho os originais, claro.

Geraldo pega os papéis, Diego se aproxima. Geraldo fecha a cara, analisa o segundo e o terceiro papel, os põe na mesa.

GERALDO Onde é que a senhora achou isso?
CLARA Eu tenho meus contatos.

Geraldo imediatamente puxa a cintura da sua calça de tecido caro para cima e diz:

GERALDO Isso aqui não é nada, dona Clara. Isso não vai dar em nada, a credibilidade da construtora é muito maior do que isso. Isso não vai dar em NADA.

DIEGO É, dona Clara, isso não vai dar em nada. Eu nem sei bem o que é, mas já sei que não vai dar em nada.

CLARA Pode não dar em nada, muita coisa por aqui não dá em nada, mas se vocês tiverem três enxaquecas por causa disso, só três, quando eu divulgar isso, eu já vou ficar feliz. Segunda coisa: eu não vou vender meu apartamento, essa parte vocês já sabiam. Melhor ainda, eu coloquei no meu testamento uma cláusula que diz o seguinte: após a minha morte, o meu apartamento 101 do Ed. Aquarius só poderá ser vendido pelo herdeiro 35 anos após o meu falecimento. 35 anos.

DIEGO Isso não funciona, dona Clara. Isso também não vai dar em nada.

CLEIDE É uma cláusula de inenalienabilidade. Pouco usada em questões de herança, mas útil em alguns casos.

GERALDO Dona Clara, a senhora está nervosa. O que foi que houve?

Nesse momento, Clara pega a sua mala preta.

CLARA Antônio, ajuda aqui.

Anônio ajuda a pôr a mala em cima da mesa de reunião da Pinto Engenharia. Tomás levanta seu celular e filma a cena. Diego olha para Tomás.

DIEGO Você pode não filmar, por favor?
TOMÁS Tá tranquilo.

Clara prossegue abrindo o zíper.

CLARA Eu sobrevivi a um câncer, faz mais de 30 anos. Por isso, se eu tiver que escolher, eu prefiro dar um câncer do que ter um.

Clara abre a mala e começa a jogar em cima da mesa pedaços de madeira preta e podres de cupim. Ela vira todo o conteúdo da mala em cima da mesa. Geraldo, Diego e a assistente recuam.

> DIEGO (*Para a assistente.*) Chama a manutenção. Desliga essa porra desse celular...

144. DETALHES
Filmados em MACRO, estilo natureza selvagem, cupins vivos na sala de reunião, carpete, mesa e cadeiras. Imagens de Horror.

> FADE OUT.
>
> FADE IN.

145. EXT. RUA – DIA
O tempo passa. Júlia, de cabelo curto, mochila, casaco, está no bonde preparando-se para descer na estação Musée d'Aquitaine, na cidade de Bordeaux, França. As portas se abrem e ela desce. Estamos nos meses de inverno.

146. EXT. RUA – DIA
Júlia atravessa a rua e segue andando.

147. INT. HALL DE ENTRADA – DIA
De dentro do prédio OUVIMOS a trava eletrônica da porta e VEMOS Júlia na calçada entrando. Ela sobe as escadas.

148. INT. SALA – DIA
CAROLE SCIPION, orientadora de Júlia, 65 anos, abre a porta para ela entrar.

> JÚLIA Bonjour!
> CAROLE Bonjour, Júlia.
> JÚLIA Je suis désolée, je suis un peu en retard...
> [Desculpe o pequeno atraso...]
> CAROLE Pas de problème, je viens de finir avec Natália, votre compatriote, vous vous connaissez?
> [Sem problema, eu acabei de acabar com Natália, sua conterrânea, vocês já se conhecem?]

Ao fundo, sentada no sofá, está Natália, 25-30 anos, que se levanta para cumprimentar Júlia.

JÚLIA   Non, pas encore...
          [Não, ainda não...]
NATÁLIA   Salut, Júlia.
          [Olá, Júlia.]
JÚLIA   Salut. Carole tinha me falado de você já.
CAROLE   Bon, je vais préparer un thé pendant
          que vous discutez un peu en portugais.
          [Bom, enquanto eu vou fazer um chá pra gente,
          vocês podem falar um pouco de português.]
NATÁLIA   Un thé, c'est très bien, merci, Carole, c'est gentil.
          [Um chá vai bem, obrigada, Carole, que gentil.]
JÚLIA   Merci, Carole. Você chegou há pouco tempo, né?

Júlia e Natália ficam em pé na sala e fazemos PLANOS MÉDIOS de cada uma.

NATÁLIA   Sim, há menos de um mês. E você?
JÚLIA   Entrando no segundo ano.
NATÁLIA   Está gostando?
JÚLIA   Sim, eu gosto daqui, mas é muito trabalho na
          universidade... e ser orientanda de Carole Scipion
          é bom, eu me dou bem com ela, espero que você
          também...
NATÁLIA   Espero que sim.
JÚLIA   Você é de Recife?
NATÁLIA   Sou. Você é carioca, né?
JÚLIA   É, do Rio... (Pausa.) Eu estive em Recife uns
          5 anos atrás.
NATÁLIA   Ah é?
JÚLIA   É, eu fiquei na Boa Viagem. Deu pra passear,
          conhecer um pouco. Gostei muito.
NATÁLIA   Que bom. Foi de férias?
JÚLIA   Mais ou menos, eu estava com um namoradinho
          pernambucano, passei uns dias.
NATÁLIA   Será que eu conheço?
JÚLIA   Ah. Não sei, Recife é grande.
NATÁLIA   É, eu sei, só que Recife é grande, mas é pequena,
          como todo lugar...
JÚLIA   Era um menino chamado Tomás. Talvez você conheça
          a tia dele, Clara Marques, jornalista e escritora.
NATÁLIA   Sim... Olha aí, eu sei quem é, a tia, a jornalista...
          A do prédio... na av. Boa Viagem...

JÚLIA É ela mesmo, esse menino era sobrinho dela.
A história da Clara foi bem conhecida...

NATÁLIA Foi. Eu lembro...

JÚLIA É...

NATÁLIA Ela faleceu, né?

JÚLIA Foi, há uns dois anos já. Eu acompanhei...

NATÁLIA E terminou que não deu em nada, né?

Ouvimos ao longe a chaleira na cozinha começando a apitar no processo de fervura.

JÚLIA Não entendi...

NATÁLIA Ah, não sei, aquilo tudo e não deu em nada, ela ficou doente e morreu...

CORTA PARA:

149. INT. COZINHA. AP. CAROLE – DIA

Um PLANO GERAL da cozinha mostra Carole preparando o chá.

150. INT. SALA AP. CAROLE – DIA

Agora, vamos para um CLOSE-UP no rosto forte de Júlia, olhando para Natália.

JÚLIA Hm... não sei, depende de como você vê. Eu conheci Clara durante alguns dias... Depois disso, a gente manteve contato algumas vezes, uns e-mails, mas eu terminei nunca mais vendo Clara... (*Pausa.*) Mas às vezes eu lembro dela, do nada... Eu lembro muito bem dela... Eu não acho que "não deu em nada". Ela viveu a vida dela, fez o que quis, como quis, do jeito que ela quis... Ela era uma mulher foda... E até hoje eu lembro daquele apartamento dela, era tão lindo...

No rosto de Júlia CORTAMOS para a TELA PRETA.

FIM

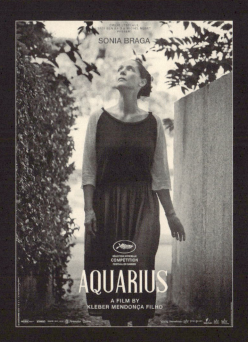

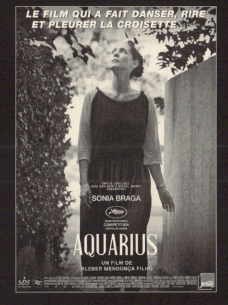

BACURAU

Roteiro escrito em: **2009-18**
Filmagem: **março/ abril/ maio de 2018**

Première mundial: **Festival de Cannes (Seleção Oficial — Competição), França, 17 de maio de 2019**

Estreia nos cinemas brasileiros: **29 de agosto de 2019**

Roteiro e direção: **Kleber Mendonça Filho e Juliano Dornelles**
Produção: **Emilie Lesclaux, Saïd Ben Saïd e Michel Merkt**
Fotografia e câmera: **Pedro Sotero**
Montagem: **Eduardo Serrano**
Diretor de arte: **Thales Junqueira**
Som: **Nicolas Hallet, Ricardo Cutz e Cyril Holtz**
Assistente de direção: **Daniel Lentini**

Elenco

Domingas	...	**Sonia Braga**	Daisy	...	**Ingrid Trigueiro**
Michael	...	**Udo Kier**	Sandra	...	**Jamila Facury**
Teresa	...	**Bárbara Colen**	DJ Urso	...	**Black Jr.**
Pacote/Acácio	...	**Thomas Aquino**	Flavio	...	**Márcio Fecher**
Lunga	...	**Silvero Pereira**	Carranca	...	**Rodger Rogério**
Tony Jr.	...	**Thardelly Lima**	Luciene	...	**Suzy Lopes**
Erivaldo	...	**Rubens Santos**	Bidé	...	**Uirá dos Reis**
Plínio	...	**Wilson Rabelo**	Maciel	...	**Val Junior**
Damiano	...	**Carlos Francisco**	Raolino	...	**Valmir do Coco**
Isa	...	**Luciana Souza**	Madame	...	**Zoraide Coleto**
Forasteira	...	**Karine Teles**	Terry	...	**Jonny Mars**
Forasteiro	...	**Antonio Saboia**	Kate	...	**Alli Willow**
Cláudio	...	**Buda Lira**	Jake	...	**James Turpin**
Ângela	...	**Clebia Sousa**	Julia	...	**Julia Marie Peterson**
Darlene	...	**Danny Barbosa**	Joshua	...	**Brian Townes**
Robson	...	**Edilson Silva**	Bob	...	**Charles Hodges**
Madalena	...	**Eduarda Samara**	Willy	...	**Chris Doubek**
Nelinha	...	**Fabiola Liper**	Carmelita	...	**Lia de Itamaracá**

Rodado em 3.4K com câmeras Arri Alexa Mini. Em locações no Povoado da Barra, e nos distritos de Parelhas e Acari (Rio Grande do Norte).

1. SCROLL – TEXTO BRANCO SOBRE FUNDO PRETO

Daqui a alguns anos...

Depois dos trágicos incidentes conhecidos como "Os 67 Massacres de Agosto", os Estados Unidos proibiram finalmente o uso e o porte de armas de fogo para seus cidadãos. A resultante guerra civil gerou também foras da lei amantes do tiro, que passaram a ver em países distantes oportunidades de usar livre e apaixonadamente suas armas de fogo. Esses estrangeiros clandestinos foram batizados pela mídia de "Bandolero Shocks". Um desses grupos escolheu como alvo uma pequena e tranquila comunidade no interior do Brasil chamada Bacurau, em uma missão que se tornou especialmente lendária. Naquela época, essas incursões não eram vistas como "atos de terror", mas como "provas de desafio".

CORTA PARA:

2. SEQ. ESPAÇO – VFX

SILÊNCIO. No espaço, as estrelas. Numa PAN à esquerda, revelamos o planeta Terra bem próximo. Um satélite de comunicação desliza suavemente da esquerda para a direita. Ao fundo, as Américas. Ruídos incompreensíveis de comunicação discretos e baixinhos na trilha sonora, o satélite está ativo. Um ZOOM delicado nos aproxima do Brasil, mais especialmente do Nordeste brasileiro e do oeste de Pernambuco.

FUSÃO/DISSOLVE

3. INT. CAMINHÃO-PIPA/ RODOVIA – DETALHE/ CLOSE-UP – DIA

TERESA dorme. CLOSE-UP fechado no rosto dessa jovem mulher negra. Sono inquieto, rosto espetacular. O ruído de um veículo em viagem na estrada. Janelas abertas.

CORTA PARA:

3A. EXT. RODOVIA/ ASFALTO – DIA

Acompanhamos de frente em CÂMERA CAR um caminhão-pipa que atropela violentamente um caixão de defunto de madeira na rodovia esburacada. O caixão gira brutalmente fora do quadro no asfalto velho.

3B. INT. CAMINHÃO-PIPA/ RODOVIA – CÂMERA GRIP – DIA

Teresa acorda de sobressalto, CÂMERA GRIP apontando do para-brisa.

TERESA (*Assustada.*) O que foi isso?

Erivaldo, motorista do caminhão-pipa, aponta para a frente.

ERIVALDO Olhe pra frente.

3C. EXT. RODOVIA – POV PARA-BRISA – DIA

Na estrada de asfalto, uma subida revela um corpo coberto, e logo depois de livrar a subida VEMOS ao longe um caminhão virado.

CORTA PARA:

3D. INT. CAMINHÃO-PIPA – CÂMERA GRIP

Planos de reação de Erivaldo e Teresa.

3E. EXT. RODOVIA – GRUA ZOOM – DIA

Abrimos o plano em ZOOM OUT para revelar aos poucos um caminhão virado, sua carga de caixões baratos de defunto espalhada no asfalto e sendo pilhada por algumas pessoas. Dois carros de passeio com malas abertas recebem caixões. PULL BACK e ZOOM OUT estabilizam a cena na rodovia, e no mesmo plano um ZOOM IN nos leva ao aclive na estrada de onde vem o caminhão-pipa.

3F. INT. CAMINHÃO-PIPA – CÂMERA GRIP PARA-BRISA – DIA

Teresa e Erivaldo reagem à cena na estrada.

4. EXT. RODOVIA – POV PARA-BRISA – DIA

Uma PAN à direita e à esquerda com o caminhão em movimento mostra pessoas levando caixões na cabeça e outras carregando uma caminhonete Toyota com outros caixões.

5. INT. CABINE CAMINHÃO-PIPA – POV/ PAN EM MOVIMENTO/ CÂMERA CAR – DIA

Teresa está observando a estrada e percebe que ali há um parque aquático abandonado, com tobogã alto, escorregadores e piscinas vazias, um lugar seco esperando ruir.

> TERESA E esse parque aí? Eu sempre achei que isso num ia dar certo.
> ERIVALDO Isso aí foi gaia.
> TERESA E foi? Achei que foi a merda toda que aconteceu.
> ERIVALDO Também. Mas, antes disso, foi muita gaia.

CORTA PARA:

6. EXT. PARA-BRISA CAMINHÃO – DIA

Teresa no passageiro, Erivaldo dirigindo. No sistema de navegação, surgem as fotos de três homens com a palavra PROCURADOS.

TERESA (*Olhando para a mensagem na tela.*) Tão
procurando Lunga, eu gostava dela.

ERIVALDO Aquela ali é os pés da besta. Sempre foi. Tem
recompensa e é boa.

TERESA Não conte comigo pra entregar Lunga.

ERIVALDO Nem comigo... Nem se eu soubesse onde ela tá.
(*Falando com o sistema de navegação.*) Toca
"Sapato velho"...

Na tela, a imagem dá lugar à informação: "Sapato velho — Roupa Nova".
Faixa toca no interior do caminhão. Erivaldo aumenta a música. Ele olha
para Teresa. Teclados lindamente datados, letra berrando.

ERIVALDO E esse jaleco? Esquenta demais, não?

TERESA (*PONTO DE VISTA de Teresa, que observa a
ruína de uma antiga escola na beira da estrada.*)
Esse jaleco é proteção.

ERIVALDO Tô entendendo. Tu sois muito bonita, Teresa.

TERESA Tá me paquerando, Erivaldo?

ERIVALDO Tô não.

7. EXT. RODOVIA – CÂMERA CAR – DIA

A traseira do caminhão-pipa, que abandona a rodovia e entra numa estrada
de terra. Música toca.

8. EXT. CÂMERA GRIP PARA-BRISA – DIA

Teresa no passageiro, Erivaldo dirigindo, estrada dura, a música continua.

ERIVALDO Deixa eu te mostrar uma coisa aqui perto.

TERESA Acho que eu já sei o que é. Tem que ser rápido,
eu preciso chegar logo lá.

9. EXT. ESTRADA DE TERRA – DIA

Um segundo plano em que o caminhão sai da estrada de terra e toma um
terceiro caminho secundário, ainda mais surrado.

10. EXT. ESTRADA DE TERRA/ MIRANTE – DIA

O caminhão-pipa chega a um ponto alto de colina e estaciona. Desliga a
música. Trazendo um binóculo, Erivaldo sai da cabine e anda com Teresa
até a ponta de um mirante, de onde podem ver o canal de transposição da
água do rio São Francisco. Percebe-se que a água está interrompida por uma

pequena represa provisória a uns 350 metros de distância, guardada por um acampamento formado por tendas, carros e homens. A água corre até a barreira. A partir da represa, o canal de concreto continua seco. A imagem é clara: há uma interrupção artificial no fluxo da água.

TERESA Que bando de filho da puta.

ERIVALDO (*Olha pelo binóculo.*) Pra eu pegar água, tem que ser cinco quilômetros pra trás. Eles não deixam. Essa equipe é nova, Lunga e o bando dela atacou faz cinco meses, matou três e conseguiu liberar água. Depois a empresa do governo veio e taparam de novo. E aumentaram o preço pela cabeça de Lunga.

Ele passa o binóculo para Teresa.

10A. EXT. DETALHE – POV BINÓCULO/ ACAMPAMENTO REPRESA – DIA
Um homem no acampamento parece perceber o caminhão-pipa na colina.

TERESA (Off) *Tem um cara que parece que viu a gente.* (Assustada.) *Ele tem uma arma...*

Teresa afasta-se instintivamente, com binóculo ainda no rosto.
O homem atira para cima. Outros homens surgem atrás do primeiro.

TERESA Que escroto.

ERIVALDO Vamo' embora. Eles tão cabreiro depois do que aconteceu.

CORTA PARA:

11. EXT. IMAGEM ALTA DE ESTRADA DE TERRA – DIA
À distância e do alto, uma nuvem de poeira numa estrada de terra. É o caminhão-pipa a caminho de Bacurau. Ouvimos o silêncio da paisagem, o ruído do caminhão-pipa é percebido ao longe.

12. EXT. ESTRADA DE TERRA – DIA
O caminhão-pipa atravessa um mata-burro onde se vê uma cerca de pedra. Pendurada na cerca, uma placa: BACURAU 17 KM — SE FOR, VÁ NA PAZ.

12A. EXT. ESTAÇÃO DE TREM – DIA
O caminhão passa pela estação de trem abandonada de Bacurau.

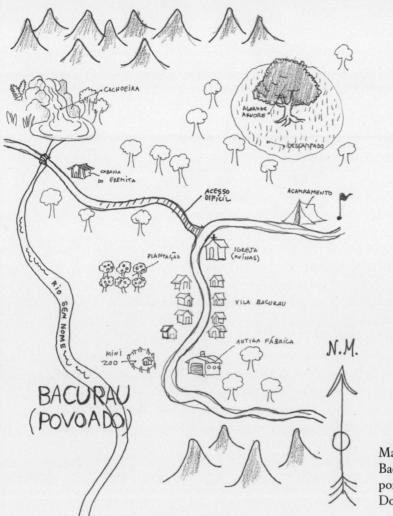

Mapa de Bacurau feito por Juliano Dornelles.

Storyboard de *Bacurau*.

13. EXT. BAR DA ESTRADA – DIA

O bar/venda isolado, a um quilômetro de Bacurau. Do terraço, DARLENE e OSIAS, os proprietários do bar, e mais um terceiro homem que está sentado em uma mesa. Pela posição estratégica, eles sabem quem chega e quem sai da pequena comunidade. Osias conserta o telhado, Darlene sai de dentro da casa. O homem na mesa acena para o caminhão que está passando na estrada.

14. INT. CABINE DO CAMINHÃO-PIPA – DIA

> ERIVALDO Ah, se toda gaia fosse assim...
> TERESA Tu só fala em gaia.

15. INT. PARA-BRISA DO CAMINHÃO – DIA

Uma última curva na estrada de terra revela Bacurau.

> ERIVALDO (Off) *É a gaia que faz o mundo moer.*

16. EXT. BACURAU – DIA

Bacurau é um povoado pequeno e digno, com uma rua central semicoberta de areia, ladeada por casas modestas dos dois lados, uma igreja católica e outra evangélica e uma escola no limite da comunidade. Cisternas brancas marcam alguns pontos. A comunidade está totalmente deserta. O caminhão-pipa aproxima-se de uma árvore e para, envolto numa nuvem de poeira.

16A. EXT. RUA PRINCIPAL – DIA

Teresa anda com a mochila e a mala vermelha. Ela despe o seu jaleco branco e o guarda na bolsa.

> TERESA Erivaldo, muito obrigada. Tu vai dar uma passada lá?
> ERIVALDO Vou. Valeu. Vá indo.

Erivaldo vai puxando a mangueira de água para a cisterna. Teresa, com o caminhão-pipa ao fundo, arrasta a mala vermelha, a mochila no ombro. O ruído das rodinhas da mala no chão de terra.

17. EXT. RUA PRINCIPAL – DIA

A imagem dessa mulher jovem na rua estranhamente deserta de Bacurau, arrastando sua mala vermelha de rodinhas em direção ao centro do povoado. Ao olhar para a janela de uma casa, ela percebe uma senhora magra, vestida de preto, que desaparece ao ver Teresa, batendo a janela grosseiramente. A senhora chama-se DOMINGAS. Teresa chega no largo da igreja e passa pelo bar Passo e Fico, que está deserto. Algumas mesas têm sobras de comida e bebida. Há uma arcada dentária de tubarão no design do segundo O de "Passo e Fico". DAMIANO, homem alto, forte, sexagenário, que arruma suas ervas, rolos de fumo, maconha, xaropes e unguentos, é um pequeno comerciante local, praticante de coisas verdes com um ar implícito de xamã. Pronto para partir na sua motocicleta, que puxa um bagageiro com duas rodas frouxas, ele vê Teresa aproximar-se.

> TERESA Damiano.
>
> DAMIANO Toma isso aqui antes de ir pra lá.

Sem nenhuma cerimônia, Damiano enfia na boca de Teresa uma sementinha. Ela imediatamente engole com um sorriso.

> TERESA Me dá outra?
>
> DAMIANO (Com olhar experiente.) Nãããooo...
>
> TERESA Eu sei... Tu vai pra lá?
>
> DAMIANO Carmelita sabe de tudo. E tu sabe que eu sei muito dela. Vai-te embora, estão te esperando.
>
> TERESA Tu é muito bom, Damiano.
>
> DAMIANO Eu sou.

Teresa dá um beijo na bochecha de Damiano.

> CORTA PARA:

18. EXT./INT. FACHADA E SALA CASA DA FAMÍLIA DE TERESA – DIA

Teresa anda puxando a mala. Ela aproxima-se de uma multidão na frente de uma casa. A comunidade em peso parece estar ali. Ao fundo, Darlene, Osias e o terceiro homem do bar chegam juntos numa única moto. Teresa entra na casa abrindo espaço entre as pessoas para chegar ao velório de sua avó, DONA CARMELITA. O caixão está aberto na sala de estar, cercado por duas dezenas de familiares e amigos. Na parede esquerda, uma estante abarrotada de livros. Uma senhora dobra lenços brancos, arrumando-os sobre uma mesa. Teresa é cumprimentada por muitos. PLÍNIO, pai de Teresa, recebe a filha com um beijo. Ele pega a mala vermelha e leva para dentro da casa, negociando a passagem numa casa lotada.

19. INT. COZINHA CASA DE TERESA – DIA

O som do velório continua (OFF/OS). Plínio abre a mala vermelha e de dentro tira um estojo refrigerado, com remédios e soros, e um aparelho branco conectado a cabos de fibra ótica muito finos.

20. INT. SALA CASA DE TERESA – DIA

Sentada à beira da cama, Teresa despede-se da avó com a mão repousada no rosto negro dela. Três velhos ali ao lado vestidos de preto, dois deles segurando chapéus, choramingam a passagem de Carmelita. Começam os preparativos para o início do cortejo e Teresa, Plínio, primos e tios levantam Carmelita segurando pontas do lençol. CARRANCA, homem de 50 anos ou mais, repentista, óculos escuros e chapéu, dedilha uma textura musical delicada. De repente, em OFF, lá fora:

> DOMINGAS (Off) *BRUXA NOJENTA! RAMEIRA SAFADA...*

Teresa levanta-se e vai em direção à janela, onde outras pessoas tentam ver o que se passa.

20A. EXT. CASA DE TERESA – POV JANELA – DIA

Domingas em pé em cima de uma cadeira, cercada por dezenas de pessoas na área externa, discursa contra a falecida do alto da sua voz.

> DOMINGAS JÁ VAI TARDE, DESGRAÇADA, BUCETA DE ÉGUA!! AFOLOZADA! AGORA EU QUERO VER TU FAZER GRAÇA PROS OUTRO', SATANÁS DE RABO, MISÉRIA DA BEXIGA! SÓ FEZ O MAL, PESTE!

IZA, uma mulher forte, 50-60 anos, vai em direção a Domingas e pede pacientemente para que ela desça da cadeira. Domingas continua o fuzilamento incoerente, apoiando-se no ombro da companheira. Iza fala com firmeza com Domingas, querendo forçar com tranquilidade a descida de Domingas da cadeira.

> DOMINGAS (*Para Iza.*) Tu é outra nojenta... (*Gritando para a casa de Teresa.*) VAI QUEIMAR NOS QUINTO' DOS INFERNO', PINIQUERA!!!

Iza aumenta a firmeza e fala baixo, mas brava com Domingas, de forma que não ouvimos.

> IZA Deixa disso, Domingas, tu bebeu.
> DOMINGAS (*Para Iza.*) BEBI, SIM! E AQUELES TRÊS BUNDA-MOLE LÁ DENTRO? JUNTANDO OS TRÊS, NÃO DÁ UMA CARMELITA!

IZA Agora tá falando bem da falecida, vamo' que hoje
à noite tu já vai tá arrependida.

Iza consegue tirar Domingas da cadeira e vai puxando-a com um abraço, levando a companheira por entre as pessoas, que se afastam para o casal passar.

DOMINGAS EU QUERO VER SE NO MEU ENTERRO VAI
DAR TANTA GENTE, MINHA AMIGA
CARMELITA! TEM MUITO AMOR NESSA
RAIVA, BRUXA VELHA! ESTRELA DE
PROVÍNCIA! MULHER SUPERLATIVA,
AQUELA NOJENTA!! CARMELITA
RAPARIGA DO BEM E DO MAL!!!!!
NOJENTA DESGRA...!!!

Planos de reação de Plínio, de pessoas que observam. Algumas riem, outras ficam com raiva. O fuzilamento verbal de Domingas atrai os olhares de todos. Teresa e Plínio, que estão na janela, observam.

PLÍNIO (*Falando baixo.*) Vai descer o cacete...
TERESA (*Falando mais baixo ainda.*) Resgate feito.

Pessoas manifestam-se contra a performance de dra. Domingas, alguns reclamam discretamente, a maioria reprova. Iza puxa-a pelo braço levando-a para longe dali. A mão de Iza tapa a boca de Domingas como um desentupidor de pia. Ela continua arrastando Domingas numa nuvem de poeira, pernas e braços rumo ao sol que se põe. Plínio, da varanda, levanta a mão para chamar a atenção dos presentes.

PLÍNIO (*Olhando para Domingas sendo afastada ao longe.*)
Aproveitando a participação de Domingas, que tá
visivelmente emocionada, eu também quero falar
sobre a minha mãe, Carmelita. Carmelita teve filho,
neto, bisneto, tataraneto, afilhado, teve muitos
amigos. Na família, tem de pedreiro a cientista, tem
de professor a médico, arquiteto, michê e puta.
Agora, ladrão ela não gerou nenhum. Tem gente em
São Paulo, na Europa e Estados Unidos, tem gente
na Bahia, Minas Gerais e Recife...
Muita gente não conseguiu vir hoje aqui por
causa dos problemas na nossa região, mas muita

gente manda ajuda pra gente, muita gente manda ajuda pra Bacurau, e essa é a maior prova de que Carmelita e Bacurau estão em todos eles.

Obrigado, vocês, obrigado, minha filha Teresa, que veio do Recife ficar com a gente esses dias. Muito obrigado a todos, e viva Carmelita!

Salva de palmas.

CORTA PARA:

21. EXT. FACHADA CASA DA FAMÍLIA DE TERESA – DIA

O cortejo fúnebre sai pela porta da casa, a multidão abre espaço. O caixão carregado por três homens, Teresa e sua irmã caçula, MADALENA. Um personagem importante na cerimônia de despedida de Carmelita é PACOTE, homem de 35-40 anos. Ele espera o cortejo começar enquanto observa Teresa. Estacionado na rua, um pequeno carro de som com luzes LED roxas e a voz masculina de DJ URSO, que ecoa por toda a Bacurau. Uma tela grande de vídeo mostra e celebra uma fotografia de Carmelita, sorridente. "Dona Carmelita."

DJ URSO (Via alto-falantes.) *Boa tarde, amigos de Bacurau, começa agora o cortejo de despedida de dona Carmelita... Dona Carmelita, que viveu 94 anos pra contar a história. Dona Carmelita foi uma figura de muita importância na nossa comunidade e reúne aqui praticamente toda a Bacurau... Hoje é dia de celebrar essa vida no momento da sua passagem. E como é de costume, vou deixar vocês com o som do sr. Sergio Ricardo...*

O pequeno carro de som põe para tocar alto "Bichos da noite", de Sérgio Ricardo. A pequena multidão canta, um musical lento e fúnebre no trajeto do caixão. A voz de Sérgio Ricardo parece tomar Bacurau por inteira:

TODOS *"São muitas horas da noite,*
São horas do bacurau,
Jaguar avança dançando,
Dançam caipora e babau,
Festa do medo e do espanto,
De assombrações num sarau,
Furando o tronco da noite,
Um bico de pica-pau..."

22. EXT. CEMITÉRIO – ENTARDECER

Contra um céu laranja e púrpura espetacular, a pequena comunidade des-pede-se de dona Carmelita numa pequena colina no cemitério. Teresa acompanha ao lado do pai, Plínio, e da irmã, Madalena, uma garota de 17 anos. Teresa, talvez sob o efeito da sementinha de Damiano, olha um tanto fascinada para o caixão e o VÊ vibrando fortemente (ATENÇÃO: caixão não chacoalha, ele vibra), com uma quantidade grande de água escorrendo pela tampa. Ela se vira para Madalena, que está com olhar ausente. Todos no cortejo passam a abanar lenços brancos, o ruído de uma centena de panos ao léu é bonito, como pássaros batendo as asas. O ritual termina contra o céu crepuscular, o caixão sendo baixado no túmulo.

FADE OUT.

FADE IN.

23. EXT. ESTRADA – PL. GERAL DISTANTE – AMANHECER

Um comboio de duas caminhonetes, um caminhão e um trailer vem pela estrada de manhã cedo, levantando poeira. São os feirantes vindo montar a feirinha em Bacurau. Uma das caminhonetes puxa um trailer branco de quatro rodas, antigo. Ao longe, Damiano vem de moto puxando seu baga-geiro de duas rodas. O comboio de veículos maiores o ultrapassa e o deixa comendo poeira. O comboio passa por casa em ruínas, filmamos de dentro.

23A. EXT. ESTRADA – RECUO + TRAV. LATERAL – AMANHECER

Recuamos em ângulo baixo, mostrando os veículos do comboio, que dobram à direita, do lado da igreja, exceto o último integrante do comboio, que pega à esquerda, vindo em direção à câmera.

24. EXT. FEIRA – DIA

A montagem da feira. Homens carregam caixotes de verduras, pedaços gran-des de boi, porco e bode, engradados de mel, fardos de grãos, cestos com ervas, maconha e temperos. Há também pedaços de tecnologia: aparelhos de segunda mão, monitores antigos ou de vidro transparente, comunicado-res, placas e cabos. Damiano arruma seu tabuleiro de produtos da terra.

25. EXT. RUA SECUNDÁRIA – DIA

O trailer é estacionado em um espaço discreto, atrás de uma das casas, fora da rua principal. Conexões de água e eletricidade já estavam à espera, prepa-radas pela proprietária da casa, uma senhora de 60-70 anos. De dentro do trailer saem duas mulheres e um homem (SANDRA, DEISY e ROBSON), idades entre 20 e 45. A motorista é a MADAME. São profissionais do sexo que armam sua barraca. Uma senhora sentada em uma cadeira observa os visitantes.

26. EXT. FUNDOS DA ESCOLA – GRUA – DIA

Um ônibus escolar amarelo abandonado toma todo o quadro retangular (2.39:1 Scope). Vidros intactos, mas tomados por poeira, manchas e arranhões. No interior, plantas e verde, uma horta maravilhosa com forte umidade. A lataria com a palavra ESCOLAR está coberta por ferrugem e equilibrada em apoios de ferro, sem pneus.

26A. EXT. FUNDOS DA ESCOLA – PLANO DE GRUA – DIA

Câmera sobe, livra o ônibus e a escola para uma geral de Bacurau. ZOOM ao longe revela um comboio de cinco motos e um tuk-tuk estilo indiano vindo na estrada, por volta de oito da manhã.

27. EXT. ESTRADA – CÂMERA CAR – DIA

Cinco motos em baixa velocidade chegam a Bacurau, guiadas por homens e mulheres, cada moto traz três ou quatro crianças. Cada criança carrega como pode suas mochilinhas. As motos têm motores elétricos e fazem pouco barulho para além dos pneus na estrada e sistemas de suspensão. No final do comboio, um carro de golfe antigo e sujo, dirigido por uma senhora, traz mais cinco crianças.

28. EXT. FACHADA DA IGREJA – DIA

Pacote abre a porta da frente da pequena igreja de Bacurau, que serve de depósito para objetos grandes e pequenos: um almoxarifado. Ele retira duas carteiras escolares feitas de madeira e metal e sai.

28A. EXT. TRAILER – TRAVELLING/PLANO (TRILHOS) – DIA

Deixando o trailer, Sandra e Robson vêm andando pelo beco para começar os trabalhos na rua principal. Percebe-se que os dois são colegas e que se gostam, se respeitam. Sandra tem 20 e poucos anos, Robson, seus 30. Os dois vestem um tipo de robe de seda barata. Fazem um trottoir ligeiramente descarado, ela mistura uma andada natural com o andar de quem está em serviço. Do outro lado da rua, em paralelo, também anda Robson. O ritual é ensaiado e, à certa altura, Sandra abre o robe e mostra o corpo totalmente nu para Robson, do outro lado da rua. Robson faz o mesmo, seu nu frontal momentâneo visto por outras pessoas e possíveis clientes. Recuamos e enquadramos à distância Pacote, que vem andando com as duas carteiras escolares, uma em cada mão. Ele chega numa casa de porta e janela.

29. EXT. MUSEU – DIA

Iza abre a porta da frente do Museu de Bacurau, uma casa simples de porta e janela pintada de branco. Ela abre também a janela que dá para a rua. Na fachada, MUSEU HISTÓRICO DE BACURAU. (ATENÇÃO: A câmera mostra apenas a fachada, não entramos no museu.)

30. EXT. BACURAU – PL. GERAL – MANHÃ
Uma matilha de cães vira-latas move-se pela rua central.

31. EXT. AMBULATÓRIO – DIA
Pela janela do pequeno ambulatório, com balança e cartaz de vacinação, VEMOS dra. Domingas, com jaleco branco, recebendo uma mulher com menos de 20 anos. Ela a examina.

> MULHER Dor de cabeça, querendo vomitar, vontade de morrer...
> DOMINGAS Tu 'tás de ressaca. Continue vomitando, beba água, vomite mais.

32. INT. SALA E COZINHA DA CASA DE TERESA – DIA
Pacote aproxima-se da casa de Carmelita. Os carpideiros do enterro estão na sala com amigas da morta, dobrando roupas em sacolas. Teresa está na cozinha tomando café com Madalena. Pacote chega e senta-se à mesa.

> TERESA Bom dia, Pacote.
> PACOTE É Acácio. Bom dia.
> TERESA "Acácio"? Ah... muito bom... Desde criança que tu é Pacote.
> PACOTE/ACÁCIO (*Apontando para a sala.*) Acácio... São as roupas de dona Carmelita?
> MADALENA (*Rindo leve.*) São, Acácio... A gente vai distribuir.

33. INT./ EXT. COZINHA E TERRAÇO CASA DE TERESA – DIA
Teresa e Madalena tomam café da manhã com Pacote. Plínio empacota alguns objetos em caixas na área externa da casa.

> TERESA Pacote é engraçado.
> PACOTE Não. Acácio.

Madalena ri.

> TERESA Não veio ninguém de Serra Verde ontem pro enterro de vóinha?

PACOTE   E por que viria? Aquela cidade só tem filho da puta.

TERESA   Entendi... E tu 'tais tranquilo?

PACOTE   Tô tranquilo.

Plínio ouve a conversa, levanta-se da bancada e põe a cabeça na porta da cozinha.

PLÍNIO   E aquela história em Serrita, não foi tu, não?

ACÁCIO   Seu Plínio, aquilo... foi outra coisa...

Pausa.

MADALENA   Tás sabendo que tem uma coleção dos teus "Maiores Sucessos" circulando?

ACÁCIO   Tô sabendo, eu já vi. Não dá pra me reconhecer em nenhuma imagem. E tem uma que não sou eu, tô levando crédito de graça.

Teresa observa.

33A. INT. COZINHA CASA DE TERESA – DETALHE EMBAIXO DA MESA – DIA
Mão de Teresa belisca delicadamente a perna de Acácio.

33B. INT./ EXT. COZINHA E TERRAÇO CASA DE TERESA – DIA

MADALENA   Só não reconhece quem não te conhece. (*Risos.*)

ACÁCIO   Tu viu, foi, menina?

MADALENA   Vi.

PLÍNIO   Veja essas coisa' não, Madalena.

MADALENA   Todo mundo viu, pai.

Mudando de assunto.

PACOTE   E o negócio lá no enterro ontem, com dra. Domingas?

TERESA   Bacurau era pequena pras duas.

PLÍNIO   Dra. Domingas não podia com Carmelita, agora ninguém pode com dra. Domingas.

MADALENA   A mulher dela pode.

34. EXT. FEIRA – DIA

Iza compra carne, separa a peça escolhida com as mãos, enquanto o vendedor põe na balança. Atrás de Iza, mulher passa segurando três bacurins pelas patas (com os couros marcados por linhas pontilhadas indicando áreas de corte). Domingas está calada ao seu lado, Iza percebe do outro lado da rua o michê Robson, encostado numa casa, disponível.

35. EXT. RUA – POV IZA – DIA

Robson olha, com leve sorriso.

36. EXT. FEIRA – DIA

Iza devolve o olhar enquanto paga ao feirante, que vê a marca de uma arcada dentária impressa no pulso de Iza. Ele olha para Domingas, que está distraída, o olhar fixo em Damiano, que também olha para ela do seu tabuleiro, a 20 metros de distância. Damiano passa 50 gramas de maconha no nariz, para dizer que está boa. Domingas grita para ele:

> DOMINGAS Eu vou querer!

Ouvimos DJ Urso ao fundo, no sistema de som.

> DJ URSO *Paulo Roberto, Jade tá pedindo que responda,*
> *é só 200 metros mas o recado é para que*
> *você ligue o diacho do aparelho e responda*
> *a Jade. Atenção, Paulo Roberto, responda*
> *a Jade...*

37. EXT. BACURAU – CARRO DE SOM – DIA

As sacolas de roupas estão no chão perto de DJ Urso, que mexe nelas. Teresa está ao seu lado com o microfone na mão. Pacote observa de longe.

> TERESA Eu trouxe aqui pra quem quiser vir pegar todo o
> guarda-roupa de nossa querida Carmelita, minha
> avó. É de graça, roupa boa, bonita... É só vir
> buscar aqui com DJ Urso...

Teresa volta-se para DJ Urso.

> TERESA Obrigada, Amaury.

CORTA PARA:

38. EXT. BACURAU – DIA

Teresa, Madalena e Pacote/Acácio seguem andando em direção à escola. DJ Urso olha para Domingas, que lhe dá um olhar de seca-pimenta.

39. EXT. CÉU AZUL – DIA

Um avião comercial a 11 mil metros de altura deixa um rastro branco no céu azul.

> PLÍNIO (Off) *Todo dia, menos terça-feira, esse avião passa por aqui...*

40. EXT. PÁTIO DA ESCOLA – DIA

No pátio da escola, o professor Plínio e sua turma olham para a câmera, que está a cerca de 8 metros de altura em SUPER PLONGÉE. Crianças, meninos, meninas e jovens adolescentes. Alguns evitam o brilho do sol com a mão no rosto. Plínio aponta um tablet transparente com o vidro rachado (um esparadrapo branco sujo parece segurar a falha numa das bordas) para o céu. RIVANILDO e JÉSSICA, os alunos mais interessados da turma, estão ao seu lado vendo tudo de perto.

> PLÍNIO De São Luís pra São Paulo. Velocidade de cruzeiro, uns 850 quilômetros por hora. Onze quilômetros de altura, que dá quanto em metros?
>
> JÉSSICA Onze mil... metros.

40A. INT. SALA DE AULA 2 – ESCOLA – DIA

Chegam Pacote e Teresa trazendo as carteiras escolares. Eles entram na sala adjacente, onde ÂNGELA dá aula a uma segunda turma. Madalena junta-se à turma. Ângela, mulher jovem, acena para Pacote.

40B. EXT. PÁTIO DA ESCOLA – DIA

> RIVANILDO Como o senhor sabe da velocidade?
>
> PLÍNIO A velocidade de cruzeiro de jato comercial fica entre 850 e 900 quilômetros por hora. Esse avião está em cruzeiro.
>
> RIVANILDO Professor, quantos quilômetros daqui pra São Paulo?

Plínio entrega o tablet para o menino.

> PLÍNIO Procure e me diga.

O garoto atrai mais três colegas e num grupinho passam a pesquisar, fazendo sombra na tela.

> MENINO 2 O senhor já andou de avião?
> PLÍNIO Eu já.
> RIVANILDO Eu quero andar de avião.
> PLÍNIO Você vai andar de avião.

O garoto com o tablet na mão dirige-se ao seu professor:

> MENINO 4 Professor, tem Água Rara, mas aqui... ó... não tem Bacurau...

Plínio aproxima-se.

> PLÍNIO Ah, é? Mostra aí.

Plínio toma o tablet e observa a tela usando a outra mão para fazer sombra. Ele manuseia a tela.

CORTA PARA:

41. INT. SALA DE AULA – DIA
A turma migra para a sala de aula, Plínio lidera. Livros em estantes nas paredes, desenhos, um monitor de TV e um globo terrestre. Uma TV ultra-fina de 55 polegadas OLED e com linhas verticais de pixels mortos próximo ao quadro negro. Plínio digita no teclado, a caixa de pesquisa na tela:

41A. INT. DETALHE TELA – DIA
BACURAU, PE. E recebe: RESULTADO NÃO ENCONTRADO.

> PLÍNIO Não tá aparecendo...

Plínio digita: "SERRA VERDE, PE". E a tela da TV ganha vida, com o mapa colorido. A mão de Plínio vai puxando o mapa para o oeste...

41B. INT. SALA DE AULA – DIA
A turma observa, meninos e meninas.

PLÍNIO Mais pra cá... deve estar aqui...

O mapa segue à direita e estaciona. E volta. Plínio não parece encontrar o que procura.

PLÍNIO Era pra estar aqui.

Dois meninos se empurram rindo, fazendo barulho.

PLÍNIO Presta atenção. Vocês estão em aula...

Plínio olhando para a tela, continua procurando Bacurau.

PLÍNIO Vou sair de "mapa" pra entrar em "satélite"...
Agora vai...

Os rostos das crianças observam o professor Plínio procurando Bacurau no mapa. Teresa e Pacote observam da entrada da sala de aula.

41C. INT. DETALHE TELA – DIA
A foto do satélite mostra a caatinga... e nada mais.

41D. INT. SALA DE AULA – DIA
Plínio parece não entender.

RIVANILDO Não tem que pagar, não, pra aparecer no mapa?
PLÍNIO Pagar nada, olha a gente aqui no mapa...

Plínio pega um rolo longo de papel no cesto de mapas e rapidamente abre um desenho artístico ilustrativo da comunidade, um mapa analógico e afetivo de Bacurau.

PLÍNIO Aqui... Bacurau está no mapa.

42. INT. DETALHE MAPA DE PAPEL DESENROLADO – DIA
Mapa técnico de Bacurau em tons lindamente manuais.

CORTA PARA:

43. INT. SALA CASA DE DOMINGAS – INSERT FOTO – DIA
Uma foto de Domingas e Carmelita, as duas usam um vestido idêntico azul-claro. Com o som de Iza trepando com Robson no quarto ao lado,

Domingas retira as roupas das sacolas e faz uma montanha na sua cama. Ela as revira procurando algo e encontra um vestido azul-claro, o mesmo da foto. Ela sai do quarto com o vestido na mão, anda pelo corredor e chega ao segundo quarto da pequena casa, que está com a cortina entreaberta, onde VEMOS Iza, de saia, sentada em Robson (deitado), gemendo, enquanto é comida com força. Domingas olha para a companheira trepando, mas Iza, de olhos fechados, nem percebe. Robson, apoiado nos cotovelos na cama, olha para Domingas.

44. INT. QUARTO CASA DE DOMINGAS – DIA
De volta ao quarto de casal. Domingas abre a porta do guarda-roupa e retira a sua cópia do vestido. Ela compara os dois. Os gemidos de Iza ao fundo.

45. EXT. ESTRADA – POV BAR – TELEFOTO ZOOM – DIA
Um comboio de veículos vindo na estrada numa nuvem de poeira. Um caminhão tem tela de LED ULTRACLARO com imagens em movimento de um homem sorridente. Uma 4×4, uma van e um caminhão-caçamba vêm atrás. ZOOM OUT.

46. EXT. BAR DA ESTRADA – DIA
ZOOM OUT revela que é Zezinho, no bar, quem observa o comboio do posto de observação oficial de Bacurau. Ele vira-se e grita:

> ZEZINHO Darlene! Avisa lá que Tony Jr. tá vindo. Carro, van
> e caminhão!

47. EXT. BAR DA ESTRADA – SPLIT DIOPTER SHOT – DIA
Darlene vira (esquerda do quadro) as costas para a carreata (direita do quadro) que vem vindo e envia mensagem de áudio:

> DARLENE O prefeito tá chegando em Bacurau. Devem 'tá aí
> em menos de cinco minutos, um carro e dois
> caminhões.
>
> CORTA PARA:

48. EXT. PRAÇA/ IGREJA/ FEIRA – DIA
DJ Urso está comendo um sanduíche na praça, ouvimos mensagem enviada por Darlene já saindo pelos alto-falantes do carro de som:

> DARLENE (Off) *Tony Jr. chegando em Bacurau. Devem 'tá aí em*
> *menos de cinco minutos, um carro e dois caminhões.*

DJ Urso pega seu telefone. Fala no aparelho, sua voz sai no carro de som estacionado a cerca de 40 metros. Um relincho de cavalo abre a comunicação. Há movimentação nas ruas.

> DJ URSO *E atenção, pessoal! Pra quem não ouviu, o prefeito tá chegando. Todo mundo se organiza, 'tão desembocando na estrada. Repetindo, temos a informação...*

49. EXT. RUAS DE BACURAU – PAN – DIA

Damiano imediatamente começa a guardar suas mercadorias. Uma PAN revela outro feirante juntando frutas e legumes.

> DAMIANO Puta que pariu...

CORTA PARA:

49A. EXT. BAR DA ESTRADA – DIA

Darlene e Osias observam carro, caminhão-baú e caminhão-caçamba passando na frente do bar, rumo a Bacurau. Carreata passa com o jingle "Tony Silva, é Tony, é Tony, É Tony 150!", uma massa sonora móvel de estremecer a terra.

CORTA PARA:

49B. EXT. BACURAU – CÂMERA GRIP – DIA

Tony Jr., no assento de passageiro, óculos escuros, bem-vestido, 30 e poucos anos. Bem-humorado, combinando com o ruído do jingle lá fora em alto volume. Tony está em campanha e Bacurau é uma das paradas previstas naquele dia. O motorista é o assessor; no banco de trás, um homem e uma mulher, assessores, os dois evangélicos, na roupa e estilo. Pelo vidro traseiro, VEMOS o caminhão-baú e o caminhão-caçamba acompanhando. Os veículos param.

49C. EXT. BACURAU – PL. FECHADOS – DIA

A porta do carro, com o adesivo PREFEITURA DE SERRA VERDE, se abre. Tony sai do carro e avança. Assessora vem atrás. Em PLANO MÉDIO, olha ao redor. O caminhão e a van o esperam com motores ligados. Os assessores do banco de trás saem. Tony manda cortar o som do jingle, o som para, deixando apenas o ruído rural de uma Bacurau deserta.

> ASSESSORA *(Para Tony.)* Cadê o povo?

49D. EXT. BACURAU – PLANO DE GRUA (*HIGH NOON*) – DIA

Tony vira o rosto. Como em *High Noon*, um PLANO DE GRUA começa em PLANO MÉDIO em Tony Jr., afasta-se dele para trás... para trás... e sobe... sobe... sobe... assumindo altura cada vez maior, revelando que Tony Jr., prefeito de Água Rara, está sozinho, sem ninguém na rua de Bacurau. No mesmo plano, o caminhão-baú passa devagar pelo político rumo à igreja, os telões de LED mostrando imagens publicitárias SEM SOM de Tony Jr., candidato à reeleição de Serra Verde. Com as mãos na cintura, Tony vira-se e manda um assovio OFF-SCREEN para o caminhão-caçamba, que aguarda lá atrás.

49E. EXT. BACURAU – DIA

A traseira do caminhão em primeiro plano aciona a marcha a ré, manobrando e aproximando-se da frente da escola. A assessora registra a ação em vídeo com dispositivo móvel.

CORTA PARA:

50. EXT. TOPO DA CAÇAMBA – DIA

Milhares de livros, suas capas tremulando ao vento, o caminhão dá ré em direção à escola.

51. EXT. FRENTE DA ESCOLA – DIA

O motorista aciona o mecanismo de despejo da caçamba e uma montanha de livros escorre para o chão junto ao portão da escola, o ruído de uma biblioteca sendo demolida. Milhares de livros velhos, corroídos por cupim, umidade, muitos em bom estado para um sebo. O caminhão deixa os livros e a caçamba volta à posição normal. Tony Jr. acena para o assessor, que lhe traz um megafone. Ele anda na rua principal, desfilando para ninguém.

52. EXT. BACURAU – TRAVELLING – DIA

> TONY JR. (Voz megafone.) *Alô, alô. Bom dia a todos. Eu sei que vocês estão aí... me ouvindo... eu sei que já tivemos nossas diferenças. Mas hoje eu tô aqui de coração aberto, eu estou trazendo só coisa boa, livros para a escola, que é a melhor biblioteca dessa região, não é mesmo, Ângela? A biblioteca do seu Plínio, da professora Ângela. E eu trouxe donativos também, comida, remédios, caixão... Eu estou aqui para cuidar de vocês, com a força de Deus.*

CORTA PARA:

53. EXT. INSERT – BACURAU – DIA

A certa distância, perto da igreja, homens tiram carga do caminhão-baú. Dois dos assessores tomam a direita, parecem atraídos por alguma coisa. Na rua, cestas básicas, caixas de remédios, dois caixões de defunto que parecem preocupantemente idênticos aos do acidente com o caminhão na abertura do filme.

54. EXT. BACURAU – TRAVELLING – DIA

> TONY JR. (Voz megafone.) *A eleição, claro, está vindo aí, vamos trabalhar juntos outra vez. Eu estou pleiteando uma reeleição, e vamos nos unir. Eu queria até coletar umas retinas, estou com a maquininha aqui de leitura, que é para facilitar a vida de quem não puder ir no dia.*

Tony mostra o leitor óptico-digital.

55. EXT. BACURAU – MONTAGEM – DIA

Espaços vazios, silêncio. De repente, uma voz feminina ao longe, em alto e bom som.

> UMA VOZ EM
> BACURAU *E a situação da represa, fila da puta?*

56. EXT. BACURAU – DIA

Bacurau vazia, silenciosa, ninguém nas ruas.

> TONY JR. (Voz megafone.) *Eu estou aqui aberto ao diálogo, e não vou discutir com gente gritando, tá certo? Ainda mais de maneira desrespeitosa.*
> OUTRA VOZ SEM
> ORIGEM DEFINIDA *Libera a água!*
> TONY JR. (Voz megafone.) *Ah, se a política fosse tão simples...! Mas vamos conversar, eu estou aqui aberto ao diálogo, sempre estive.*

Um coro de vozes vindas das casas e quintais ganha corpo.

> VOZES *Mentira!*

57. EXT. CASA DE CLÁUDIO – DIA

Uma casa com grade frontal de garagem, estilo classe média urbana, transplantada para Bacurau. O portão mecanizado abre e de dentro saem Cláudio, homem de meia-idade, e sua esposa, Nelinha. Ele termina de colocar terno sem gravata e vai em direção à comitiva de Tony Jr., enquanto o coro cresce na comunidade.

> VOZES (*Em sincronia.*) *Filho da puta! Filho da puta! Filho da puta!*

Tony Silva acena para o caminhão ligar o som.

> JINGLE (*Alto-falante.*) *"Tony Silva, é Tony, é Tony, É Tony 150!"*

Cláudio e Nelinha chegam.

> CLÁUDIO (*Gritando por causa do som alto.*) Prefeito, só para trazer meu apoio, eu não concordo com esse desrespeito com o senhor. O diálogo acima de tudo. Tamo junto, viu?
> TONY JR. Obrigado. A eleição chegando, estamos aí, viu?

Tony gesticula para assessor fazer leitura de retina do casal.

> NELINHA (*Enquanto leitor escaneia sua retina.*) Vamo' comer um bolinho lá em casa?

58. DETALHE SUPERFECHADO DO OLHO DE NELINHA, OCUPANDO TODA A TELA, COM LUZ-SCAN

> TONY JR. Obrigado, viu, mas a gente tá na correria...

59. EXT. BACURAU – DIA

Ao som estridente do jingle da campanha, e já chegando perto da igreja, VEMOS Sandra, a garota de programa, sendo trazida pelo braço por dois assessores de Tony Jr., sem uso de força mas no estilo "vamos com a gente". Ela não parece querer ir com eles. Deisy vem atrás, querendo que eles a soltem. Robson pega no braço de um dos homens, e outro empurra Robson. A Madame vem junto. Temos, portanto, um entourage para Sandra.

MADAME Pague adiantado...
DEISY Ela não quer ir não, faz no caminhão, porra.
ASSESSOR 2 Se aperreie não, gordinha, ela vai mas volta.
ASSESSOR 1 Depois ela volta, é rapidinho.

Os homens fazem Sandra entrar no caminhão, os homens entram logo depois dela, a porta é trancada, Sandra não quer ir. Deisy, Robson e Madame observam. De dentro da boleia, Sandra controla sua ligeira aflição. Domingas, vestindo seu jaleco de médica, surge ao fundo, vindo em linha reta na direção de Tony Jr.

SANDRA Tô sem uma sandália... Pega minha sandália...

Robson pega a sandália no chão e joga dentro da boleia, Tony Jr. sobe no estribo do caminhão e fala para Madame.

TONY JR. Eu vou pagar. Tá tudo certo, viu? Eu mando por ela.
MADAME Adiantado. Pague agora.

Domingas chega.

DOMINGAS (*Para Sandra.*) Tu quer ir?
SANDRA ... Eu posso ir...
DOMINGAS Seu prefeito, a menina não quer ir, mas o senhor vai levar na marra porque ela é puta. Eu entendo. Agora, eu botei Sandra no mundo e gostava da mãe dela. Se Sandra voltar machucada eu corto seu pau e dou pras' galinha', ouviu?
TONY JR. Doutora! Não fale assim comigo não, viu? A senhora botou essa aí no mundo mas hoje ela é *do* mundo, e é conhecida antiga dos meninos. Não se preocupe não, viu? E outra coisa, eu lamento que eu esteja sendo muito maltratado aqui em Bacurau, não tem ninguém na rua, parece que tá todo mundo com medo de mim. Eu não mordo não, viu.
DOMINGAS Medo? Aqui em Bacurau ninguém quer é sentir teu cheiro de carniça na rua, seu filho da puta.

Tony Jr. bate na porta, mandando o caminhão arrancar, tocando o jingle da campanha.

60. EXT. BACURAU – PLANO/CONTRAPLANO – DIA

Caminhão arranca, CÂMERA GRIP na boleia. Tony em primeiro plano, Domingas andando em segundo plano acompanha como pode o caminhão e não tira os olhos de Tony Jr., que tenta evitar o olhar de seca-pimenta de Domingas. Um dos assessores se prepara para acender um foguete-pistola, Tony Jr. gesticula negativamente.

> TONY JR. Precisa não...

O assessor, como uma criança, pede:

> ASSESSOR 2 Só unzinho...

O caminhão manobra rapidamente e parte ao som estridente de "Tony Silva, é Tony, é Tony, é Tony 150!", com três tiros de fogos estourando no céu, assessor em um estribo da porta, Tony Jr. no outro.

61. EXT. CENTRO DE BACURAU – TRACKING SHOT LATERAL/ ZOOM – DIA

Um plano alto de Bacurau em que fogos estouram acima da comunidade. No mesmo plano, um pequeno disco voador (retrô, estilo sci-fi Hollywood anos 1950) estacionado ao alto. Ao fecharmos no óvni em ZOOM, ele começa a se movimentar em direção à câmera. A carreata (os telões de LED no caminhão acrescentam apelo visual no conjunto) também deixa Bacurau, tomando rota diferente. ATENÇÃO: mesmo plano.

62. EXT. ESTRADA DE TERRA – CÂMERA CAR – DIA

Damiano dirige-se para casa na sua moto puxando bagageiro na estrada de terra, quando percebe à sua direita o objeto voador à distância. PAN ==> para o óvni.

63. EXT. CÉU DA ZONA RURAL/ ESTRADA DE TERRA – CONTRAPLANO AÉREO – DIA

Disco voador em primeiro plano alto e Damiano na sua motocicleta à distância longe na estrada lá embaixo.

> CORTA PARA:

64. EXT. BACURAU/ TELA DE TV – NOITE

Um descanso de tela de aquário ao fundo, no equipamento de DJ Urso.

> DJ URSO (Off) *Boa noite. Essa é reunião rápida para passar algumas informações...*

65. EXT. RUA PRINCIPAL BACURAU/ BAR PASSO E FICO – NOITE

DJ Urso fala ao microfone para um grupo grande de moradores, homens, mulheres e crianças, em frente ao Bar Passo e Fico, minitrio elétrico estacionado ao fundo. Pacote e Teresa estão presentes. A Madame e seus pupilos (menos Sandra) assistem ali do lado.

> DJ URSO ... *para todo mundo depois da visita de Tony Jr...*

Efeito sonoro de cavalo relinchando. As crianças riem muito.

> DJ URSO ... *As cestas básicas estão já organizadas aqui em cima das mesas...* (Aponta para as mesas.)

PLANO: Quatro mesas forradas com latas de leite, sacos de feijão, açúcar, arroz, enlatados, produtos de limpeza.

> DJ URSO Vou passar a palavra para professor Plínio.

DJ Urso passa dispositivo móvel para Plínio.

> PLÍNIO (Microfone.) *Obrigado, Amaury. Esses mantimentos aqui já passaram pela triagem porque tinha muito alimento vencido, uns até com seis meses de vencido. Nós não jogamos fora esses que estavam muito vencidos, quem quiser arriscar os outros, recomendo cuidado.* (Olha para Domingas.) *Dra. Domingas...*

Iza ajuda Domingas a vestir seu jaleco. Domingas avança e toma a palavra, sempre muito séria.

> DOMINGAS (Microfone.) *Boa noite. Essa semana, Teresa trouxe um carregamento de vacina na mala, estamos abastecidos, pólio, tríplice e soro antiofídico. Mas eu quero chamar a atenção de vocês para a caixa de Brazol IV que Tony Jr. trouxe hoje...*

DJ Urso aciona no seu dispositivo o efeito de som de um cavalo relinchando. Domingas olha séria para DJ Urso. Crianças e adultos riem.

DOMINGAS (Microfone.) ... *Com a distribuição gratuita de remédio tarja preta sem prescrição médica, quinhentas unidades só hoje aqui em Bacurau. Cada caixa tem dez doses. Como muita gente aqui sabe, o Brazol IV é um inibidor de humor e comportamento, só que disfarçado de analgésico forte. Ele é muito consumido em todo o Brasil por milhões de pessoas, e, não sei por quê, em forma de supositório, que é o que mais vende. Desconfie de um supositório que vende milhões de unidades só no Brasil e em nenhum outro lugar do mundo. Isso é porque não é um remédio de confiança.* (Domingas mostra o supositório na ponta dos dedos.) *Essa substância faz mal, vicia e deixa a pessoa lesa.*

Uma voz na aglomeração:

HOMEM Isso é presente de grego!

Nelinha cochicha com Cláudio. Domingas sinaliza concordando.

DOMINGAS *Recado dado.* (Domingas joga o Brazol IV no lixo.) *Agora, uma coisa.* (Pausa. Domingas olha para as pessoas.) *Eu quero pedir desculpas a todos pelo meu comportamento errado no enterro de Carmelita. Carmelita era muito importante, Carmelita é muito importante.*

Ela olha para todo mundo, engole seco e sai. Plínio observa, talvez tocado.

TERESA (*Sussurrando para Pacote.*) Um docinho quando não tá 'bêba.

DJ Urso toca a sua vinheta "DJ Urso!". No trio, ele põe música.

66. EXT. RUA PRINCIPAL/ BAR PASSO E FICO – NOITE
Mãos e braços de adultos e crianças pegam produtos nas quatro mesas forradas com mantimentos. PLANO ESPECIAL de Cláudio avançando em direção à lente. O ritmo é educado, mas algumas pessoas parecem apressadas em pegar algumas coisas.

ENQUANTO ISSO... Alguém aproxima-se na estrada escura... É Sandra, digna mas com aspecto triste, cansada. Madame, Robson, Deisy e Domingas a observam voltando para Bacurau. A comunidade, de fato, sabe que Sandra está voltando, mas há pouca ou nenhuma reação à volta da jovem prostituta levada pela carreata de Tony Jr...

67. EXT. BACURAU – MADRUGADA
A comunidade dorme. A matilha de cães vira-latas move-se pela rua central atrás de uma fêmea no cio. Eles de repente param e ouvem algo, a vibração de algo grande que se aproxima.

68. EXT. ENTRADA DE BACURAU – MADRUGADA
Saindo do escuro, à distância, uma manada de cavalos soltos entra em Bacurau, alguns em disparada, outros no trote. Não estão selados e passam pela rua principal em largo número, o trovão das patas no chão começa a acordar os moradores.

69. INT. QUARTO COM PACOTE E TERESA – MADRUGADA
Teresa acorda nua ouvindo os cavalos. Pacote também está nu. Eles abrem a janela, cavalos passam na rua.

70. INT. QUARTO CASA DE DOMINGAS – MADRUGADA
Iza e Domingas acordam na cama de casal.

71. INT. CASA DE MACIEL – MADRUGADA
Maciel abre a porta da frente da casa. Cavalos passam na rua, da esquerda para a direita.

71A. INT. CASA DE FLÁVIO E LUCIENE – MADRUGADA
Flávio e Luciene também acordam.

> FLÁVIO Isso é da fazenda de Manelito.

Os lindos animais terminam por juntar-se no centro de Bacurau na madrugada. Imagem clássica do western.

FADE OUT

NO DIA SEGUINTE...

72. EXT. PERTO DA IGREJA – DIA
Flávio e Maciel montados em cavalos sem cela preparam-se para levar os cavalos desgarrados de volta à fazenda de origem. Flávio ao telefone informa:

FLÁVIO (*Aparelho no ouvido, olhando para Pacote.*) De novo, ninguém atende na fazenda de Manelito.

Flávio grava mensagem:

FLÁVIO "Geraldo, outra mensagem, tamo levando uns cavalos que fugiram da fazenda aí. Me liga."
PACOTE Esquisito. Deem notícia.

73. EXT. PERTO DA IGREJA – LONG SHOT/ GRUA/ ZOOM IN – DIA
Flávio e Maciel partem levando pelo cabresto cinco cavalos. Pacote, Teresa e mais três pessoas observam. Eles partem no trote, da igreja para o descampado. Revelamos num movimento de câmera que lá atrás de Teresa e Pacote vem chegando o caminhão-pipa de Erivaldo no lado da escola.

74. EXT. BACURAU – DIA
Num ligeiro TRAVELLING para a frente, o caminhão-pipa para em frente à câmera, envolto em poeira. A música alta (indistinta) na boleia é repentinamente desligada. Enquanto Erivaldo desce tranquilamente da cabine, pessoas aproximam-se com olhar apreensivo. Duas crianças já chegam com baldes e panelas olhando fixamente para o tanque, passando para encher vasilhames.

ERIVALDO O que foi?

Uma mulher aponta para o tanque. Sem entender, Erivaldo vira-se: da lateral do veículo, jorra água de três buracos, aparentemente feitos a tiro, na lataria do lado esquerdo do reservatório. Crianças e adultos chegam correndo, posicionando bacias e baldes abaixo das perfurações para não desperdiçar a água que vaza. Mais gente chega correndo com baldes e bacias. Erivaldo vem para o buraco em TROCA DE FOCO.

MULHER Que danado foi isso, Erivaldo!?!
ERIVALDO E eu sei? Só vi isso agora. Atiraram em mim.

O caminhão furado de bala, água vazando, baldes e bacias tentam salvar o sangramento. Muita gente na cena. Pacote aproxima-se, observa e saca o telefone, de olho na situação. Teresa vem junto, preocupada.

PACOTE (*No celular.*) Flávio...

CORTA PARA:

75. EXT. ESTRADA DE TERRA – DIA
Flávio e Maciel a cavalo na estrada. Flávio fala com Pacote.

FLÁVIO Diz.

76. EXT. BACURAU – DIA

PACOTE Erivaldo chegou aqui com o carro-pipa furado de bala. Acho melhor tu voltar.

77. EXT. ESTRADA DE TERRA – DIA

FLÁVIO Furado de bala? Oxe, agora é que eu vou lá mesmo!

77A. EXT. BACURAU – DIA
Pacote observa buracos e frenesi em torno do caminhão.

PACOTE Vá não, rapaz. Tá esquisito. Fique com a gente aqui.
CORTA PARA:

77B. EXT. ESTRADA DE TERRA – DIA
Nesse momento, Maciel chama a atenção de Flávio e aponta para a frente. À distância, duas motocicletas vêm vindo na estrada.

FLÁVIO Vê, tem duas motos vindo na estrada. Eu não vou desligar, não, vou ficar, peraí...

78. EXT. BACURAU – DIA
Pacote ouve preocupado, olhando para os furos no tanque.

PACOTE Duas motos como?

79. EXT. ESTRADA DE TERRA – DIA
As duas motos passam por Flávio, Maciel e os cavalos.

FLÁVIO Passaram pela gente, tão indo praí. Tão de capacete... Parece gente de fora.

80. EXT. BACURAU – DIA

PACOTE Não desliga. Eles pararam?
FLÁVIO *(Off) Não. Continuaram... Tão indo praí.*

Pacote desliga. Olha para Teresa.

> PACOTE Tem dois caras de moto vindo pra cá.
> TERESA De capacete?
> PACOTE De capacete.
> TERESA Vai pra casa.

Pacote entende que é a melhor coisa a fazer. Erivaldo usa flanelas velhas para tapar os buracos. Crianças aproveitam os últimos momentos antes de a sangria estancar. Muita gente olha para Pacote com apreensão e ele vira o rosto, pensativo, olhando o monitor/painel do caminhão, que mais uma vez mostra as fotos de Lunga e seus comparsas: PROCURADOS.

CORTA PARA:

81. EXT. BACURAU – TRAVELLING – DIA
Um buraco de bala na lataria do tanque. Um TRAVELLING preciso nos aproxima do buraco e, no último momento, a mão de Erivaldo o tapa com um pedaço de pano vermelho velho, estancando o vazamento.

82. EXT. BAR DA ESTRADA – DIA
Do bar, Darlene vê as duas motos passando na estrada. Ela imediatamente pega seu dispositivo móvel.

> DARLENE (*Gravando mensagem de voz.*) Tem dois
> motoqueiros de trilha indo pra Bacurau. Estão de
> capacete...

83. EXT. BACURAU – DIA
Perto do caminhão-pipa, OUVIMOS os sons de dispositivos móveis recebendo mensagens. Homens e mulheres reagem, incluindo Pacote. O carro de som de DJ Urso repete a mensagem ao longe, mas audível:

> DARLENE (Off) *Tem dois motoqueiros de trilha indo pra*
> *Bacurau. Mas tão de capacete.*
> PACOTE Duas motos chegando.
> ERIVALDO Capacete é de lascar...

O grupo perto do caminhão vira a cabeça e olha para a entrada da cidade.

84. EXT. ENTRADA DE BACURAU – DIA

Atrás da aglomeração, cabeças em primeiro plano, não VEMOS nada ao longe. Pessoas continuam olhando, alguns se esgueiram. Finalmente duas motos surgem, motociclistas com capacetes. Pacote esconde-se atrás do caminhão.

85. EXT./ INT. ENTRADA DE BACURAU/ FRENTE MERCADINHO – DIA

As motos entram em Bacurau, passando pela aglomeração de gente. Pessoas observam, outros param tensos enquanto as motos estacionam em frente ao mercadinho.

Um casal branco (30-40 anos), de óculos escuros, com macacões esportivos caros, tira seus capacetes. A retirada dos capacetes parece tranquilizar as pessoas. O casal entra no mercadinho, que tem um balcão à esquerda. Eles olham para o grupo de pessoas ao lado do caminhão, a mulher dirige-se a LUCIENE, atrás do balcão. A partir de agora, essas duas pessoas serão chamadas de FORASTEIRO e FORASTEIRA.

> FORASTEIRA Bom dia. Aconteceu alguma coisa ali?
>
> LUCIENE Vocês chegaram de capacete... Motoqueiro de capacete aqui não é coisa boa.
>
> FORASTEIRA (*Simpática, sorrindo.*) Nós não somos motoqueiros, estamos fazendo trilha.

86. INT. MERCADINHO – DETALHE – DIA

O casal percorre o mercadinho. Enquanto o Forasteiro pede água, no extremo canto direito do quadro a Forasteira esgueira-se. CORTAMOS para:

86A. INT. MERCADINHO – SPLIT DIOPTER (UM QUADRO, DOIS PONTOS FOCAIS IDÊNTICOS, UM NA DIREITA E OUTRO NA ESQUERDA) – DIA

A mão da Forasteira cola um dispositivo digital embaixo da mesa de metal de um lado do quadro e mercadinho com Luciene do outro lado do quadro. O casal de forasteiros se aproxima do balcão.

> FORASTEIRA Tem cerveja?
>
> LUCIENE Tem, e tem cachaça também.
>
> FORASTEIRA Cerveja.
>
> FORASTEIRO Tem água com gás, por favor?
>
> LUCIENE Só tem normal.
>
> FORASTEIRO Tudo certo. Tá gelada?

O casal bebe água e cerveja enquanto a balconista e um menino observam.

FORASTEIRA	Quem nasce em Bacurau é o quê?
MENINO	É gente.
LUCIENE	Vocês vieram conhecer o museu?
FORASTEIRO	(*Abrindo o zíper do macacão e abanando o rosto.*) Museu? Museu de quê?
LUCIENE	De Bacurau. É bom, esse museu.
FORASTEIRO	Não.

Pausa.

FORASTEIRA	Qual a população aqui?
LUCIENE	Uns 100-120. Tudo pobre, mas gente boa.
FORASTEIRA	De onde vem esse nome, Bacurau?
LUCIENE	Um pássaro.
FORASTEIRA	Tipo um passarinho?
LUCIENE	Um pássaro, maiorzinho.
FORASTEIRA	Tá extinto já?
LUCIENE	Aqui não... Mas só aparece de noite. Ele é brabo.
FORASTEIRO	Bom, obrigado, vamos indo. Bom dia.

87. EXT. RUA – DIA

O casal dá as costas e sai do mercadinho. Olhando tranquilo ao redor (e evitando o lado do caminhão), o Forasteiro vê do outro lado da rua a casa com a placa MUSEU DE BACURAU, de portas e janelas abertas. Um menino sentado na janela. O casal é logo abordado por Carranca, o repentista, que sai não se sabe de onde, com viola nas mãos. A balconista observa. A Forasteira acende um cigarro.

CARRANCA	(*Com voz de cantoria e dedilhando a viola.*) *O senhor... sabe de alguma coisa... com aquele caminhão-piiiipaaa?*

O Forasteiro está confuso.

FORASTEIRO	Como é...?
CARRANCA	(*Com voz de cantoria ainda mais teatral.*) *O senhor... sabe de alguma coisa com aquele caminhão-piiiipaaaa? Apareceu todo furado de ballllaaaaaaaa...*
FORASTEIRO	Não sei de nada, não. O que houve?

Sem titubear, Carranca, dedilhando a viola com uma mão, usa a outra para fazer o sinal de uma pistola, acompanhado com o som de tiro que sai da sua boca:

CARRANCA *Pá!! Pá!! Pá!!*

Carranca começa a dedilhar sua viola com as duas mãos e emenda um repente:

CARRANCA *Cabra bonito e joiado*
Endoida as bicha e aparece...
Pinta de artista de cinema
O orgulho incha e cresce,
Aproveita bem a vida
Pois logo a velhice aparece...
HOMEM Não, obrigado...!

A Forasteira ri.

CARRANCA (Para a Forasteira.)
A mulher pra ser bonita
Tem que ser alta ou morena,
Tem que ter os olhos verdes,
As lábia' rubra e pequena;
É dessas que o coito mata
Pra depois chorar com pena...!

O Forasteiro não gosta.

FORASTEIRO Que é isso?

Luciene observa do balcão com um sorriso.

CARRANCA *Esse povo do Sudeste,*
Não dorme nem sai no sol,
Aprendero' a pescá peixe,
Sem precisá' de anzol,
Se acham melhor que os outro'
Mas 'inda num entendêro,
Que São Paulo é um paiol!

A Forasteira passa uns trocados para calar a boca de Carranca.

FORASTEIRA Ó aqui, moço. E eu sou do Rio...

CARRANCA *Eu num quero seu dinheiro, moça...*
Eu tô aqui só de gaiato!

FORASTEIRO (*Dirige-se à Forasteira.*) Como é que ele sabe que eu sou de São Paulo? O.k., amiguinho, agora já foi.

88. EXT. RUA FRENTE MERCADINHO – TRAVELLING LATERAL – DIA

A Forasteira faz pose para foto. Num movimento TRACKING circular, VEMOS o Forasteiro em PLANO MÉDIO preparando-se para fotografar a Forasteira. Aproximamo-nos da sua mão e em ZOOM+DETALHE VEMOS o enquadramento da câmera/aparelho, que revela o real objetivo da foto: não é a mulher, mas a rua, acima e ao lado: Bacurau.

Teresa chega com Erivaldo.

TERESA Opa. Vieram visitar o museu?

89. EXT. RUA – POV TERESA – DIA

O homem acena negativamente.

90. EXT. RUA – DIA

TERESA Não querem visitar, não?

FORASTEIRA Obrigada, já estamos indo.

Erivaldo entra na conversa.

ERIVALDO Eu sou o dono daquele caminhão. Vocês viram alguma coisa na estrada? Meu tanque tá furado de bala.

FORASTEIRA Não, moço. Estamos fazendo trilha. A gente precisar ir, dê licença.

TERESA Se me permitem, posso saber para onde estão indo?

FORASTEIRA Só passeando pela região mesmo.

ERIVALDO Qual é o nome de vocês? Eu sou Erivaldo.

O Forasteiro olha para a Forasteira, dá um risinho, e dirigem-se às motos.

FORASTEIRO João, e essa aqui é Maria.

Sentados nas motos, eles põem os capacetes.

FORASTEIRA (*De dentro do capacete.*) Engraçado, por que o povoado não tá no mapa?

A pergunta chama a atenção do pequeno grupo.

TERESA Não entendi. "Não tá no mapa"?
FORASTEIRO (*Para a Forasteira.*) A gente tem que ir...
FORASTEIRA Não está no mapa... E parece que o sinal de celular caiu. Não tem, né?
TERESA Está sem sinal.
FORASTEIRA Pois é...
FORASTEIRO Bom dia pra vocês.

Os dois dão partida nos motores de gasolina. O grupo fica verificando a ausência de sinal nos seus dispositivos.
Pacote observa os dois manobrando enquanto usa seu dispositivo móvel e começa a fotografar o casal.

91. EXT. MERCADINHO/ RUA – DOLLY LATERAL – DIA
As motos dos forasteiros vão embora. Pacote tenta usar o celular.

92. EXT. DETALHE TELA DISPOSITIVO MÓVEL
A tela mostra SEM REDE e CHAMANDO FLÁVIO

CORTA PARA:

93. EXT. ENTRADA FAZENDA TARAIRÚ – DIA
A quilômetros de distância, nas redondezas de Bacurau... Flávio e Maciel cavalgando. Flávio olha o dispositivo.

FLÁVIO Tá sem sinal.

Os três cavalos no cabresto os acompanham. Eles estão no final de uma trilha cuja margem é uma longa cerca em direção à porteira principal, escancarada. Na parede de uma cocheira, uma placa anuncia: FAZENDA TARAIRU 1913. Livrando a placa em TRAVELLING, uma picape parada torta, em cima de uma seção da cerca tombada de um curral, um pneu furado e buracos de bala na lataria. O vidro traseiro está com buracos de tiro, os vidros do motorista e passageiro, estourados do lado esquerdo. Flávio e Maciel aproximam-se andando com muito cuidado e apreensão. Flávio abre lentamente a porta:

93A. EXT. FAZENDA TARAIRU – POV FLÁVIO – DIA

Há dois corpos. Mancha escura de sangue no banco, cacos de vidro. Caída no passageiro, uma mulher tentou proteger uma criança, ambas estão mortas, a mãe envolve o filho com os braços. Flávio reage com horror.

93B. EXT. FAZENDA TARAIRU – DIA

> MACIEL A filha de seu Manelito... Soraya. E o menino dela.
> FLÁVIO (*Aponta para a cerca.*) Os cavalos saíram por aqui.

Flávio deixa o cuspe cair da boca. Maciel pega seu dispositivo móvel e vê que não há sinal.

> MACIEL Sem sinal. Tenta o teu.

Flávio confirma que também não há sinal.

> FLÁVIO Vamo' s'imbora...
> MACIEL Deixa eu olhar a casa.

Maciel corre em direção à casa-grande da fazenda.

> FLÁVIO Vamo' s'imbora, Maciel...

94. EXT./ INT. ALPENDRE DA CASA-GRANDE DA FAZENDA TARAIRU/ SALA – DIA

Em TRAVELLING LATERAL seguimos Maciel, que corre em direção à porta escancarada da casa-grande. ZOOM IN: Maciel caminha pela casa observando os cômodos. Uma parte de um corpo no chão aparece na copa na parte de trás da casa.

CORTA PARA:

95. EXT. FAZENDA TARAIRU – PL. GERAL – DIA

Em primeiro plano, Flávio solta os cavalos trazidos na área da cerca, quer devolvê-los ao seu lugar. Maciel está saindo da casa e indo diretamente até uma moto estacionada no alpendre, tentando fazê-la funcionar.

> FLÁVIO O que aconteceu lá dentro?
> MACIEL Mataram seu Manelito e dona Teca também. Mataram todo mundo.

Flávio não tem tempo para mostrar choque. Maciel consegue dar partida na moto.

> MACIEL Vamo's'imbora. Sobe aí.

96. EXT. ESTRADA DE TERRA – PLANO GERAL/ GRUA – DIA

A dupla sai da fazenda em disparada, dobra na estrada em direção a Bacurau. A câmera acompanha os dois em movimento COM GRUA que sobe e sobe, até ficar alta o suficiente para vermos à distância, na estrada, os dois forasteiros vindo na direção oposta nas motocicletas. Eles se aproximam para um encontro surpresa na estrada.

> CORTA PARA:

97. EXT. ESTRADA DE TERRA – DIA

Maciel para a moto. Flávio congela.

> FLÁVIO A gente vai morrer.
> MACIEL Não, porra. São turista' de trilha...

Flávio e Maciel estão paralisados. Ao longe, com as motos vindo, o Forasteiro abre o zíper do seu macacão.

> FLÁVIO Tu não viu o que eu vi dentro da fazenda. O cara tá abrindo o casaco. A gente vai morrer.

Os motoqueiros param um pouco à frente, os dois com capacetes. Fazem sinal amigável, mas mantendo distância. A Forasteira tira seu capacete.

> FORASTEIRA (*Simpática.*) Boa! Vocês vieram daquela fazenda, ali?

O Forasteiro mantém o capacete, calado.

> FLÁVIO (*Mantendo-se firme.*) Foi... A Fazenda Tarairu. Aconteceu uma tragédia. Eu, se fosse vocês, não ia lá.
> FORASTEIRA Vocês 'tão com telefone? 'Tão com sinal?

Maciel engole em seco e puxa seu telefone, controlando o tremor na mão.

> MACIEL Tá sem...

FLÁVIO (*Interrompendo Maciel.*) Tamo sim. A gente ligou, o pessoal tá vindo já.

FORASTEIRA O senhor tem certeza que tem sinal? Eu tenho uma informação de que essa área tá sem sinal...

FLÁVIO *Estava* sem sinal, mas eu já falei com Pacote, que é polícia aqui. Eles tão vindo já. E eu, se fosse vocês, não ia lá não, tem muito sangue.

FORASTEIRA Posso ver seu telefone?

A Forasteira desce da moto e retira uma pistola escondida em sua bota. Maciel controla o medo de ver a desconhecida armada.

MACIEL Por que a senhora está armada?

FORASTEIRA Vocês estão armados?

Uma pausa. Maciel baixa a cabeça.

FLÁVIO Olhe... eu vou lhe dizer uma coisa. Aqui nessa terra isso não pode acontecer assim, não. Quem fez isso não tá sabendo de nada, mas tá entrando de inocente.

MACIEL Moça, deixa a gente ir embora...

Ela caminha em direção a Flávio e Maciel com a pistola na mão. Maciel vê tudo estarrecido.

FORASTEIRA Mas eu só quero saber se vocês conseguiram avisar sobre o que aconteceu na fazenda, ontem à noite.

MACIEL Por que a senhora tá com essa arma?

O Forasteiro com capacete tira uma arma da sua jaqueta.

FLÁVIO Vai queimar nos quinto' dos inferno', seus filhos da puta—

A Forasteira dá três tiros na barriga de Maciel. O primeiro tiro passa por Maciel e atinge também Flávio, sentado atrás dele na moto. Um CORTE a cada tiro nos distancia em PLANOS FIXOS da execução de Maciel. Ele sai de cima da moto lentamente. Maciel começa a perder os sentidos. Flávio caminha na direção oposta dos forasteiros, tenta sair dali. O Forasteiro o segue rapidamente e dá dois tiros em suas costas. O último PLANO ALTO (que inicia no terceiro tiro da Forasteira e se mantém até o final da cena) revela a presença do disco voador, que observava tudo ao longe e de cima. O casal de Forasteiros gesticula, declarando a ação finda.

SEM CORTAR.

98. EXT. ESTRADA DE TERRA/ CAATINGA – PAN – DIA
Os dois forasteiros saem da estrada e entram na caatinga seguidos de perto pelo óvni. Uma PAN os revela entrando na vegetação cerrada com trilha. O drone parece brincar com os forasteiros, tentando chocar-se contra o Forasteiro.

CORTA PARA:

98A. EXT. CAATINGA – POV ÓVNI – DIA
Seguimos os forasteiros em baixa altitude, na caatinga.

CORTA PARA:

99. EXT. FAZENDA TALHADO – PL. ABERTO/ GRUA – DIA
Uma fazenda do século XIX. JOSHUA, homem branco, caucasiano, exercita--se no alpendre. A câmera perde altitude junto com o drone em primeiro plano, até que, no quadro, surge KATE, andando, corpo inteiro, e pega o drone suavemente com as mãos. JOSHUA vê ao longe os forasteiros, que vêm chegando de motocicleta.

CORTA PARA:

Do lado oposto do pátio vem chegando WILLY, toalha no ombro, cabelo molhado. Segurando o drone/disco, Kate avança lentamente em direção à câmera, aguardando os forasteiros terminarem a manobra. Eles param, des- ligam as motos e tiram os capacetes.
(NOTA: Diálogos em inglês, legendados em português.)

> WILLY *(Passa andando.)* This water stinks.
> [Essa água é fedorenta.]

Ele sobe os degraus do alpendre.

> FORASTEIRA Yeah, it's "cacimba" water, from the well. It smells bad, yes.
> [É água de cacimba, do poço. Tem mau cheiro sim.]
> FORASTEIRO *(Inglês com sotaque brasileiro.)* I almost got hurt with the drone thing, flying too close. Not cool.
> [Eu quase me machuquei com a coisa do drone, voando perto demais. Não foi legal.]

KATE (*Segurando o drone.*) I was just fuckin' with you.
Take it easy.
[Eu só tava te sacaneando. Fica tranquilo.]
JOSHUA Come inside. We need to talk.
[Vamos entrar, precisamos conversar.]

CORTA PARA:

100. INT. SALA FAZENDA TALHADO – DIA

Kate entra na sala da casa-grande com Forasteiro e Forasteira, seguida de Joshua. JAKE e TERRY (dois homens brancos caucasianos) parecem estar conversando on-line com alguém, de frente para uma microcâmera com luz LED ligada.

VOZ (Off) *I've volunteered saying I would do water...*
Strategically in the beginning thinking...
[*Eu me ofereci para participar com a ideia de só cuidar da água... Estrategicamente, no início eu pensei...*]
JAKE (Off) *If I'm leaving it up to somebody else I may not be hydrated, and if you're dehydrated you're lethargic.*
[*Se eu deixar com outra pessoa, eu poderia não hidratar, e se o cara desidrata, ele fica lento.*]
TERRY We thought it was gonna be simple, We're just gonna take care of the water and help everybody else, but what's tricky is not only the climate, which is Florida hot, but the bush...
[A gente pensou que seria simples, a gente teria só que cuidar da água e ajudar o resto do pessoal, mas o que é complicado aqui não é só o clima, que é tipo calor da Flórida, mas a vegetação...]
JAKE (*Com um galho de urtiga na mão, mostrando para a câmera.*) Well, yeah, it's actually greener than I thought it would be, but the caatinga razor grass, get a load of that. It ain't easy...
[Na verdade, é bem mais verde do que eu esperava, mas essa urtiga da caatinga, tem muito disso aqui. Não é fácil...]

101. INT. SALA FAZENDA TALHADO – PAN – DIA

PAN para os que entram na sala, revelando o ambiente que mostra Jake e Terry sentados falando com a câmera ao fundo. Uma senhora brasileira passando pano molhado no chão. A sala tem fotografias históricas na parede. Kate põe o drone para carregar em uma estação de eletricidade.

> KATE Make yourselves comfortable, we'll be here in
> a minute.
> [Fiquem à vontade, nos vemos daqui a pouco.]

Jake observa de longe a chegada dos forasteiros, que tomam o ambiente sem sentar-se.

> JAKE (*Olhando de lado.*) How you doing?
> [Tudo certo?]
> FORASTEIRA Hello.
> [Oi.]

102. INT. CASA-GRANDE FAZENDA TALHADO – DIA

PAN para Kate, que em ZOOM IN atravessa um quarto escuro onde há uma cama sem colchão, direto no estrado. Jake e Terry continuam tagarelando em off. Ao final do ZOOM, Kate encontra CHRIS, homem de 40 e tantos anos, que está limpando armas com um *air blaster* (TILT DOWN malandro para mostrar o que Chris faz). A fala deles é distante e ininteligível. Parecem comentar a chegada dos forasteiros.

103. INT. COPA DA FAZENDA TALHADO – DIA

CORTAMOS para o ambiente onde Chris e Kate conversam. Kate olha sobre o ombro, como se ciente da presença dos forasteiros brasileiros na sala.

> KATE Yeah. I gotta get Michael. Is he sleeping?
> [Eu tenho que falar com Michael. Ele está
> dormindo?]
> CHRIS I dunno.
> [Não sei.]

Kate entra por uma porta ao seu lado, onde há um túnel de lona. Na passagem da copa para o túnel, uma cortina de vento sopra seus cabelos. TRAVELLING atrás de Kate. O movimento avança até revelar uma área de campanha equipada com dormitório e equipamentos, estilo militar. Ao fundo, de costas, MICHAEL (branco, caucasiano, aproximadamente 60 anos, cabelo escovinha, estilo militar) observa um monitor com imagem do drone com a morte de Flávio e Maciel. Michael vira-se, olha para Kate.

MICHAEL We have to get rid of them.
[Temos que nos livrar deles.]

CORTA PARA:

103A. INT. SALA FAZENDA TALHADO – DIA
A Forasteira observa as fotos com atenção. O Forasteiro está sentado em uma das cadeiras da mesa. A senhora que limpa o chão gesticula sem falar para o Forasteiro como que oferecendo água.

FORASTEIRO Eu falo português. Não quero não, obrigado.

CORTA PARA:

UM POUCO MAIS TARDE...

Michael entra na sala, seguido por Kate, Julia e Chris. Ele não fala nada e vai direto para a mesa grande. Os forasteiros reagem. Joshua e Chris vêm também. Willy já está na mesa.

FORASTEIRO Hello...
[Oi...]

104. INT. SALA FAZENDA TALHADO – DIA
Na mesa estão Michael, Kate, Willy, JULIA e o casal de brasileiros, Forasteiro e Forasteira. A dupla que falava com a câmera (Jake, Terry) aproxima-se para participar da conversa, eles sentam-se. O monitor continua exibindo as imagens feitas pelo drone da execução de Flávio e Maciel. Com a exceção de Michael, um senhor de presença inegavelmente imponente, esta é uma seleção de pessoas comuns fisicamente, prontas para uma reunião de trabalho.

MICHAEL So, Jake and Terry led a successful first mission last night at the "hacienda"...
[Então, Jake e Terry concluíram uma missão bem-sucedida ontem à noite, na "hacienda"...]

FORASTEIRO It's "fazenda", in Portuguese.
[É "fazenda", em português.]

Michael mal olha para Forasteiro.

TERRY It was tough, but we did it.
[Foi dureza, mas conseguimos.]

JAKE   It was intense. I'm ready to go home, mission accomplished... it was fucked-up.
[Foi intenso, eu estou pronto para voltar pra casa... Foi foda.]

MICHAEL   So, we're on countdown now. Number one on my checklist list, how is the signal jamming situation?
[Então, estamos em contagem regressiva. Na minha lista de prioridades, como está o bloqueador de sinal?]

KATE   It's jammed. Cell phone network is down. And... they are literally off the map.
[Tá bloqueado. A rede de celular está derrubada. E... eles estão literalmente fora do mapa.]

JULIA   Patching up the map is a neat trick.
[Toque de classe, alterar o mapa.]

FORASTEIRO   When we were in Bacurau people were already complaining. There was no signal. And the place was not on the map. It works.
[Quando fomos a Bacurau as pessoas já reclamavam. E o lugar não está no mapa. Está sem sinal. Funciona.]

KATE   (*Irônica.*) No shit...
[Não diga...]

MICHAEL   Electricity shutdown tomorrow...
[Corte de eletricidade amanhã...]

KATE   Yes, simple grid. They'll be coming back soon after shutdown with battery power, but by then some panic will set in.
[Sim, o grid é simples, e eles vão religar logo com a bateria, mas até lá já deve causar pânico.]

MICHAEL   What about the truck?
[E o caminhão?]

WILLY   Ready to go, local contractors came through. Shock and awe.
[Está pronto. Os prestadores de serviço locais não decepcionaram. Vai ser luxo e riqueza.]

MICHAEL   Good. So, the road...
[Então... a estrada...]

Michael aponta para uma imagem de Bacurau no mapa digital ao final da estrada de terra.

266

FORASTEIRA It's been arranged. Nobody will come from Serra Verde, there is the road block with the people we are paying...
[Isso foi acertado. Ninguém virá de Serra Verde com o bloqueio na estrada, com as pessoas que estamos pagando.]

KATE The local contractors...
[Os prestadores de serviço...]

FORASTEIRA Yes, "local contractors". Also, there will be no street market in the next few days. It will be quiet.
[Isso, "prestadores de serviço". E não vai ter feira nos próximos dias. Vai ser tranquilo.]

O monitor com a imagem de drone das mortes de Flávio e Maciel exibida em loop chama outra vez a atenção da Forasteira.

JAKE And no police, huh?
[Não tem polícia, né?]

FORASTEIRO No police here.
[Não tem polícia aqui.]

MICHAEL (*Olhando para a tela.*) The farm we hit last night, it was isolated... the Itaa..rarai...RRuu...
[A fazenda que a gente atacou na noite passada, isolada... Itaa..rarai...RRuu...]

FORASTEIRO (*Achando que presta grande serviço.*) Tarairu...

MICHAEL (*Pausa, olhando para o Forasteiro.*) Whatever... and the old man's cabin, which is also isolated...
[Não importa... E a cabana do velho, que também é isolada...]

FORASTEIRO Damiano is his name, the old man.
[O nome dele é Damiano, o velho.]

KATE I don't give a fuck to what his name is, we'll be paying him a visit, me and Willy.
[Caguei para o nome dele, mas a gente vai fazer uma visita, eu e Willy.]

WILLY Yeah, we won the draw, I'm so going.
[Sim, a gente ganhou o sorteio, eu vou mesmo.]

Willy ouve algo no seu headphone. Todos, exceto o casal de forasteiros, têm headphones embutidos no ouvido. Eles ouvem informações, a conversa para. Os forasteiros estão por fora e observam... O filme não oferece essas informações aos espectadores, que apenas ouvem cochichos baixinhos dos headphones.

> WILLY ... Oh, fuck.
> [... Oh, merda.]
>
> MICHAEL That makes sense. You only get credit using one round on that target.
> [Faz sentido. Vocês só pontuam atirando uma vez nesse alvo.]
>
> KATE I think it's fine. One round each, to deal with the old man.
> [Acho justo. Um cartucho de munição pra cada, pra lidar com o velho.]
>
> MICHAEL Other than that, use a knife. If you shoot more rounds, no credit.
> [Então é isso, usem faca. Se atirarem mais de uma vez, não pontuam.]

A Forasteira respira fundo e diz o que já queria ter dito:

> FORASTEIRA Can I ask you to stop playing this video?... Please?
> [Posso pedir pra vocês pararem de passar esse vídeo? Por favor?]

O pedido da Forasteira surpreende a todos. O Forasteiro dirige-se a ela em português.

> FORASTEIRO Não fala isso. Deixa pra lá...
> FORASTEIRA Tá me incomodando, pô...
> MICHAEL (Cortante.) Please don't speak Brazilian here.
> [Por favor não falem brasileiro aqui.]

Pausa. Michael olha diretamente para a Forasteira.

> MICHAEL In fact, we have a different angle, you wanna see it? It's from his helmet.
> [Na verdade, a gente tem um outro ângulo, quer ver? É do capacete dele.]

Michael aponta para Forasteiro e aciona o arquivo, olhando para a Forasteira. O monitor agora mostra o ângulo captado do capacete do Forasteiro, no momento em que ele atira nos dois homens na Fazenda Tarairu. A Forasteira, constrangida, observa o monitor. Todos na mesa assistem às imagens.

> TERRY *(Para Forasteiro.)* You're real cowboys, you know that?
> [Vocês são uns puta cowboys, né?]

Chris olha para a Forasteira.

> CHRIS The two you shot, were they your friends, or something?
> [Os que vocês mataram, eles eram amigos ou algo do tipo?]

O Forasteiro intercede.

> FORASTEIRO Friends? No... We don't shoot friends in Brazil... Er... we don't come from this region...
> [Amigos? Não... não atiramos em amigos no Brasil... Não somos dessa região.]
> WILLY So, where do you come from?
> [Então, vocês são de onde?]
> FORASTEIRO We come from the south of Brazil. A very rich region. With German and Italian colonies. More like you guys.
> [A gente é do sul do Brasil. Uma região muito rica. Com colônias alemãs e italianas. Somos mais como vocês.]
> WILLY More like us? But we're white, you ain't white. Are they white?
> [Mais como a gente? Mas nós somos brancos, vocês não são brancos. Eles são brancos?]

Willy joga a pergunta para o resto da mesa.

> TERRY They look like white Mexicans, really. She looks white, but she ain't white. Her nose and her lips gives it away.
> [Eles estão mais para mexicanos brancos. Ela parece branca, mas não é branca. Os lábios e nariz entregam.]

KATE ... Yeah, more latino like.
[É... estão mais pra latinos.]

FORASTEIRA Why do you say that?
[Por que dizem isso?]

JULIA (*Olhando para o Forasteiro.*) I think he's a handsome latino guy.
[Eu acho ele um latino bonitão.]

CHRIS Come on, guys, knock it off. This is bullying.
[Parem com isso, vocês, isso é bullying.]

O Forasteiro tenta sorrir com a brincadeira.

105. INT. DETALHE – DIA

Joelho esquerdo do Forasteiro balançando embaixo da mesa. A mão da Forasteira o faz parar.

106. INT. SALA FAZENDA TALHADO – DIA

MICHAEL So, "amigo"... why did you shoot those people?
[Me diz uma coisa, "amigo"... Por que vocês atiraram naquelas pessoas?]

FORASTEIRO I'm sorry but... I did what I did because they would talk.
[Me desculpe, mas... Eu fiz o que fiz porque eles iriam falar por aí.]

FORASTEIRA They lied to us, they said they had called people and we knew they did not.
[Eles mentiram pra gente, disseram que tinham ligado para pedir ajuda e sabíamos que não era verdade.]

JULIA Our point is, you came here to work for us, not to get our kills.
[A questão é que vocês vieram aqui pra trabalhar pra gente, não pra roubar nossas mortes.]

MICHAEL Yes, you've done a good job, finding this harmless shit-hole town, helping with logistics, intelligence, you've done well. But you were not supposed to... you know, kill people. My point is, now you are murderers.
[Sim, vocês fizeram um bom trabalho, encontraram um cu de mundo inofensivo de que

ninguém vai sentir falta, ajudaram com a logística,
com informação, vocês trabalharam bem. Mas não
era pra vocês, tipo, matarem ninguém. Vocês
agora são assassinos.]

A mesa observa o Forasteiro.

FORASTEIRA Well, we killed those two men to help our mission.
[Bem, matamos os dois caras para ajudar a nossa
missão.]

KATE "Our" mission?
["Nossa" missão?]

FORASTEIRA Yeah, well, I saw what happened at the farm. Five,
six dead, we just helped...
[Bem, eu vi o que aconteceu na fazenda. Cinco,
seis mortos, nós só ajudamos...]

MICHAEL Nah, nah, nah... you are foreign nationals who
killed two of your own people. You see,
technically, we are not even here.
[Não, não, não... vocês são prestadores locais, que
mataram dois da sua gente. Veja bem,
tecnicamente, não estamos nem aqui.]

JOSHUA It's completely different. We don't use modern
weaponry.
We only use vintage firearms.
[É muito diferente. Não usamos armas modernas,
só usamos armas vintage.]

Joshua para de falar, ouvem comunicação... Todos olham — discretamente — para Forasteiro e Forasteira. Michael presta atenção e ouve algo no
aparelho embutido no ouvido. O resto da mesa também reage, as informações chegando aos seus ouvidos. O Forasteiro e a Forasteira reagem
preocupados.

FORASTEIRA Eu não tô gostando...
FORASTEIRO Tá tudo certo...

Michael estala o dedo com autoridade para que o casal de brasileiros pare
de falar português, enquanto tenta entender a informação que chega ao seu
ouvido. Repentinamente, Kate levanta-se da mesa empurrando a cadeira.
O casal de brasileiros se assusta. Todos se alteram...

KATE Shit, I don't have my gun, FUCK!
[Porra! Eu tô sem minha arma, caralho!]

Jake, Julia, William, Michael e Terry fazem ação conjunta de sacar suas armas e afastar-se da mesa enquanto atiram em Forasteiro e Forasteira, que são atingidos múltiplas vezes no rosto e peito. A força do impacto faz o peso do Forasteiro tombar lentamente a cadeira para trás, seu corpo atingindo o chão violentamente, de costas. O grupo de "Bandolero Shocks" divide-se entre os que ficaram em pé e os que permaneceram sentados, a fumaça azul de pólvora acima da mesa.

KATE Can't believe I came to the table without my pistol, shit.
[Não acredito que sentei na mesa sem minha arma, merda.]
MICHAEL (*Perguntando a pessoas on-line, via comunicador.*)
I shot him.
[Eu atirei nele.]
JOSHUA I got her. I did.
[Eu peguei ela. Fui eu.]
JULIA So did I.
[Eu também.]
WILLY Stand by. I shot both.
[No aguardo. Eu atirei nos dois.]
JULIA I only shot him.
[Eu só atirei nele.]

Todos ouvem informações.

JOSHUA Fuck, that ain't fair!
[Porra, isso não é justo!]
KATE Tough luck.
[Que dureza.]
MICHAEL O.k. Me and Julia get credits.
[O.k., pontos para mim e para Julia.]

107. INT. FAZENDA TALHADO – PLANO – DIA
A câmera desliza para o chão, onde estão os corpos destroçados a tiros de Forasteiro e Forasteira. Jake examina a carteira do Forasteiro, no bolso de trás da sua calça, e de dentro ele retira uma carteira funcional do Judiciário: "procurador assistente". Chris chega junto.

CHRIS Some government official? Should we worry?
[Esse cara é do governo? Devemos nos
preocupar?]

JAKE We're out of here tomorrow anyway...
[Amanhã a gente cai fora, tudo certo...]

CORTA PARA:

108. MONTAGEM – CORTES RÁPIDOS – PLANOS FIXOS

Da imagem dos dois forasteiros mortos em poças de sangue no chão da casa-grande da fazenda, começamos uma MONTAGEM que apresenta todas as vítimas até agora nesta narrativa. Um breve ensaio de cenas de crime em PLANOS FIXOS que nos leva de volta aos personagens de Bacurau, na Fazenda Tarairu. Um CORTE SECO inaugura a sequência. Homens, mulheres e crianças.

108A. INT. SALA CASA-GRANDE FAZENDA TARAIRU – DIA

O homem velho no sofá, a senhora de avental no corredor da casa. Um rapaz numa antessala.

108B. EXT. ENTRADA FAZENDA TARAIRU – DIA

A mãe e a criança mortos no banco da picape.

108C. EXT. ESTRADA DE TERRA – DIA

Flávio e Maciel estendidos na estrada de terra.

108D. EXT. ESTRADA DE TERRA – DIA

No último plano da montagem, Pacote observa os velhos conhecidos que foram assassinados a tiros. O Jeep Willys de Pacote com a capota arriada pode ser visto ao fundo. ATENÇÃO: Pacote em CONTRA-PLONGÉE, céu e nuvens atrás, câmera sobe ao nível da cabeça quando Damiano entrar no quadro.

108E. EXT. ENTRADA FAZENDA TARAIRÚ/ ESTRADA DE TERRA – DIA

Damiano vem da picape abandonada na porteira da fazenda, traz na mão um dispositivo de comunicação inerte. Ele aproxima-se de Pacote.

PACOTE Eu devia ter vindo com eles. (CONTRA-
-PLONGÉE, olhando os mortos.)

DAMIANO Pra ser três aí no chão? (Damiano vindo com
fazenda ao fundo.)

PACOTE Tu acha que se eu tivesse vindo eu 'taria aí no
chão? Esses caba' eram gente boa, eu não.

DAMIANO Nem eu. (*Pausa.*) Eu vi um drone ontem. Parecia
um disco voador de filme antigo. Mas era um drone.

Pacote não sabe o que fazer com a informação, olhando para os amigos mortos no chão da estrada. Olha em volta. Tudo está quieto. Um vento forte sopra poeira em toda a estrada.

109. EXT. ESTRADA DE TERRA – CLOSE-UP PACOTE – DIA
O vento sopra o cabelo de Pacote. Damiano vira o rosto para evitar poeira.

CORTA PARA:

110. EXT. ESTRADA DE TERRA – DETALHE CINTURA DE PACOTE – DIA
O vento sopra a camisa de Pacote, que revela por um instante que ele está armado, arma enfiada na calça.

PACOTE Temos que levar esses meninos.

CORTA PARA:

111. EXT. ESTRADA DE TERRA – DIA
Pacote e Damiano terminam de colocar o corpo ensanguentado de Flávio no banco traseiro do Jeep, onde já se encontra o de Maciel, que tem uma tira de sangue ligando a boca ao ouvido. Flávio e Maciel mortos estão juntos, cabeças encostadas uma na outra, como os bons amigos que eram.

PACOTE Tu volta pra Bacurau. Eu preciso falar com Lunga.
DAMIANO (*Como quem nutre respeito especial.*) Lunga...
(*Pausa.*) Um homem vale mais pelo mal que
consegue fazer do que pelo bem.

Pacote olha para Damiano, que olha para um cavalo solto, descansando embaixo de um pé de algaroba.

ELIPSE

Pacote termina de baixar lona protetora do Jeep e entra no carro, ligando o motor. Damiano já está montado no cavalo e prepara-se para partir.

DAMIANO E fica de olho no céu. O drone que eu falei não é
de ninguém daqui.

Os dois amigos seguem em direções opostas.

112. EXT. ESTRADA DE TERRA/ TERRA SECA – DIA

Com o ruído do Jeep partindo, Damiano acelera sua moto. No lado da estrada, o vento sopra a areia e vai revelando ali no chão uma misteriosa arcada dentária incorporada há muito tempo ao chão do sertão...

CORTA PARA:

113. EXT. ESTRADA DE TERRA – DIA

Uma cruz de beira de estrada. O Jeep de Pacote passa em velocidade e uma PAN ==> à direita revela uma ponte seca, com tubulação à mostra. Após alguns instantes em alta velocidade na estrada de terra, Pacote dá uma guinada à esquerda, entrando na caatinga e destroçando galhos secos que encontra pela frente.

114. EXT. CAATINGA – DIA

O Jeep avança por dentro do mato seco, galhos arranhando a lataria. O Jeep administra bem o terreno difícil, que lembra uma alameda de vegetação cinza, um bosque morto.

115. EXT./ INT. PARA-BRISA JEEP – DIA

Pacote dirige, expressão de pesar.

> PACOTE (*Gritando com os amigos mortos.*) EU FALEI PRA VOCÊS NÃO IREM, CARALHO! EU SABIA QUE ERA COCÓ, PORRA! EU FALEI, PORRA!

Ele vira-se para ver os amigos. Flávio e Maciel balançam, mortos, com a vibração do Jeep no banco traseiro. Maciel está de olhos semiabertos. A poeira e a caatinga ao fundo.

116. EXT. CLAREIRA DA TRILHA NA CAATINGA – DIA

Pacote passa por uma clareira onde dois veículos em ruínas encontram-se abandonados, tomados por ferrugem e corroídos pelo tempo. A Veraneio ainda é reconhecível como o veículo icônico policial dos anos 1970 no Brasil que ela uma vez foi. Pacote parece conhecer o lugar e segue em frente, aumentando a velocidade.

116A. EXT. ESTAÇÃO DE TREM – DIA

Pacote passa com seu Jeep pela estação de trem abandonada de Bacurau.

117. EXT. CANAL DE CONCRETO – DIA

Pacote continua até chegar ao canal de concreto para abastecimento de água, totalmente seco. Ele entra com o Jeep no leito do canal com precisão e avança em velocidade usando o espaço vazio e seco como estrada.

CORTA PARA:

118. EXT. REPRESA ABANDONADA – DIA
Um paredão de concreto. Um brilho minúsculo de espelho que pisca ao longe. Uma troca de informações.

119. EXT. LEITO DE RIO SECO EM FRENTE À REPRESA – DIA
Pacote está com um espelho em mãos, seu Jeep estacionado, com os corpos de Flávio e Maciel no banco de trás. Ele sinaliza para o outro lado do vale seco.

FUSÃO-DISSOLVE

120A. EXT. ESTRADA DO RIO SECO – DIA
Pelo para-brisa do Jeep, a represa desponta na subida da estrada. Uma enorme muralha.

120B. EXT. MONTANHA – ZOOM IN – DIA
Por cima da muralha, em ZOOM-IN, VEMOS o Jeep de Pacote aproximar-se da represa no leito seco do reservatório. A represa tem porte espetacular.

120C. INT. CABINE DA REPRESA – DIA
LUNGA olha-se no espelho, de costas. Pulsos, mãos e dedos repletos de anéis e pulseiras. Ela vira-se e anda em direção a BIDÉ (armado). Uma PAN-TILT DOWN revela o Jeep de Pacote terminando de parar na base. Pacote desce e olha para cima.

CORTA PARA:

120D. EXT. BASE DA REPRESA – CONTRA-PLONGÉE EXTREMO – OBJETIVA ZOOM EM APROX. 300 MM – DIA
Lunga e RAOLINO na grade.

> LUNGA Tem certeza que ninguém te seguiu?
> PACOTE Tenho.

121. INT. CABINE DA REPRESA – PLONGÉE – DIA
Pacote remove a capota, revelando os corpos de Flávio e Maciel.

121A. INT. TORRE DA REPRESA – DIA
Bidé está olhando para baixo na direção de Pacote. Lunga está em primeiro plano e apenas observa.

LUNGA Isso é Flávio?!

Pacote balança a cabeça positivamente.

BIDÉ Mataram meu primo. Eu quero descer, Lunga.

121B. INT. TÚNEL COM ESCADARIA/ REPRESA – DIA
Lunga, Bidé e Raolino descem uma escadaria sensacional em túnel da represa. Lunga na frente.

CORTA PARA:

121C. INT. BASE DA REPRESA – DIA
Um plano alto, a parede imensa da represa ao lado. O trio chega até o Jeep de Pacote.

121D. EXT. PAREDE DA REPRESA/ JEEP – DIA
A cabeça de Flávio em primeiro plano, Raolino aproxima-se, sobe no Jeep e chega perto do primo, tomando-lhe a cabeça. Bidé aproxima-se de Flávio. Lunga abraça Pacote. Raolino está um pouco desorientado depois de ver os dois homens mortos.

BIDÉ Minha tia já sabe disso?

CORTA PARA:

122. EXT. BASE DA REPRESA – DIA
OBS.: organização de planos: Pacote tem ao fundo o lago seco e verde. Lunga tem ao fundo a parede direita da represa, com Raolino em segundo plano. Bidé, a parede esquerda.

PACOTE Sabe não. Eu tô vindo direto de Tarairu. Encontrei os meninos lá. Mataram Manelito e a família toda. Preciso da ajuda de vocês.

Todos se entreolham.

RAOLINO Por que isso, porra? Um caba' manso desse.
LUNGA Quem fez isso?
PACOTE Não sei, mas acho que quem fez isso vai chegar em Bacurau.
LUNGA Mataram Erivaldo?
PACOTE Não, mas ele chegou com o tanque furado de bala. Perdendo água.

LUNGA   Perdendo água... (*Pausa.*) E a gente vai se expor de novo?

PACOTE   Vocês são respeitados em Bacurau, na região toda. A gente precisa de vocês, por isso que eu tô aqui.

RAOLINO   Lunga tá cansada, Acácio.

LUNGA   Cansada um caralho, eu tô é com fome. Tô aqui feito a bicha do Che Guevara, passando fome nessa merda.

RAOLINO   Eu também tô com fome.

PACOTE   Em Bacurau tem comida e água. Vamo'.

LUNGA   (*Pausa.*) E tu, Acácio, vai voltar a ser Pacote?

A câmera aproxima-se de Pacote, um plano de aventura.

CORTA PARA:

123. EXT. TELA DE TV PRAÇA – NOITE

A tela grande do carro de DJ Urso com o título <u>PACOTE, O REI DO TECO</u>, uma compilação dos 10 Melhores Assassinatos por encomenda de Acácio, vulgo Pacote, no estado de Pernambuco. O número 10 estampado na tela e imagens de câmeras de segurança em que um homem de capacete (Pacote) atira em dois outros homens num bar. Há trilha musical típica de videoga-me e ruídos de reação da plateia na praça. O número 9 mostra um homem de capacete (Pacote) numa moto, atirando para dentro de um carro parado em um semáforo, de dia; o carro logo arranca, perdendo o controle e baten-do numa parede lateral.

124. EXT. PRAÇA – CONTRAPLANO – NOITE

Adolescentes, homens e mulheres aglomeram-se na praça para ver o "port-fólio" de Pacote, seus assassinatos vistos com orgulho e esperança por mui-tos. Teresa está entre as pessoas e apenas observa sem julgamento. Ela não tira os olhos das imagens e não mostra horror ou reprovação, nem tampou-co prazer ou aprovação.

Acompanhado de frente, Pacote aproxima-se, por entre a aglomeração, e Teresa o vê à distância.

TERESA   Tudo certo?

PACOTE   Não. (*Apontando para a tela.*) Alguém desliga essa merda?

DJ Urso apressa-se em ir desligar a tela.

PACOTE (*Projetando a voz.*) Pessoal, Lunga voltou.

Pacote vira-se e aponta para Lunga. As pessoas abrem espaço para ela passar, como uma rainha. As pessoas, surpresas, começam a aplaudir Lunga, que reage com humildade. Uma adolescente tenta tirar uma foto, Pacote intercede.

PACOTE Tire foto não, fia. Por favor.

NOTA: "You're Nobody (Til' Somebody Kills You)", de Notorious B.I.G., sobe na trilha sonora. Durante o aplauso, a pequena multidão começa a abrir e virar-se para trás, quando é revelado o Jeep estacionado, Bidé e Raolino com mãos na cintura olhando para os corpos de Flávio e Maciel no chão de Bacurau. Luciene, esposa de Flávio, vem andando de braços dados a duas senhoras, entrando no quadro e chorando, olhando para o corpo do marido. Plínio e Madalena chegam junto de Teresa, o professor Plínio baixa a cabeça. Domingas ao lado de Iza. Há um clima de comoção na pequena comunidade.

CORTA PARA:

125. EXT. BACURAU – ZOOM OUT – NOITE
"You're Nobody (Til' Somebody Kills You)", de Notorious B.I.G, sobe junto ao ZOOM OUT. O zoom abre para revelar um grupo de cinco jovens, que engatam uma apresentação de C-Walk no beat da música na quadra de esportes de Bacurau. DJ Urso pilota a música do seu carro de som.

126. EXT. LARGO DE BACURAU – NOITE
SEU ARNÓBIO, homem de 60 e poucos anos, chega para falar com a liderança da comunidade, professor Plínio e dra. Domingas.

SEU ARNÓBIO Professor Plínio, dra. Domingas. Eu queria saber de vocês se a gente pode reabrir a igreja.
DOMINGAS Ninguém aqui nunca proibiu a igreja.

Madalena e Teresa observam.

PLÍNIO A igreja virou esse depósito eu nem sei por quê. Se faz bem pra vocês, faz bem pra gente.

Dona DAS DORES, mulher de meia-idade, aproxima-se depois de ouvir a conversa.

DAS DORES Eu também quero reabrir a igreja batista. Pode ser?

Todos se olham.

PLÍNIO (*Para Arnóbio e para Das Dores.*) Reabra, mulher.
Quem é que tá com a chave?
MADALENA Não tem chave não, a porta fica encostada.

127. EXT. FACHADA DA IGREJA – NOITE
A igreja católica que virou almoxarifado com a porta aberta. Dois homens
retiram dois caixões de defunto.

128. EXT. PRAÇA DE BACURAU – NOITE
Um velório improvisado na praça. Dois caixões. A população ao redor. Seu
Arnóbio aproxima-se de dra. Domingas e do professor Plínio. Teresa e Madalena estão juntas. Os dois caixões com Flávio e Maciel estão expostos na
praça de Bacurau. Arnóbio acende velas com a ajuda de uma mulher. Pessoas
e familiares estão em volta velando os corpos. Carranca canta na sua viola uma
canção de ninar, ele para de tocar ao olhar para alguma coisa off-screen. PAN
ESQUERDA <====. Carranca anda acompanhado EM TRILHO que revela o
trailer/bordel fazendo a curva, faróis acesos, preparando-se para deixar Bacurau, Madame ao volante, Deisy no passageiro. Carranca faz sinal de parada.
Madame para o veículo, a câmera desliza até a pequena janela do trailer, onde
VEMOS os rostos de Sandra e Robson olhando para fora.

CORTA PARA:

129. EXT. PARA-BRISA TRAILER – NOITE
Carranca esgueirando-se na janela do volante, Madame na direção, Deisy ao
lado observa. Pessoas aproximam-se e preenchem o quadro na frente do carro.

CARRANCA Vocês não deviam sair daqui não. Tá perigoso.
MADAME Eu quero ir embora agora.
CARRANCA Pegar estrada de noite? Ninguém sabe o que tá
acontecendo. Tá sem comunicação, quem saiu
não voltou. Por favor, fiquem.
DEISY Eu vou ficar.

Deisy abre a sua porta, olhando para Madame. Madame olha para ela.

MADAME Tá certo.

Ao lado de Carranca, um homem espera para fazer pergunta:

HOMEM Dona Madame, Sandra tá livre agora?

CORTA PARA:

130. INT. BAR PASSO E FICO – NOITE

Lunga, Bidé, Raolino estão comendo feito bichos em mesa na área externa do bar. Não há música. Comem sob os olhares de dezenas de pessoas, entre elas Pacote e Teresa, em pé.

PACOTE Tu já tinha visto aquele vídeo?
TERESA Não.
PACOTE Só pra tu saber, o número 6, o da farmácia, ali não sou eu.

Lunga levanta-se ainda mastigando. Anda até o meio da rua. Revelamos um grupo de pessoas, homens e mulheres, já a postos com marretas, pás e picaretas. Lunga vai até um marcador de madeira pintado na esquina, conta sete passos até o meio da rua calçada. As pessoas aproximam-se e começa o som impressionante das ferramentas batendo no chão, Lunga manejando uma picareta.

131. EXT. FERRAMENTAS NA RUA – NOITE

Cortes múltiplos da ação de trabalho das ferramentas batendo nas pedras do calçamento. Poeira e faíscas de ferro com pedra.

132. EXT. RUA – NOITE

A cerca de 200 metros dali, crianças brincam com o medo, estimuladas pelos acontecimentos recentes da noite em Bacurau.
O rosto de RIVANILDO, dez anos de idade, com uma lanterna acesa embaixo do queixo. Seus amigos o ouvem contar uma história de terror e almas penadas com citações a Carmelita, Flávio, Maciel, Lunga e Pacote. A rápida historinha de trancoso acaba com as crianças gritando e saindo correndo para longe da câmera.

133. EXT. RUA E BECO – NOITE

Grupo de crianças faz enorme barulho e vem gritando correndo. Entram num beco, onde casais se beijam contra a parede.

133A. PLANO-DETALHE – NOITE

A lua encoberta por nuvem espessa.

134. EXT. BACURAU SOB POSTE DE LUZ/ DESCAMPADO – NOITE

Bacurau à noite. Nos limites do povoado, um poste ilumina a última esquina. A partir dali, começa a escuridão da caatinga. Crianças brincam, Rivanildo e Jéssica estão no grupo. Jéssica vem correndo até o limite da luz, as outras crianças vêm junto.

134A. PLANO-SHOT

Movimento circular faz a câmera se reposicionar em relação às crianças, que passam a ficar de frente para a caatinga escura.

> JÉSSICA (*Com lanterna pequena de LED, apontando para o rosto.*) Bora ver quem vai mais longe no escuro!
>
> MENINO 1 Então tu vai.
>
> JÉSSICA Eu não!
>
> MENINO 1 Tá, me dá que eu vou.
>
> JÉSSICA Leva isso aqui e bota onde tu parar. O mais longe que conseguir.
>
> MENINO 1 Eu seeeei. Me dá.

Jéssica entrega a lanterninha, que pisca a cada dois segundos. Rivanildo observa de perto.

> JESSICA Cuidado não, pra num encontrar dona Carmelita...
>
> RIVANILDO Cuidado não, pra não encontrar Flávio e Maciel!

134B. EXT. DESCAMPADO-GERAL – NOITE

Ficamos com os meninos e meninas em primeiro plano. O menino da lanterna distancia-se em direção ao escuro em segundo plano. Ele vai sumindo no breu com a lanterna piscando apontada para o chão. Ao entrar uns 30 metros no escuro, passamos a ver apenas o brilho intermitente da lanterna. De repente, o menino volta correndo do breu, sua imagem clareando desembestado. A lanterna fica lá. As outras crianças riem.

> MENINO 1 (*Ofegante.*) Torei aço, viu?
>
> RIVANILDO Mai' é frouxo... Sou eu agora!

Rivanildo faz o mesmo caminho, reto, em direção à lanterna de LED que pisca deixada no chão como marcador pelo outro garoto. A caminhada começa rápida e vai desacelerando à medida que tudo fica mais escuro. Ele olha para trás e vê seus amigos reunidos sob a luz do poste, tensos, a 50-80 metros de distância.

134C. PLANO/SHOT: REAÇÃO

Crianças olham apreensivas, algumas fazem graça. Rivanildo chega até a lanterna e a recolhe, seguindo em frente. Na profunda escuridão, ele olha para trás mais uma vez e vê seus amigos a mais de 100 metros, pequeninos, sob o poste.

134D. PLANO/SHOT: REAÇÃO

Crianças já não fazem graça.

134E. RIVANILDO NO ESCURO DA CAATINGA

Ele continua com medo, até parar ao ouvir um ruído à sua esquerda. Sem mover a cabeça e congelado de medo, ele ouve passos se aproximando e parando, os passos parecem estar no ritmo da luz de LED que pisca na lanterna, virada para o chão.

Luz que pisca em intervalos da lanterna ilumina o chão da caatinga em flash momentâneo. A mão do garoto levanta a lanterna e VEMOS um vulto adulto masculino aproximando-se no breu. Rivanildo vira o rosto congelado de medo e aponta a lanterna, que acende por um segundo o rosto de um homem alto, branco, com roupa paramilitar, a um metro de distância do garoto. O homem é Joshua. Na cadência da luz que piscou na lanterna, o homem atira com uma pistola com silenciador, o clarão laranja do tiro no cano silenciado da arma cortando a escuridão e iluminando o rosto de Joshua.

CORTA PARA:

135. EXT. RUA PRINCIPAL/ PRAÇA – NOITE

PLANOS/SHOTS: A comunidade em PLANO GERAL da rua principal, muita gente na rua. Um DOLLY IN nos aproxima do telão de LED da praça, que marca a hora grande na tela. Relógio: 23h59. Ao virar as 00h00, um blecaute apaga todas as luzes de Bacurau. Três planos mostram pontos da comunidade apagando. O último plano mostra a luz do poste apagando sobre as crianças. A comunidade grita em uníssono. As crianças gritam e correm.

136. EXT. DETALHE – LUA

A lua está saindo de trás de uma nuvem grande e espessa.

137. EXT. CAATINGA – PL. GERAL – NOITE

A caatinga descampada onde Rivanildo foi morto é iluminada pelo luar, a lanterna ainda pisca em intervalos. Os vultos na escuridão parecem ir embora lá longe.

138. EXT. BACURAU – NOITE

O povoado está no breu. Lunga pede para todos se calarem, Raolino, Bidé e todos os outros que cavavam buraco pedem silêncio. Teresa está assustada, Pacote também pede silêncio. Lanternas e dispositivos móveis começam a iluminar as calçadas onde grupos de pessoas saem de suas casas.

> LUNGA Sssssshhhhhhhhh...

A gritaria coletiva some aos poucos e faz-se um silêncio denso.

> LUNGA A gente 'tá sendo atacado...

Teresa aproxima-se. O silêncio é cortado pelo grito das crianças que voltam correndo através do beco, Jéssica e os amigos de Rivanildo.

139. EXT. RUA PRINCIPAL DE BACURAU – NOITE

O grupo de crianças aparece correndo.

> JÉSSICA Rivanildo sumiu!

Lunga olha para o grupo com ferramentas.

> LUNGA Continuem, sem parar.

> CORTA PARA:

140. EXT. DESCAMPADO – TRAVELLING LATERAL – NOITE

Grupo de adultos de Bacurau caminha pelo descampado à procura de Rivanildo. Eles marcham alinhados, fazendo uma varredura, iluminando a área com lanternas. No grupo estão Pacote, Lunga, Teresa e Plínio. O grupo anda à frente da câmera quando de repente todos veem o corpo do garoto caído a uma certa distância.

Todos param. Lá de trás, vem correndo Ângela, a jovem professora do menino, que passa rapidamente em direção ao corpo do seu aluno. Ela se aproxima do corpo e o grupo à distância baixa as luzes das lanternas, em sinal de respeito. Lunga anda até Ângela.

> LUNGA Ângela, deixe eu lhe ajudar.
> ÂNGELA Já tem até formiga...

Ângela levanta o corpo de Rivanildo. Lunga vem atrás de Ângela, fazendo sinal com as mãos para que todos saiam dali. Alguém afasta o grupo de amiguinhos de Rivanildo, incluindo Jéssica.

JÉSSICA Rivanildo vai ficar bem?

MULHER Vamos pra casa.

Pacote está com uma cápsula de projétil na mão. Lunga procura mais vestígios com uma lanterna. Teresa confirma que a rede de celular continua sem funcionar.

PACOTE Uma 9 mm. E ninguém ouviu nada.

Lunga fica imóvel, pensando.

141. EXT. PRAÇA BACURAU – NOITE

Os homens e mulheres com picaretas começam a parar ao perceber a movimentação de Ângela saindo do beco acompanhada de muita gente, trazendo seu aluno morto nos braços. A roupa encharcada de sangue, o vermelho desce pelo seu short e pernas. Um cortejo de silhuetas sob dezenas de luzes de lanternas e dispositivos LED. Na área do velório, um pequeno grupo de homens e mulheres começa a rezar o pai-nosso. Os passos de todos ao redor num silêncio crescente. Plínio vem atrás, Madalena segura a sua mão.

MADALENA Tem gente rezando, painho. (*Pausa.*) Quem foi
que fez isso?

PLÍNIO Eu não sei, Madalena...

142. PLANOS DE REAÇÃO DE DIFERENTES PESSOAS

Uma delas é Damiano, que observa estático. Domingas e Iza estão ao seu lado. Domingas pega uma garrafinha de bolso e dá um gole. Iza sai dali em direção ao museu. Damiano vira-se para o outro lado e anda firme até sua moto. Dez passos à frente, Deisy se aproxima e junta-se a ele.

DAMIANO Eu tenho que pegar uma coisa em casa.

Damiano dá partida na sua moto, Deisy na traseira.

CORTA PARA:

143. EXT. FACHADA DO MUSEU – NOITE

Iza abre as portas do museu. Ela entra e desaparece no escuro.

144. EXT. BACURAU – NOITE

Lunga carrega dois baldes com água e leva até o grupo que cava o buraco. Os homens e mulheres fazem uma pausa para se refrescar, usando panelas de cozinha para tirar a água e beber. A matilha de vira-latas ronda a praça, atônita.

145. EXT. BACURAU – NOITE
Sequência de rostos de pessoas ao redor da escavação, no bar e na rua principal de Bacurau que se entreolham. Eles parecem se comunicar por telepatia. Lunga os observa com leve sorriso, como se entendesse tudo. Um homem ao longe está fazendo movimentos com uma espada de fogo, sozinho. O trailer de Madame está em plena atividade, uma fila de espera do lado de fora.

146. EXT. PRAÇA DE BACURAU – NOITE
Um carro vem pela rua central em direção à saída de Bacurau. Cláudio dirige, Nelinha ao seu lado. Algumas pessoas tentam dissuadir o casal a não deixar o povoado. O motorista pede passagem na rua escura, farol alto.

MULHER NA MULTIDÃO Não vai não, Cláudio!
CLÁUDIO Vamos embora, boa sorte pra vocês...
PACOTE (*Correndo.*) Cláudio! Fica!

147. EXT. BACURAU – PL. AÉREO – NOITE
Num plano alto e distante, o carro avança evitando as pessoas na rua principal, quando a silhueta escura do drone/óvni passa abaixo da câmera, revelando que Bacurau está sendo monitorada do alto. O carro faz a curva e toma a estrada de terra no breu, os faróis iluminam três pessoas que vêm caminhando com bolsas e malas, se aproximando da comunidade.

CORTA PARA:

147A. EXT. ESTRADA DE TERRA – POV CARRO – NOITE
Luz alta na estrada escura. O carro passa pelas três pessoas, elas são Darlene, Osias e Zezinho, os proprietários do bar da estrada, que vêm andando empurrando moto e trazendo sacolas.

148. EXT. PARA-BRISAS DO CARRO – NOITE
O casal no carro em velocidade, eles olham para a frente, apreensivos.

NELINHA Cláudio, não é perigoso, não?
CLÁUDIO Em uma horinha a gente chega em Serra Verde.

149. EXT. ESTRADA DE TERRA – CÂMERA CAR – NOITE
O carro segue à frente da câmera na estrada escura, as luzes traseiras ver-

melhas e, à frente, os faróis altos iluminando o caminho. O carro parece estar num túnel escuro.

CORTA PARA:

150. EXT. ESTRADA DE TERRA – PL. AÉREO – POV DRONE – NOITE
A imagem em preto e branco via infravermelho da monitoração do drone, um plano aéreo. O carro segue abaixo com faróis ligados, em razoável velocidade. Uma voz em off:

> OPERADOR (Off) *The car is on the road, I think you will see it in less than four minutes. Will you make it?*
> [*O carro está a caminho, acho que vocês o verão em menos de quatro minutos. Vocês conseguem chegar?*]

CORTA PARA:

151. EXT. CAMPO ABERTO – TRAVELLING LATERAL – NOITE
Jake e Julia estão correndo a toda velocidade num descampado, sob um céu estrelado e a escuridão da noite. Eles têm o auxílio de lanternas. Carregam com dificuldade rifles automáticos.

> JULIA (*Freneticamente.*) We're on it.
> [Estamos indo.]

152. EXT. ESTRADA DE TERRA – CÂMERA CAR – NOITE
O carro de Cláudio e Nelinha segue à frente da câmera.

153. EXT. PARA-BRISAS DO CARRO – NOITE
O casal no carro em razoável velocidade, eles olham para a frente.

CORTA PARA:

154. EXT. CAMPO ABERTO – TRAVELLING LATERAL – NOITE
Jake e Julia correndo, o ruído de roupa, apetrechos e armas balançando nos corpos.

> JAKE (*Ofegante.*) We've almost made it...
> [Quase chegando...]

155. EXT. CAMPO ABERTO – NOITE
Na distância escura, acima de uma colina, as pequenas luzes do carro vindo.

156. EXT. ESTRADA DE TERRA – CÂMERA CAR – NOITE

Seguimos o carro, que sobe uma ladeira até sumir momentaneamente do outro lado, sua presença ainda perceptível via luz traseira vermelha. Aos poucos, a câmera volta a ver o carro lá na frente. De repente, o carro perde o controle e bate no barranco enquanto faíscas atingem a lataria no escuro, a luz alta do carro continua ligada. O carro está sendo alvejado por dezenas de tiros, Julia e Jake escondidos na escuridão ao lado da estrada. Cláudio tenta sair e é atingido antes de dar o segundo passo.

CORTA PARA:

157. EXT. LATERAL DA ESTRADA – NOITE

Jake e Julia parados, ofegantes, observando o que acabaram de fazer.

> JAKE Holy shit...
> [Puta merda...]

158. EXT. CAMPO ABERTO – DOLLY TRACK – NOITE

Com um fundo de céu já laranja, de início de dia, mas ainda escuro, Julia respira fundo e puxa Jake de volta para o campo. Eles andam, duas silhuetas negras com rifles em punho, para gastar a energia da adrenalina. Vão até um umbuzeiro seco, Jake a segue, os dois atônitos.

> JULIA (*Falando ofegante com o comunicador.*)
> Road is secure. We got them. We should
> both get credits, both of us, one adult male,
> one adult female.
> [A estrada está garantida. Pegamos eles.
> A gente deve pontuar créditos iguais, homem
> e mulher adultos.]

Ela desliga e olha para Jake.

> JULIA That was insane!
> [Foi louco!]
> JAKE Yeah, it was... wasn't it?
> [Foi mesmo, não foi?]

Julia respira pesado e suspira. Pausa.

> JULIA Wanna fuck?
> [Quer trepar?]

JAKE Alright.
[Pode ser.]

O casal beija-se e tira o equipamento para trepar. O drone desce suavemente do céu, nivelando a uma altura humana. Ele fica parado, sua silhueta contra o leve amanhecer. Jake e Julia no chão.

OPERADOR (Off) *Guys, you do understand you're on camera, right?*
[*Vocês sabem que estão sendo filmados, certo?*]
JULIA (*Olhando para trás, mostrando o dedo do meio.*)
Fuck off!!!
[Toma no cu!!!]

O drone afastando-se lenta e controladamente, mas na mesma baixa altitude.

159. EXT. DETALHE MONITOR DO DRONE – NOITE
A imagem em preto e branco via infravermelho da monitoração do drone observa Jake e Julia trepando. O drone/óvni afasta-se suavemente.

CORTA PARA:

160. INT. BARRACA FAZENDA TALHADO – NOITE
Michael e Chris assistem inertes às imagens ao vivo do drone. Michael esboça um ligeiro sorriso. Chris prefere não ver e sai do quadro. Joshua e Terry saem do túnel.

JOSHUA Take it easy, bro.
[Calma aí, amigão.]
TERRY Very funny.
[Muito engraçado.]

Michael e Chris olham. Joshua tem uma espingarda .12 tranquilamente apoiada no ombro, com a expressão corporal de quem acaba de voltar de um serviço bem-feito. Terry está tenso e sério.

MICHAEL What happened?
[O que aconteceu?]
TERRY This guy shot a kid. This ain't right.
[Esse cara atirou numa criança. Isso não está certo.]

Joshua está descarregando seu cartão de body cam numa pequena estação elétrica.

JOSHUA He was no kid, he looked about sixteen.
[Não era uma criança, ele parecia ter uns dezesseis anos.]

TERRY No, you fucking maniac, you know he was no older than nine. A child.
[Não, seu maníaco, você sabe muito bem que ele não tinha mais de nove. Uma criança.]

JOSHUA This guy's been busting my balls all the way in. The kid got too nosy and he was possibly armed.
[Esse cara veio enchendo o meu saco até aqui. O menino xeretou e podia estar armado.]

TERRY That little boy had a fucking flashlight.
[O garotinho tinha a porra de uma lanterna.]

JOSHUA Which I thought was a gun...
[Que eu achei que era uma arma...]

CHRIS (*Juntando-se à discussão.*) I shot a kid last night, but I never knew she was in the truck. That's a different ballpark.
[Eu matei uma criança ontem, mas eu não sabia que ela estava na picape. Isso é outra coisa.]

MICHAEL Look at these two. On one side, we have Josh, the bad cop, human resources guy in a supermarket. On the other side, Terry, good cop, correctional officer in a state prison. This world is upside down.
[Olha pra esses dois. De um lado, Josh, o malvado, gerente de recursos humanos num supermercado. Do outro lado, Chris, o bonzinho, agente penitenciário numa prisão estadual. Esse mundo está de cabeça para baixo.]

Michael põe dedo no ouvido. Aponta para o monitor.

MICHAEL And I gotta tell you. Joshua has scored twice for the dead, armed teenager.
[E Joshua acaba de pontuar duas vezes com o adolescente armado.]

JOSHUA Fuckin' A.
[Do cacete.]

Terry está enojado.

TERRY And you, Michael, you are a fucking nazi.
[E você, Michael, você é um nazista nojento.]

Michael congela, olhando para Terry. Não gostou. O olhar dele é descon-
certante.

MICHAEL How old are you, Terry?
[Qual a sua idade, Terry?]

Terry vira o rosto.

MICHAEL Again, how old are you, Terry?
[De novo, qual a sua idade, Terry?]
TERRY Twenty-nine.
[Vinte e nove.]
MICHAEL I haven't been to Germany in 31 years. I am more
American than you are.
[Faz 31 anos que eu não vou à Alemanha. Eu sou
mais americano do que você.]

Michael puxa seu .38 e aponta para Terry, que se assusta. Joshua observa.

JOSHUA Whoa...
[Opa...]
MICHAEL Don't use your arms for protection, open them,
away from your body...
[Não use os braços para se proteger, abra-os,
longe do corpo.]

Michael atira no colete à prova de balas de Terry, fazendo-o pular de dor,
com falta de ar. O projétil cai no chão.

MICHAEL If you want to piss somebody off, avoid stupid
clichés, alright?
[Se quiser encher o saco de alguém, não use
clichês idiotas, o.k.?]

Michael olha para todos que estão ali, Terry engasgado. Ele sai em direção
ao túnel, enfurecido.

161. EXT. ALPENDRE CASA-GRANDE DA FAZENDA TALHADO – NOITE

Michael vem até a mureta e para na beirada do alpendre da casa-grande para respirar.

CORTA PARA:

162. EXT. ALPENDRE CASA-GRANDE DA FAZENDA TALHADO –
POV MICHAEL – NOITE

Michael vê no horizonte os primeiros sinais dourados do sol que nasce, quando algo chama a sua atenção do seu lado. Ao baixar a vista, ele vê uma senhora negra terminando de subir a escada do alpendre, chegando a menos de um metro dele e tocando o seu braço. O fantasma de dona Carmelita.

CORTA PARA:

163. EXT. CABANA DE DAMIANO – DIA

A primeira luz do dia. Um plano limpo da cabana rústica de Damiano, com telhado de palha, cercada por matagal seco e fechado. Barulho de insetos. Um fio de fumaça sai da chaminé. O PLANO FIXO passa a mover-se À ES-QUERDA, por trás dos arbustos, quando passamos por uma nuca e logo depois outra: Kate e Willy observam a cabana, armados. O movimento lateral revela a pequena estufa onde Damiano cultiva suas sementes e ervas.

> WILLY (*Sussurrando.*) ... one shot each.
> [... um tiro pra cada.]

164. INT. CABANA DE DAMIANO/ ESTUFA – DIA

Damiano está completamente nu, colhendo sementes com uma caixa compartimentada de plástico. Ele está de sandálias de couro. Ao se preparar para sair da estufa, ele percebe algo de diferente na energia do lugar. Damiano age como se nada tivesse percebido.

165. EXT. CABANA DE DAMIANO – DIA

Damiano sai e vem andando nu com a caixa na mão. Ele entra na sua cabana. Cuidadosamente, Willy e Kate aproximam-se da cabana, pistolas em punho. Willy tem um cigarro por acender na boca. Ao chegar junto da cabana, ele tira um isqueiro Zippo, acende e leva o fogo para o telhado de palha do casebre (que começa a queimar). Ele logo depois usa o mesmo fogo para acender o cigarro. Ele guarda o isqueiro. Kate diz:

> KATE Go, go...
> [Vai, vai...]

Ele movimenta-se tranquilamente em direção à porta da frente do casebre, enquanto Kate aguarda ao lado para dar sequência ao ataque.

CORTA PARA:

166. INT. CABANA DE DAMIANO – DIA
Num piscar de olhos, Damiano nu atira com um bacamarte, cujo coice é extraordinário, a explosão, assustadora, e o estouro, ensurdecedor.

167. INT. CABANA DE DAMIANO – CONTRACAMPO – DIA
Willy não tem tempo de entender o que houve. Com a força bruta da explosão e o impacto certeiro, sua cabeça explode num jorro de massa encefálica, as laterais da porta são destroçadas simultaneamente com o tiro de alcance aberto.

168. EXT. CABANA DE DAMIANO/ ÁRVORE – DIA
O tiro faz um bando de pássaros bater em revoada e um galho de árvore cai também atingido.

169. EXT. CABANA DE DAMIANO – DIA
Kate entra em pânico e começa a atirar a esmo, seu rosto sujo do sangue do companheiro de ação, distanciando-se da porta de entrada.

170. EXT. CABANA DE DAMIANO – PLANO ALTO – DIA

Com o fogo queimando a beira do telhado, seguimos Kate de cima. Ela não para de atirar a esmo contra a cabana, quando de repente uma explosão bem maior no sentido oposto é cuspida da lateral da casa, atingindo Kate em cheio nos braços esticados, rosto e lateral do torso.

CORTA PARA:

171. EXT. CABANA DE DAMIANO/ JANELA – DIA

Pela janela, VEMOS Deisy, também nua, segurando trôpega um segundo bacamarte, tentando recuperar o equilíbrio, a fumaça de pólvora no ar. Damiano chega da sala por trás dela, nu e ainda com o seu bacamarte na mão. Eles se olham atordoados.

CORTA PARA:

172. EXT. CABANA DE DAMIANO – DIA

Ainda nus, Damiano e Deisy usam vassouras de galho seco para apagar o pequeno fogo com força e destreza.

CORTA PARA:

173. EXT. CABANA/ CHÃO – DIA

PONTO DE VISTA. KATE: O corpo sem cabeça de Willy é o que Kate, agonizando no chão, está vendo. Ela foi atingida nos braços e mãos, o braço esquerdo está com a mão e o antebraço totalmente destroçados. O braço direito ferido ainda tem funcionalidade. Damiano e Deisy aproximam-se. Kate levanta a sua mão direita, que segura um dispositivo móvel, ligado. Ela o põe perto da boca. Seu rosto foi parcialmente atingido no lado direito. A aproximação de Damiano e Deisy não traz violência ou ameaça, mas espanto e até preocupação com a mulher mortalmente ferida.

> KATE Help... me...
> [Me ajude.]

O dispositivo traduz imediatamente, como uma dublagem malfeita, com voz feminina em português de Portugal.

> VOZ TRADUTOR 1 *Ajude-me...*
> DAMIANO (*Aproximando-se do aparelho.*) Você quer viver ou morrer?

Outra voz feminina traduz para o inglês americano.

VOZ TRADUTOR 2 *Do you want to live or die?*

KATE I don't want to die. My arm... My hand...

VOZ TRADUTOR 1 *Eu não quero morrer. Meu braço...*
Minha mão...

DEISY (*Para o aparelho.*) Por que vocês estão
fazendo isso?

VOZ TRADUTOR 2 *Why are you doing this?*

KATE (*Agonizando.*) I don't... know...

VOZ TRADUTOR 1 *Eu não sei...*

Damiano enfia uma de suas sementes na boca de Kate. Ela engole.

DAMIANO Engula...

VOZ TRADUTOR 2 *Swallow...*

174. EXT. TRILHA NA CAATINGA – DIA

Damiano dirige sua moto pela caatinga. Deisy usa o colete à prova de balas avariado e ensanguentado de Kate. Ela está sentada na garupa da moto, de costas para Damiano e virada para o bagageiro, onde Kate está quase desmaiando. Seus dois braços estão enfaixados, com torniquetes.

DEISY Ei! Durma não! Ei! Não durma!

CORTA PARA:

175. EXT. CAATINGA – DIA

Os Bandolero Shocks andam na caatinga profunda, cercados de vegetação e terra dura. Michael, Joshua, Chris, Julia, Jake e Terry estão em roupas de combate, armados com rifles automáticos, e usam bonés, Julia usa um chapéu texano. Jake passa protetor solar e entrega o spray para Julia. Michael verifica o comunicador. Uns na frente, outros mais atrás.

MICHAEL (*Liderando.*) Tracking device says Willy and Kate
are on their way to Bacurau.
[Dispositivo localizador informa que Willy e Kate
estão a caminho de Bacurau.]

JOSHUA So, they're not joining us?
[Então eles não vão se juntar à gente?]

MICHAEL This is where normally things get out of hand,
every fucking time.
[Normalmente é nessa parte em que as coisas
saem do controle.]

JOSHUA They want to score, nothing new.
[Eles querem marcar pontos, normal.]

Mais atrás, Terry anda ao lado de Jake e Julia.

TERRY Gotta tell you something.
[Vou falar pra vocês uma coisa.]
JAKE Yeah?
[Sim?]
JULIA Shoot...
[Manda...]
TERRY Well, I don't know, this is it, I guess.
[Sei lá, acho que tá chegando a hora, né?]
JAKE This is what?
[Que hora?]
TERRY We're heading into that village.
[Estamos chegando nessa cidadezinha.]
JULIA Oh yes, we are.
[Estamos, sim.]

Pausa.

TERRY You know, it happened twice, I left home with
my backpack stuffed with ammo, a Glock and a
Mac-10... I went to the Chandler mall, which was
nowhere near my place, and once to the Desert
Breeze Park, also pretty far away... Couldn't bring
myself to do it. It was right after my breakup...
First, I felt like killing her and her mom and dad,
they got lucky, they were out of town in the
middle of the crisis. Then I just felt like shooting
people, to get it out of my chest. Thank God I
didn't, it was a bad idea.
[Foram duas vezes que eu saí de casa armado até
os dentes, com uma Glock e um Mac-10... Eu fui
no shopping Chandler, que não ficava perto lá de
casa, e outra vez no parque Desert Breeze, que
também não era perto... E eu não consegui fazer
o que eu queria. Foi logo depois da minha
separação... Primeiro, eu queria matar ela e os
pais dela, mas eles deram sorte, estavam fora

durante essa minha crise. Depois, eu tive vontade
de matar qualquer um, para desabafar. Graças a
Deus que eu não fiz, era uma péssima ideia.]

JULIA Take it easy, man.
[Relaxa, cara.]

JAKE That's fucked-up, Terry.
[Que merda, Terry.]

Chris ouve a conversa, calado. Ouvimos ruído digital, Jake olha num pequeno dispositivo com monitor.

JAKE I got the drone...
[Acessei o drone...]

Olha atento.

JAKE And it's bad news...
[E é má notícia.]

O grupo para. Os outros se aproximam.

176. EXT. DETALHE – POV DO MONITOR DO DRONE – DIA
Na mão de Jake, VEMOS as imagens. O drone está caído em algum lugar,
câmera de lado no chão, pedrinhas em primeiro plano, a caatinga ao fundo.
Um coturno aparece muito perto da lente.

JOSHUA Somebody's got the drone.
[Alguém pegou o drone.]

O drone é levantado e entra em quadro o rosto de Lunga, que parece desligar rapidamente a câmera. Michael observa.

JOSHUA Is that a ladyboy?
[Era um traveco?]

177. EXT. CLAREIRA DA TRILHA NA CAATINGA – DIA
O grupo aproxima-se do pequeno cemitério de veículos abandonados. Foram vistos na passagem de Pacote com os amigos mortos a caminho de es-
conderijo de Lunga.

TERRY Is this on the map?
[Isso está no mapa?]
CHRIS Not originally, Willy reported it two days ago... You
should know.
[Originalmente não, Willy reportou dois dias
atrás... Você devia saber.]

Eles passam pelos carros comidos pelo tempo. A Veraneio (o mais antigo) chama a atenção de Julia pela lataria furada e o que aparentam ser tiros.

JULIA This one's got bullet holes.
[Esse tem buracos de bala.]
CHRIS Is this a cop car?
[Isso é um carro de polícia?]
MICHAEL These are just old cars.
[São só carros velhos.]
JULIA Is this area really safe?
[Essa área é segura mesmo?]
MICHAEL Oh yes, it is, and here is where we split.
[Ah, é sim, e é aqui que nos separamos.]
JOSHUA Are you going solo?
[Você vai sozinho?]

Michael nem olha para Joshua.

MICHAEL I am.
[Vou.]

CORTA PARA:

178. EXT. INSERTS – DIA
Um plano gigante da região onde nossa história se passa.

CORTA PARA:

179. EXT. VISTA DO BAR DE DARLENE – DIA
Michael desce sozinho pela estrada de terra, olha para a frente com rifle automático na mão. Ele para.

180. EXT. BAR DE DARLENE – DIA
VEMOS Domingas à distância, observando Michael, que se aproxima. O bar de Darlene está vazio. Silêncio. Ela está sentada em uma mesa com toalha e panelas de barro tampadas, pratos, talheres e guardanapos limpos e do-

brados. Uma cadeira segura o jaleco da dra. Domingas. Michael aproxima-se sem tirar os olhos da mulher. Domingas olha fixamente para ele. Ela levanta-se e anda mais à frente.

> DOMINGAS (*Em português, claro e explicado.*) Essa comida é
> pra vocês! Comida muito boa, muito gostosa!

Michael olha para a mesa. Ele para em frente à mesa posta. Domingas destampa panelas, o vapor sobe, ela apresenta a comida como anfitriã, experimentando o ensopado para provar que a comida é segura. Michael de rifle em punho. Ele olha ao redor, não há ninguém. Michael vai aos poucos se tornando um personagem cada vez mais imprevisível. O encontro de dois chefes de duas tribos, cada um falando uma língua, sem intérprete presente.

> MICHAEL Are you alone?
> [Você está sozinha?]
> DOMINGAS Por que vocês estão fazendo isso?
> MICHAEL (*Direto.*) Two people, a man and a woman. Where
> are they?
> [Duas pessoas, um homem e uma mulher. Onde
> estão?]
> DOMINGAS (*Apontando para Bacurau.*) Vocês deviam ir
> embora. Não é bom lá para vocês.

PAN ==> revela Bacurau à direita.

> MICHAEL (*Com claro respeito por Domingas.*) Answer my
> question, dear. A man and a woman, hombre,
> chica, mujer. Where?
> [Responda a minha pergunta, querida. Um
> homem e uma mulher. Onde?]
> DOMINGAS Por que vocês estão fazendo isso? Todo mundo foi
> embora. Com medo.

Michael anda até o bar e vê janelas e portas abertas, não há ninguém. Nesse momento, Domingas tira seu jaleco de trás da cadeira e o veste. O jaleco está muito sujo de sangue, o que chama a atenção de Michael, que volta fitando o sangue na roupa branca de dra. Domingas.
Uma pausa, Michael olha.

MICHAEL Whose blood is this, dear?
[De quem é esse sangue, querida?]
DOMINGAS A moça morreu. Eu tentei ajudar, mas, muito
machucada, muito sangue.

Nesse momento, Domingas pega uma peixeira e a mostra ao invasor. Michael por sua vez pega a sua própria faca de caça e a mostra a Domingas.

MICHAEL Is the girl dead?
[A garota morreu?]

Ele volta e empurra a mesa com o pé, derrubando as panelas de barro, que se quebram no chão, espalhando tudo. A imagem de comida boa e preparada com algumas boas intenções no chão do sertão é violenta. Ele segura a faca de caça. Domingas segura a peixeira, ela afasta-se e toma um gole de cachaça. Ele olha para ela e sai em direção a Bacurau, sem tirar os olhos dela. Michael vai embora...

CORTA PARA:

181. EXT. VARAL DE ROUPA NA ENTRADA DE BACURAU – DIA
A 50 metros do ônibus-horta, um varal de roupas em primeiro plano. Joshua e Julia parados vendo o varal com 9 peças: as roupas ensanguentadas de Flávio e Maciel e as vestimentas tamanho infantil de Rivanildo. As roupas com sangue coagulado balançam ao vento.

JOSHUA Fucking savages.
[Malditos selvagens.]
JULIA (No comunicador.) *Guys, there's blood-stained clothing hanging by this house. I don't like the looks of it.*
[*Pessoal, há roupas ensanguentadas penduradas num varal. Não estou gostando.*]

CORTA PARA:

182. EXT. MATO ALTO/ DESCAMPADO – DIA

CHRIS Any small-sized clothing?
[Tem alguma peça tamanho pequeno?]

CORTA PARA:

183. EXT. VARAL DE ROUPA NA ENTRADA DE BACURAU – DIA
Julia olha para Joshua.

> JULIA Yes.
> [Tem.]

184. INT. CASA EM BACURAU – DIA
Terry está sozinho numa casa de família de Bacurau. Comida em cima da mesa, TV ligada. Passando do quintal à sala da frente, ele descobre a realidade da casa.

> TERRY (*Andando cuidadosamente.*) I thought the kid was a big guy, Joshua.
> [Eu achei que a criança era um cara grandão, Joshua.]
> JOSHUA (Off) *I told you, it was kinda dark...*
> [*Eu disse que estava meio escuro...*]

185. EXT. VARAL DE ROUPA NA ENTRADA DE BACURAU – DIA
Ainda no varal, Julia e Joshua olham à direita e veem um caminhão de carga vindo pela estrada. Na carroceria, dezenas de caixões de defunto, outra vez parecidos com os caixões espalhados no início do filme, na estrada.

> JOSHUA Truck is late. It's going in now.
> [O caminhão está atrasado, mas chegando agora.]

186. INT. CASA EM BACURAU – DIA

> TERRY I don't see the point anymore, this place is deserted. Everybody left. Maybe they knew we were coming.
> [Não vejo mais sentido nisso, o lugar está deserto. Todos foram embora, talvez ficaram sabendo que viríamos.]

187. EXT. BACURAU/ PONTO DE OBSERVAÇÃO – POV MIRA DE TIRO – DIA
VERTIGO/EFEITO. Bacurau parece inchar na tela. A mira telescópica de Michael entra em quadro, varrendo Bacurau de um ponto alto. PONTO DE VISTA TELESCÓPICO DE MICHAEL. Um ZOOM revela um caminhão de médio porte com carga na carroceria de madeira, entrando lá longe em Bacurau.

MICHAEL (*De olho na mira.*) Yes... where is everybody? I am
quite sure they are here.
[Sim... onde estão todos? Eu acho que eles estão
aqui.]

**188. EXT. BACURAU/ PONTO DE OBSERVAÇÃO – POV MIRA DE TIRO
TELESCÓPICA – DIA**
Caminhão com caixões vem vindo, passando já pelo ambulatório de Domin-
gas, o museu, e para na igreja.

CORTA PARA:

189. INT. CASA EM BACURAU – DIA
De dentro da casa, Terry vê o caminhão passando.

190. EXT. MATO ALTO/ DESCAMPADO – DIA
Jake e Chris observam à distância o caminhão na frente da igreja, motorista
e um homem descem. Parecem não saber o que fazer.

**191. EXT. BACURAU/ PONTO DE OBSERVAÇÃO – POV MIRA DE TIRO
TELESCÓPICA MICHAEL – DIA**
O motorista verifica seu dispositivo, parece ver que não tem sinal. Olha ao
redor, gesticula para o outro homem que já está na carroceria soltando cordas.

192. EXT. MATO ALTO/ DESCAMPADO – DIA
Protegidos por vegetação alta, a oeste da igreja, Jake e Chris veem os caixões
sendo descarregados do caminhão pelos homens e colocados no chão.

JAKE Gets your heart pumping, don't it?
[Faz o coração disparar, não é?]
CHRIS Some weird sight these coffins, yeah.
[Imagem estranha mesmo esses caixões, sim.]

CORTA PARA:

193. EXT. BACURAU/ PONTO DE OBSERVAÇÃO – POV MIRA DE TIRO – DIA
Enquanto o caminhão é descarregado, Michael, cada vez mais imprevisível,
observa pela mira da sua arma e atira em alvos distantes.

CORTA PARA:

194. EXT. BACURAU – MONTAGEM – DIA
PLANOS FIXOS de fachadas de casas, na areia da rua, pequenas nuvens de
pó explodem nas paredes. O ritmo e a quantidade de tiros aumentam, todos
com ruídos surdos e pesados.

Rua principal está deserta com o caminhão ao fundo. Uma PAN <==== à esquerda revela o ambulatório deserto de dra. Domingas, nos aproximamos da janela e VEMOS o corpo de Kate na maca, lençol limpo até a cintura, nua da cintura para cima, muito sangue nos braços e no lado do rosto, moscas, uma tentativa evidente de salvá-la. Há soro, bolsa de sangue, tudo abandonado.

CORTA PARA:

195. EXT. BACURAU/ PONTO DE OBSERVAÇÃO – POV MIRA DE TIRO – DIA
Michael em posição de tiro, deitado. Michael atira.

CORTA PARA:

196. INT. PÁTIO DA ESCOLA – DIA
O pátio da escola está vazio, ao fundo se vê o palco externo do teatrinho com desenhos infantis. TRAVELLING LATERAL enquadra dois tiros acertando parede e lâmpada. Ao entrar na área coberta, uma única criança aterrorizada protege-se na parede e corre em direção à câmera. O garoto de 11 anos entra na sala de aula, uma lembrança triste de Rivanildo. Braços adultos recebem a criança e a porta se fecha.

CORTA PARA:

197. INT. SALA DE AULA – DIA
Um calmo TILT DOWN aos poucos revela dezenas de pessoas deitadas imóveis no chão, segurando seus gritos. Uma delas rasteja procurando melhor posição. Teresa e Pacote estão deitados no chão.

198. EXT. BACURAU/ PONTO DE OBSERVAÇÃO – POV MIRA DE TIRO – DIA
Michael para de atirar.

> TERRY (Off) *Michael, are you shooting? Are you using the silencer?*
> [*Michael, você está atirando com o silenciador?*]
> MICHAEL Oh yeah... I am using the silencer.
> [Oh, sim... Estou usando o silenciador.]
> TERRY (Off) *Michael, stop shooting, we have to go in and get Willy and Kate.*
> [*Michael, pare de atirar, precisamos entrar e resgatar Willy e Kate.*]
> MICHAEL Oh, they ARE here somewhere...
> [Ah, eles ESTÃO aqui em algum lugar...]

199. INT. CASA/ FACHADA MUSEU – DIA

Terry sai pela frente da casa. Lá no fundo, alguém passa momentaneamente no quintal, um vulto.

> TERRY There's the museum.
> [Aqui está o museu.]
> JULIA (Off) *We only have 90 minutes until pick-up.*
> [*Temos apenas 90 minutos até o transporte.*]

Terry observa a fachada do museu.

> TERRY Signal stronger now. Maybe these rocks muffle the signal.
> [O sinal está mais forte agora. Talvez essas pedras é que cortem o sinal.]
>
> CORTA PARA:

200. EXT. RUA – DIA

Terry avança lentamente em direção ao museu. Ele vê à distância os homens descarregando o caminhão, caixões na rua.

201. INT. MUSEU – DIA

Terry entra no museu. Há um pequeno altar/santuário improvisado com o manequim de um cangaceiro, com todos os detalhes da indumentária, chapéu, calçado. Tudo simples, belo, autêntico, talvez kitsch. Nas paredes, fotografias em preto e branco e em cores, quase um storyboard da história de Bacurau: fotos do passado, festas na rua, personagens do século XX, homens, mulheres, crianças. A feira, frutas, fumo. Uma foto exibe armas sendo vendidas, um revólver .38 encravado numa banda cortada de melancia. Chris acompanha as fotos e vê dois moradores de Bacurau segurando armas e um corpo baleado na caatinga, os matadores sorriem.
A Veraneio com policiais civis, que detêm dois rapazes. Outra foto exibe quatro corpos enfileirados, no chão. A famosa imagem das cabeças do bando de Lampião expostas em Angicos (1938), recortes de jornal: *O Globo* – "A cabeça de Lampeão disputada pela sciencia" e *Diário de Pernambuco* – "Coiteiros de Bacurau são alvos da volante". A última foto mostra cabeças decepadas organizadas em fila na escadaria da igreja de Bacurau. Uma foto nos mostra uma mulher armada idêntica a Teresa...
No museu, Terry percebe uma parede com ganchos, os objetos expostos estão ausentes. Ele aproxima-se das etiquetas de identificação, sob cada gancho vazio:

201A. DETALHE ETIQUETAS

Colt .45... Smith & Wesson... Luger... Winchester... As armas estão ausentes do mostruário.

CORTA PARA:

202. INT. MUSEU – DIA

Terry percebe que um manequim veste improvisadamente os dois coletes, chapéus e as botas de Kate e Willy. Isso confere com a posição indicada pelo rastreador.

203. EXT. BACURAU/ PONTO DE OBSERVAÇÃO – POV MIRA DE TIRO – DIA

Todos os caixões entregues, no largo da igreja.

> MICHAEL *(Olhando pela mira.)* I met this strange and interesting lady.
> [Eu encontrei uma senhora estranha e interessante.]
> JAKE *(Off)* *Did you shoot her?*
> [*Você atirou nela?*]

Nesse momento, Michael atira. O motorista do caminhão de carga é atingido nas costas, BANG, morte instantânea. O ajudante ouve algo, dá a volta, encontra o motorista morto e é também atingido por balaço na cabeça. BANG.

204. EXT. BACURAU/ PONTO DE OBSERVAÇÃO – POV MIRA DE TIRO – DIA

> MICHAEL I did not.
> [Não atirei.]

205. EXT. MATO ALTO/ DESCAMPADO – DIA

Chris reage à morte dos homens no caminhão.

> CHRIS Michael, did you just shoot the guys from the truck?
> [Michael, você atirou nos homens do caminhão?]

206. EXT. BACURAU/ PONTO DE OBSERVAÇÃO – POV MIRA DE TIRO – DIA

Sem tirar o olho da mira, Michael diz:

> MICHAEL I am shooting no one.
> [Eu não estou atirando em ninguém.]

207. EXT. MATO ALTO/ DESCAMPADO/ PASSO E FICO – DIA
Chris e Jake avançam em direção ao largo da igreja. Bar Passo e Fico ao fundo, buraco cavado por Lunga e seu bando em primeiro plano, logo depois o estacionamento de caixões.

CORTA PARA:

JAKE (Off) *Michael, I know it's you.*
[*Michael, eu sei que foi você.*]

CORTA PARA:

208. EXT. BACURAU/ PONTO DE OBSERVAÇÃO – POV MIRA DE TIRO – DIA
Ao levantar-se do chão, a mão de Michael é furada por alguma coisa. PLANO DETALHE revela dente fossilizado de tubarão encravado no chão. Michael pega o dente e o analisa.

CORTA PARA:

209. EXT. PASSO E FICO/ BURACO – DIA
Enquadrado ao longe pela arcada dentária de um tubarão, peça decorativa do Bar Passo e Fico, Chris vira-se e vai até Jake, que observa a escadaria elaborada que leva ao subterrâneo de Bacurau.

CHRIS Population could be hiding in tunnels under the village.
[A população pode estar escondida em túneis embaixo da vila.]
JAKE What da fuck...
[Que porra é essa?]

CORTA PARA:

210. EXT. BURACO EM BACURAU – DIA
Jake, acima do buraco, vira o rosto ao ouvir Chris. Fora do seu campo de visão, um braço de homem abre a grade no fundo da escavação.

CORTA PARA:

211. EXT. ENTRADA DE BACURAU/ ESCOLA – DIA
Julia e Joshua vêm andando apreensivos, varal ao fundo. Julia olha para a escola.

JULIA I feel like shooting something...
[Vontade de dar tiro em alguma coisa...]

Sem parar, ela dá uma rajada de metralhadora "tommy gun" contra a escola. Impactos na areia, muro, fachada e janela.

JOSHUA That's a school...
[É uma escola...]
JULIA I know.
[Eu sei.]

Eles continuam andando, distanciando-se da escola, quando atrás e na lateral três janelas da escola se abrem e cospem uma saraivada anônima de fogo que fuzila os dois Bandolero Shocks OFF SCREEN, atingindo também a placa ESCOLA PROF. JOÃO CARPINTEIRO (de dentro para fora) e vidros do ônibus-horta.

CORTA PARA:

212. EXT. PÁTIO DA ESCOLA/ SALA DE AULA – TRAVELLING – DIA
TRAVELLING janela adentro revela uma nuvem se dissipando e um grupo de pessoas com armas de fogo, bacamartes, rifles. Madalena, Teresa, Pacote, Plínio, desconhecidos segurando armas, rostos aterrorizados. Abaixo deles, um tapete humano no chão.

CORTA PARA:

213. EXT. RUA – DIA
No largo da igreja, Chris dobra a esquina para ver o que se passa.

CORTA PARA:

214. EXT. BACURAU/ PONTO DE OBSERVAÇÃO – POV MIRA DE TIRO – DIA
Pela sua mira, Michael observa Chris, que está andando de costas. Michael atira no rapaz. Chris é atingido abaixo da cabeça, no pescoço.

CORTA PARA:

Jake reage à morte de Chris e corre para se abrigar.

JAKE Oh God...
[Oh, Deus...]

215. EXT. BACURAU/ PONTO DE OBSERVAÇÃO – POV MIRA DE TIRO – DIA
Michael tira seu rifle, o põe no chão, saca seu revólver .38 e o põe na boca. Quando ele vê alguma coisa, seus olhos são desviados: Michael vê a imagem impressionante de dona Carmelita, linda, com Bacurau ao fundo. Carmelita parece apontar para algo atrás de Michael. Ele congela ao ver Carmelita e retira a arma da boca. Ele baixa o revólver e recuamos para revelar GALE-GUINHO, homem de 50 e poucos anos, rosto incrível do sertão, com rifle apontado para a cabeça de Michael. Nosso chefe-invasor é rendido da maneira mais clássica no cinema de aventura.

216. INT. MUSEU – DIA
No museu, Terry ouve os tiros à distância.

> TERRY (No rádio.) *Who's shooting now? Is this us?*
> [*Quem está atirando agora? São nossos os tiros?*]

216A. INT. MUSEU – SPLIT DIOPTER – DIA
Terry à esquerda e à direita, no seu ponto cego, há uma saída discreta de alçapão atrás de um dos manequins. De lá, sai apenas um revólver Colt .38, segurado por uma mão masculina cheia de joias e anéis (Lunga), apontado para o Bandolero Shock. Três tiros são dados, mantendo o plano na arma.

> CORTA PARA:

Terry, já trôpego, segura o pescoço sangrando, sua mão sangrenta segura na parede, sujando-a.

> CORTA PARA:

O rosto de Lunga materializa-se na escuridão do buraco e sai dele em ação para cima.

> CORTA PARA:

217. INT. MUSEU – GRANDE ANGULAR – DIA
Um plano baixo composto a partir do alçapão, com a parede de armas do museu ao fundo, os fantasmas de armamentos ausentes perfeitamente em foco. Terry anda trôpego rumo à saída no lado direito do quadro, e agora em primeiro plano os vultos desfocados do grupo de Lunga crescendo em forma na imagem, ficando de pé e movendo-se em direção a Terry, armas de fogo e facões em punho. Lunga avança para Terry, que está debilitado, e parte para destroçar o invasor a golpes de facão. Extremamente violento.

> CORTA PARA:

MOMENTOS DEPOIS...

218. EXT. FACHADA DO MUSEU – DIA
Jake corre para o museu esgueirando-se pelos cantos, e entra temendo ser atingido. Ele está tenso.

> JAKE Terry?!? Answer, goddamit...
> [Terry?!? Responde, porra...]

> CORTA PARA:

219. INT. MUSEU – DIA
Jake entra no museu, a rua está ao fundo. Olhando para o chão, ele vê um rastro de sangue que vai até o fundo do museu. Um ZOOM OUT mostra Lunga, Bidé, Raolino e mais seis pessoas escondidas, à espreita, com armas de fogo e facões, do lado esquerdo do quadro, na segunda sala do museu. Eles aguardam Jake avançar. Ele avança e é trucidado.
                                                                        CORTA PARA:

220. EXT. RUA/ ESCOLA – DIA
Os corpos de Joshua e Julia atingidos por dezenas de tiros.

221. EXT. ESCOLA – DIA
Pacote, muito cauteloso, sai da escola. Ele percebe que algo aconteceu e sente alguma segurança.

222. EXT. MUSEU – DIA
De dentro do museu são arremessadas duas cabeças humanas, que rolam calçada abaixo e pela rua de terra. Em seguida sai Lunga, facão em punho, banhado de sangue, um TRAVELLING na sua direção enquanto ela também se aproxima da câmera, uma imagem de horror. Bidé e Raolino também banhados de sangue.

LUNGA (*Falando para si mesma.*) Eu ainda vou ser presidente dessa porra.

Raolino, mãos e dedos cobertos de sangue, olha ao redor e assovia.

223. EXT. BACURAU – DIA
Na rua veem-se alguns corpos e cabeças dos Bandolero Shocks e gradualmente os moradores saem à rua num PLANO ABERTO. Pacote vem em direção ao museu, com Teresa e Madalena.

PACOTE (*Nervoso.*) Foi rápido.

Teresa observa com a irmã. Ela chega até a lente da câmera, um EXTREME CLOSE-UP gradual e preciso.

224. EXT. RUA DE BACURAU – DIA
Lunga, Raolino, Darlene, Damiano e mais duas pessoas puxam caixões estacionados perto da igreja. TTTRRRROOOSSSSHHHHHH, o ruído da madeira de cada caixão arrastando no chão é forte. Eles organizam os ataúdes.

CORTA PARA:

225. EXT. LARGO DA IGREJA – DIA
O momento em que o corpo sem cabeça de um invasor é assentado grosseiramente dentro de um caixão. Extremamente sangrento. Ali do lado, Carranca parece musicar a cena, sem cantar.

CORTA PARA:

Domingas vem andando no descampado com sombrinha, protegendo-se do sol. Iza corre em sua direção e a beija.

226. EXT. RUA – DIA
A maior parte das pessoas está sentada no largo, estão cansadas, em choque. As pessoas de Bacurau (dezenas) alinhadas, olhando, fotografando alguma coisa, com rostos sérios, alguns riem como se estivessem num grande evento demente. Eles veem as seis cabeças de Chris, Jake, Josh, Julia, Kate e Terry organizadas na escadaria da igreja.

CORTA PARA:

227. INT. MUSEU – DIA
Iza entra no museu onde trabalha, uma mulher e um homem a acompanham com baldes e panos, o chão coberto de sangue. Uma faxina precisa ser feita.

IZA A gente limpa o chão...

Ela olha a parede tocada com sangue por Terry, a parede das armas ausentes.

IZA ... mas ninguém toca nas paredes. Deixamos
exatamente do jeito que ficou.

Pausa...

IZA Infelizmente...

CORTA PARA:

228. EXT. RUA – DIA
O rosto de Lunga. Ela levanta-se e vem andando, igreja ao fundo, parece estar vendo alguma coisa fixamente. Revelamos dois carros que chegam a Bacurau, um deles é o carro de Tony Jr., que já se encontra andando na rua, com semblante preocupado.

229. EXT. BACURAU – DIA
Pacote junta-se a Lunga, andando. Seus assessores saem da van, os mesmos do incidente com Sandra. Eles abrem a porta da van.

230. EXT./ INT. VAN/ RUA – DIA
INSERT: Uma van confortável. A porta corrediça revela 10 poltronas desocupadas, cada uma com uma garrafa de água mineral. Um transporte à espera de passageiros.

231. EXT. BACURAU – DIA
Tony Jr. anda lentamente e olha os sinais de luta e sangue no chão, nas paredes. É um homem bem diferente do candidato em campanha de dias atrás. Iza joga um balde de água com sangue para fora do museu, quase atingindo o prefeito. Ele dirige-se a Teresa.

TONY JR. O que foi que houve? Cadê os turistas? Os gringos?

Um cerco de gente começa a fechar em torno de Tony Jr. Plínio surge ao lado das filhas, seu ar sábio, um alívio. Ele olha para o prefeito e não diz nada.
CLOSE-UP: Tony Jr. vê as cabeças dos "turistas" na porta da igreja, ele parece não ter reação. Fica mudo, engole em seco. Vira-se para o assessor da van e fala:

TONY JR. Fecha a porta...!

232. EXT./ INT. VAN/ RUA – DIA

O assessor que abriu a porta da van agora discretamente a fecha, devagar.

> TONY JR. (*Pausa. Ele engata o tom do político profissional.*)
> Vocês... tão precisando de remédio? Eu quero
> trabalhar para que tudo fique bem, e eu pessoalmente
> me encarrego de levar esses gringos para a Justiça.
>
> LUNGA Eles morreram.

Uma MONTAGEM de rostos: Pacote, Plínio, Teresa, Damiano, Sandra, DJ Urso, Lunga.
O prefeito continua:

> TONY JR. Isso é um rabo de foguete em que vocês se meteram.
> Esse povo é gente importante. O problema da água a
> gente resolve, mas isso aqui não vai ficar barato, não...
> Eu mesmo vou morrer por causa disso. Em menos de
> 24 horas, isso aqui tudo vai virar cinza.

Lunga dirige-se a Tony Jr.

> LUNGA Tu trouxe essas pessoas pra região?
> TONY JR. Eu não tô sabendo, mas eu sei que é gente de fora,
> gente importante, é um projeto de fora. Eu estou do
> lado de vocês, minha gente...
> PLÍNIO Estamos sob o efeito de um poderoso psicotrópico. E
> você vai morrer.

Nesse momento, ouve-se uma voz gritando: a voz de Michael.

> MICHAEL Amigo!

> CORTA PARA:

233. EXT./ INT. VAN/ RUA – DIA

O assessor que abriu a porta da van agora tira a sua arma e a põe no chão.
Sandra, Robson e Deisy observam o outro assessor que levou Sandra à
força. Eles parecem confabular com Sandra falando baixinho, tentam convencê-la a vingar-se, entregando-lhe uma espingarda .12.

> SANDRA Eu não vou me vingar. Já basta esse nojento ser
> quem ele é.

Uma voz distante:

  MICHAEL AMIGO!

A voz de Michael, que vem coberto de sangue na rua principal, mãos amarradas e sob a mira da arma de Galeguinho, camisa desabotoada. Pessoas armadas vêm acompanhando atrás. Ele parece conhecer Tony Jr.

  MICHAEL (*Voz descompensada, dentes ensanguentados.*)
      Amigo!

Tony Jr. congela. A palavra "amigo" de Michael reverbera nos moradores de Bacurau. Pacote, Teresa, Lunga, Raolino, Bidé, Iza, Madalena, todos olham tensos para Tony Jr. Ninguém diz nada.

  TONY JR. (*Preocupado.*) O que foi? Quem é esse?
  MICHAEL (*O tom é de ligeira loucura.*) Amigo! Amigo! Amigo!
  TONY JR. Oxe... Eu não conheço esse homem.
  MICHAEL Tony!! Tony Jr.!! Amigo!!

Tony Jr. nega Michael mais de três vezes. Michael o tortura com promessas de amizade, Tony, desesperado, tenta desvencilhar-se de qualquer relação na frente da comunidade.

234. EXT. BACURAU – DIA

Tony Jr. observa tenso. Uma MONTAGEM de rostos; Pacote, Plínio, Teresa, Damiano, Sandra, DJ Urso, Lunga, Domingas. Plínio solta uma gargalhada.

> MICHAEL Money, diñero!! My amigo! Tony Jr.!! AMIGO!!!

ALGUM TEMPO DEPOIS...

Tony Jr. está apenas de cueca, sentado com mãos e pés amarrados em cima de um jumento. Ele foi colocado ao contrário (de costas para a cabeça do animal). Uma vara sustenta uma garrafa de água com rolha pendurada na frente da cabeça do asno. Lunga mela sua mão de sangue num caixão e suja o peito de Tony Jr. Pessoas registram com dispositivos digitais. Uma simpática senhora traz uma máscara de papangu, que é logo colocada na cabeça de Tony Jr. para completar a sua humilhação pública de guerra.
Michael observa, cansado.

> MICHAEL So much violence...
> [Tanta violência...]

Iza pega no rosto de Michael, com grande interesse.

> IZA Um rosto diferente... Eu acho que ele já foi uma
> boa pessoa, um bom homem.
> DAMIANO Leva pra casa.

Bidé, arma no ombro, puxa o jumento por uma corda, rumo à caatinga. Fala para todos, andando.

> BIDÉ Não prometo que não vou matar.

Lunga e Raolino observam.

> LUNGA Não mata. Isso é pior.

DJ Urso, ao microfone, comenta esse desdobramento da história ao vivo:

DJ URSO *Partindo agora o nosso prefeito de Serra Verde, sr. Tony Jr, em direção à caatinga de Bacurau. Que ele encontre a paz que tanto necessita em meio às plantas que furam e rasgam na nossa seca verde. Num dia de tanto sangue e tristeza na nossa comunidade, damos adeus a Tony Jr. Que o diabo o carregue...*

CORTA PARA:

235. EXT. BACURAU – DIA
A despedida de Michael. Uma execução.
SEU ZEZINHO começa a tocar uma sanfona triste enquanto Lunga, Raolino, Pacote e Galeguinho trazem Michael ensanguentado de mãos amarradas e o posicionam junto da escadaria secreta de Bacurau, cercada de terra e barro. Com certo pesar e nenhum traço de alegria, todos ali parecem saber o que se passa. Mesmo Michael sabe o que vai acontecer. No topo da escada, o líder dos invasores diz a Teresa com grande tranquilidade:

MICHAEL We killed more people than you know.
[Matamos mais gente do que vocês imaginam.]

Teresa reage com sábio horror.

236. EXT. BURACO – DIA

Um PLANO ABERTO próximo ao chão mostra Michael descendo a escadaria de pedra, sumindo gradativamente rumo ao subterrâneo de Bacurau. A pequena população observa calada a cerimônia ao som da sanfona triste. Lunga fecha o portão e, com a ajuda de Pacote, fecha a entrada com o tampão de aço pesado. O rosto de Michael desaparece na escuridão.

Todos coletivamente começam então o trabalho de enterrar o buraco, onde Michael fará agora parte da arqueologia desse lugar. Ao som de uma sanfona, a areia é jogada por pás, enxadas e também com as mãos. Teresa, o primeiro rosto visto no filme, observa agora desperta, como quem vê o despertar de um pesadelo.

FIM

ARQUIVO DE FOTOS

W.J. Solha, Irandhir Santos e Sebastião Formiga observam Kleber Mendonça Filho, Fabricio Tadeu e Pedro Sotero (fotógrafos) preparando o confronto dos irmãos com Francisco. Agosto 2010.

Filmagem no topo de um prédio em Boa Viagem, Recife. Julho 2010.

Maeve Jinkings ensaia com copos. Junho 2010.

Ensaio da aula de mandarim com Clara Oliveira. Emilie Lesclaux e Maeve Jinkings acompanham. Setúbal, Recife, junho 2010.

Gustavo Pessoa no teste de câmera. Este material foi usado no filme. Abril de 2010.

A base de produção foi também cenário. Após as filmagens, foi mesmo preparada para demolição.

Set de *Aquarius* no Edifício Oceania, Praia do Pina, Recife, julho 2015.

Primeiro encontro de Sonia Braga e Kleber Mendonça Filho em Nova York para conversar sobre o roteiro de *Aquarius*. Manhattan, junho 2015.

Sonia Braga pronta para enfrentar os homens na construtora. Set de *Aquarius*, setembro 2015.

Amanda Gabriel, copreparadora de elenco, Sonia Braga e Kleber Mendonça Filho ensaiando. Recife, junho 2015.

O fim de uma noite memorável na Praia de Brasília Teimosa, com um Opala 1979. Felipe Fernandes, Chico Ludermir, Lilian Perman e Bárbara Colen.

Sonia Braga fotografa as cenas de 1980, nas quais não aparece. Com Kleber Mendonça Filho e Emilie Lesclaux.

Kennedy Mariano e Tetê Porto preparam a placa de *Bacurau*. O plano foi rodado no primeiro dia de filmagem. Sertão do Seridó, março 2018.

Sonia Braga e Lia de Itamaracá como Domingas e Carmelita. Abril 2018.

Claudivon Tartaruga, assistente de maquinário, e Pedro Sotero, fotógrafo. Povoado da Barra, março 2018.

Codiretor e corroteirista de *Bacurau*, Juliano Dornelles
com Lia de Itamaracá na cena da aparição de Carmelita.
Povoado da Barra, maio 2018.

Juliano Dornelles, Emilie Lesclaux
e Kleber Mendonça Filho.

Kleber Mendonça Filho, Eduarda Samara (Madalena), Bárbara Colen (Teresa) e Thomás Aquino (Pacote). Parelhas, RN, março 2018.

1ª EDIÇÃO [2020] 2 reimpressões

ESTA OBRA FOI COMPOSTA POR OSMANE GARCIA FILHO
EM INES E HEROIC CONDENSED E IMPRESSA EM OFSETE
PELA LIS GRÁFICA SOBRE PAPEL PÓLEN DA SUZANO S.A.
PARA A EDITORA SCHWARCZ EM JANEIRO DE 2025.

A marca FSC® é a garantia de que a madeira utilizada na fabricação do papel deste livro provém de florestas que foram gerenciadas de maneira ambientalmente correta, socialmente justa e economicamente viável, além de outras fontes de origem controlada.